张浩清 著

外贸实务疑难解惑250问

250 TYPICAL QUESTIONS & ANSWERS IN FOREIGN TRADE PRACTICE

结合行业新动态，通过一问一答的形式
用通俗易懂接地气的语言，将外贸理论和实际操作结合
为外贸实务中的难点提出具体可操作的解决方案

一本助推外贸人成长为熟练进出口职场达人的实用书

中国海关出版社有限公司

·北京·

图书在版编目（CIP）数据

外贸实务疑难解惑 250 问 / 张浩清著 . —北京：中国海关出版社有限公司，2022.5

ISBN 978-7-5175-0580-8

Ⅰ.①外… Ⅱ.①张… Ⅲ.①对外贸易—贸易实务—问题解答 Ⅳ.① F740.4-44

中国版本图书馆 CIP 数据核字（2022）第 079086 号

外贸实务疑难解惑 250 问
WAIMAO SHIWU YINAN JIEHUO 250 WEN

作　　者：张浩清	
责任编辑：熊　芬	
出版发行：中国海关出版社有限公司	
社　　址：北京市朝阳区东四环南路甲 1 号	邮政编码：100023
网　　址：www.hgcbs.com.cn	
编 辑 部：01065194242-7528（电话）	01065194231（传真）
发 行 部：01065194221/4238/4246（电话）	01065194233（传真）
社办书店：01065195616（电话）	01065195127（传真）
https://weidian.com/?userid=319526934	
印　　刷：北京铭成印刷有限公司	经　　销：新华书店
开　　本：710mm×1000mm　1/16	
印　　张：18.75	字　　数：320 千字
版　　次：2022 年 5 月第 1 版	
印　　次：2022 年 5 月第 1 次印刷	
书　　号：ISBN 978-7-5175-0580-8	
定　　价：58.00 元	

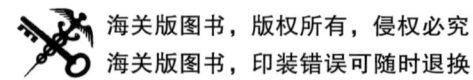

海关版图书，版权所有，侵权必究
海关版图书，印装错误可随时退换

前　言

笔者1997年大学毕业，之后一直在国际贸易相关岗位工作，先后从事过辅助类岗位（实习翻译）、营销类岗位（外贸业务经理）、运营类岗位（高级运营经理）；经手过机电、化工、钢铁、陶瓷、纺织等产品，2020年以后，还处理过最热门的防疫产品的进出口业务；早期从事传统的进出口业务，近年也涉及跨境电商业务（转口、保税区贸易、海外仓等）；从懵懂的外贸新手到现在带领团队、指导新人，遇到过各种各样的事情，碰到过各种各样的问题，经历多了，成了所谓的资深外贸人。

笔者喜欢分享，2005年至2012年在天涯社区职业交流进出口贸易版面里和一些外贸朋友尤其是外贸新人互动，分享自己的外贸从业经验，解答外贸同行提出的疑惑，帮助他们解决实际工作中遇到的各种问题。笔者的网帖得到了网友和同行的认可，笔者接受中国海关出版社有限公司的约稿，将自己的经验经历、对外贸的思考，以及网帖中对一些外贸常见问题的解决方案进行整理和完善，形成了《外贸实务疑难解惑220例》书稿，于2012年出版。图书出版后得到了外贸同行以及国际结算、涉外物流等不同行业读者的反馈，笔者与他们对一些问题进行过深入的探讨，非常感谢各位读者和朋友提出的建议和反馈。

从2012年到2022年，外贸经历了深刻的变革，无论是进出口贸易总额、外贸结构和外贸本身都发生了巨大的变化。国际贸易实践中，出现很多新的热点，如"一带一路"倡议、自贸区贸易、跨境电商、海外仓、离岸公司转口贸易、海外地推、区块链技术，国际贸易节奏更快，我们需要学习更多的知识技能和掌握更多的信息。2020年新冠肺炎疫情暴发后，我们不得不面对疫情引起的停工停产、运价上涨、居家办公等因素对业务的影响。2022年2月俄乌冲突后，全球原材料价格剧烈波动，国际金融市场复杂多变，不稳定性明显加剧，尤其是欧元大幅贬值。这些突发事件对国际贸易都产生巨大的影响，都需要外贸从业人员能够在最短时间内适应新的变化，做出快速反应，拿出对策，避免、控制或减少风险。

《外贸实务疑难解惑250问》结合行业新动态，通过一问一答的形式，选择进出口实务中热点、前沿、典型问题或者业务中重要知识点，用通俗易懂接地气的语言，将外贸理论和实际操作结合，对每个问题提出具体可操作的解决方案，便于大家在工作中遇到问题时，可以参考、借鉴书中分析问题的思路，见招拆招，沉着应对，知道"是什么、怎么办"，找到解决问题的办法，提高在实际工作中分析问题和解决问题的能力，逐步成长为熟练的外贸职场达人。

本书在工作之余仓促而成，难免有错漏或不成熟之处，还请各位同行、读者指正。

谨此，感谢中国海关出版社有限公司提供宝贵机会，感谢笔者公司的领导、同事对笔者的支持，感谢家人、朋友对笔者的鼓励和爱护。

张浩清
2022年3月20日

目录 CONTENTS

第一章　外贸就业 …………………………………………… 1
第二章　新入外贸职场，新人新岗位 …………………… 14
第三章　市场开发、业务开拓 …………………………… 33
第四章　商务沟通和谈判技巧 …………………………… 63
第五章　进出口代理 ……………………………………… 94
第六章　安全收款 ………………………………………… 108
第七章　外贸文件和单据制作 …………………………… 158
第八章　风险控制和外贸诈骗预防 ……………………… 189
第九章　投诉和异议处理、谈判技巧 …………………… 203
第十章　外贸职场那点事 ………………………………… 227
第十一章　"一带一路"和国别贸易 …………………… 240
第十二章　货运、保险、报关、退运相关知识 ………… 259
第十三章　热点和展望 …………………………………… 279

第一章 外贸就业
CHAPTER 1

问题 1：目前外贸行业的就业环境如何，还挤得进来吗？

答：总体来说，中国近几年外贸行业发展迅速，海关进出口数据每年都创新高，国内经济和国际市场越来越不可分割，国内企业参与国际分工的程度越来越高，相关的经济技术交往愈加频繁，创造了很多工作机会。近年来，外贸行业也呈现出多样化发展的格局，各种外贸公司继续发展，"三资"企业进出口绝对数额很大，更具现实意义的是，很多民营企业通过各种渠道大力发展进出口业务，在进出口总量中所占的比重增长迅猛。

中国经济对外贸的依存度非常高，外贸行业的发展为人们提供了大量的就业机会，在沿海地区，比如长三角、珠三角，很多职业都直接或间接与外贸行业相关，有直接从事进出口贸易的，也有为外贸行业提供服务的物流业（运输、仓储）、报关业、金融保险业、国际会展业等各种职业。

外贸业务人员有在专业国有外贸公司工作的，有在民营外贸公司工作的，有在外企从事外贸工作的，有在工厂从事外贸工作的，也有一些 SOHO 外贸人员。近年来，跨境电商企业也提供了很多就业机会。可以说，外贸行业为人们提供了很多成功的机会。

从宏观来看，中国经济持续发展离不开国际贸易，无论是出口还是进口，都会在内涵和外延上继续发展，要发展，就需要高素质的外贸业务人才。外贸行业就业环境总体较好，机会很多。如果你具备较高的素质，喜欢外贸行业充满挑战的工作节奏，也愿意为之奋斗，那么，欢迎你进入外贸行业。

问题2：准备进入外贸行业，选择大城市还是小城市比较合适？

答：外贸行业比较活跃的广东、福建、浙江、江苏、上海、北京等地为年轻人提供了大量外贸工作岗位，尤其是北上广深等大城市，对年轻人特别有诱惑力，机会多，信息量大，收入相对高一些。不过，大城市各种生活成本高，尤其是房价和房租，对新人来说压力特别大，加上北上广深等城市购房有限制，这让很多人望而却步。甚至有人在大城市打拼多年，最后发现房价涨得太快，只能离开大城市。有些城市，比如苏州、宁波、武汉、南京、杭州、青岛，外贸行业也非常发达，或者有一些特色产业，机会也很多。甚至在一些县级市，比如义乌、昆山、泊头、晋江，外贸行业也为年轻人提供了很多就业机会，很多外贸人在这里找到了自己的位置。也有很多人无须离开老家，在自己家乡就可以从事外贸工作，也挺不错。

就个人而言，可能需要考虑的是，怎么尽快找到一份合适的工作，去学习，去努力，去尝试，直到找到最适合自己的地方。

问题3：外贸企业喜欢什么样的员工？

答：外贸行业的特点，使外贸企业对从事外贸工作的员工要求比较高，因此，外贸公司在选择员工和考察员工时，除了一般地要求员工敬业、专业、认真负责外，还着重考察以下几点：

（1）要做好外贸工作，必须有很扎实的外语基础、外贸知识和特定的专业知识，缺一不可。

如果外语不好，连沟通工具都掌握不好，就会影响沟通效果；如果不懂外贸流程，不懂外贸专业知识，很多事情无法控制，对意外出现的问题就无法解决。而对产品全面准确的了解甚至比前面两个条件更加重要，很多外贸人可能对此不太在意，甚至在工作以后也不太愿意去学习专业知识、产品知识，一旦遇到专业问题，就无法解决。笔者并不是说外贸人必须掌握高精尖的技术，但是对一些基本的专业知识都不明白，都说不上来，客户会认为你不够专业。如果很多事情不能当面解决，什么都要等先问过技术人员才回复，可能会错失很多机会。举一个简单的例子，如果你买一台电冰箱，你问营业员,这款产品有什么特点,营业员唯唯诺诺半天,最后告诉你,你自己可以查看产品说明。这种情况下,你可能就不愿意在这个营业员这里购买了,这个营业员的表现甚至会影响你对这个品牌产品的判断。

有志于进入外贸行业的朋友,需要训练自己,增加自己在这些方面的积累,从而提高自己的职场竞争力。

(2)较强的沟通能力和服务意识。

笔者所说的沟通能力不仅仅是能够说一口流利的外语,和国外客户能够自如对话。语言能力是一方面,更重要的是,要能够理解别人和自己观点的不同,甚至谅解别人的过失,能换位思考,善解人意。与人沟通的时候,要着眼于双方共同的利益,而不要拘泥于双方的立场,学会合理地妥协,必须强硬的时候也绝不软弱,但是任何时候都要注意得体、善意地表达,尽量不要斤斤计较和抱怨别人,养成就事论事不针对人的习惯,对个人来说,很有好处。

很难说外贸是一个什么样的职业,但是贸易本身就是沟通,要有服务意识,要能够想人所想,能够帮人处理麻烦、解决问题,哪怕有时受点委屈,被人误会,也要有不纠缠于对方的态度,而是把精力集中到事情本身和解决问题上来。

良好的沟通不仅包括与供应商、客户的沟通,与海关、税务、船公司、货代、报关行的沟通,也包括与同事、同行、领导、下属之间的沟通。如果无法做到公司内部有效的沟通和协调,得不到来自公司内部的帮助,就很难走远、走顺。

(3)要有大局意识和长远眼光,对一些大局走势需要理性判断。

外贸行业的微观、宏观环境一直在变,在变化中生存,在变化中发展,外贸业务人员需要对大局保持一种清醒的认识。通过自己的经验、直觉对现象有理性的认识,尤其是处于危机和变革的时候,能够随机应变,把握大势,当机立断,而不是墨守成规,因循守旧,优柔寡断,甚至坐失良机。

在业务层面,能够把个人的长期职业规划和当前的工作结合起来,把长期的经营方针,长线培养的产品、客户、业务和正在进行的业务、指标、考核结合起来,积极适应变化,迎接挑战。

(4)诚信做人,认真做事,经营好自己的个人品牌。

在一个行业,一个人成功与否,要用业绩说话。同时,你做出了多少业绩,你能够做多少事情,你有多大本事,其实大家都有目共睹,千万不要为了业绩、为了提成、为了利润而不择手段，做出损人利己甚至违法犯罪的事情。做这种事情，可能你在短期内得到了一些满足，但从长远来讲，永远得不偿失，你失去的比你得到的要多。

踏实做事，诚信待人，从长远看，你得到的一定大于你付出的。脚踏实地，一步一个脚印，逐步建立自己在公司、在行业内的信用和个人品牌，得到别人的认可、认同和尊重。

（5）能吃苦，能吃亏，少一点娇气和傲气。

很多外贸工作是比较辛苦的，比如到了夏天，有一批重要货物需要仓库监装，温度再高，你也必须到现场，没有什么理由可以推脱。不要总是觉得自己应该在会议室谈判，和客户谈大合同，做一些更有意义、更有价值的事情，不要抱怨现在整天只做单据、只负责发货，而且交货期晚了又不是你的原因，客户还要骂你，甚至你出现一个小失误，领导就批评你，这工作就没法做下去了。说实话，笔者有时工作不顺的时候，也会发几句牢骚，甚至觉得很委屈，但是工作久了，也就发现，所谓和客户在会议室谈大合同，合同一签几个亿，很多时候一个人一生都很难遇到一次。现实的外贸远不是想象的那样，很多外贸工作是比较辛苦的，有时还充满了重复、琐碎、麻烦，没有那么风光。没有吃苦，没有勤奋工作的积累，是很难有机会风光的。正所谓没有人能够轻而易举成功；如果你受不得一点委屈，或者还没有成功就想养尊处优，不愿吃苦受累，那么，笔者建议你转行。

以上回答也是笔者个人的一些体会，仅供参考。

问题4：新人如何选择一家适合自己的公司？

答： 一般来说，现在能够提供外贸职位的公司有以下几种：

（1）专业外贸公司或者综合外贸公司，主要是通过买进卖出的差价实现利润。有些公司是有什么询价就做什么产品，产品、行业、客户都比较广泛，比较多样化；有些公司的业务主要集中在专业产品或者某一行业的产品，比如空压机、文具。

（2）公司的外贸部门或者工厂的外贸部门，业务基本上为公司内部服务，或者部分为集团内部服务，部分业务是社会业务，主要是自己的产品自己销售，或者根据客户的需求研发产品后出口，进口方面主要是公司内部自用。

（3）国外公司在国内的采购或销售部门，为该公司总部和各国子公司在中国采购或销售。

（4）国际电商企业相关的外贸从业者。

现在能够提供比较多的就业机会的就是上述几种公司。一般来讲，国外公司的全球采购部门门槛要高一些，很少招聘新人，通常需要在行业内有一定经验的人，短期培训以后就能独立工作。

对很多新人来说，经常考虑的就是，是进工厂做外贸，还是进外贸公司做外贸。其实每家公司都千差万别，甚至不同公司内部差异都很大，笔者只能就一些共性进行介绍。

规模大一些的公司比较规范，新人进入外贸公司以后，可以得到比较系统的培训和锻炼，了解外贸的整个流程。一般新人进去，也有老员工指点，按部就班，逐渐适应岗位、适应业务，比较从容一些。当然，有些规模大的公司里面，论资排辈，要过一段时间后才有机会真正独立工作。

就外贸公司而言，一般直接接触产品的机会不多，很多时候，对产品了解较少，只是把客户需求转到供应商那里，沟通的工作比较多。有时产品比较杂，什么都接触，什么都了解不深，但是认识的人比较广泛，工作环境也比较好一些。

工厂的外贸业务人员接触的产品相对单一，他们主要负责工厂的生产、设计、质量管理环节，对产品熟悉较快，但接触的客户也比较单一，他们走的是专业化道路。一段时间后，对产品的了解就非常专业了。很多工厂的外贸业务人员比较辛苦，要不停地与公司内部各部门沟通协调。内部协调工作也很辛苦，而且有的工厂管理不太规范，有的工厂老板的国际化经营思路也不太明确，就申请一个阿里巴巴账号，请几个学外语的新人过来，也没有仔细考虑过产品定位、进行目标客户分析，就指望着挣外商的钱。新人来了，既不知道如何开发客户，也不能指望老板给他们多少指导，很多都是一边做，一边摸索。有些老板予以支持还好一些，慢慢他们的业务能力也就培养起来了，虽然经历了许多坎坷，但毕竟是亲力亲为，什么困难都经历过了，个人能力提升很快，新人很快就成了公司外贸业务的骨干，独挑大梁了。有些公司本来定位不太清晰，见新人忙了几个月，没有实际的单子，或者总觉得报的价格毫无竞争力，到头来不了了之，也没有好好分析不能出成绩的原因，导致员工也没有积极性，老板总觉得反正给你工资了，也不欠你的，这种情况也不少。

没有什么标准模式，适合你的才是最好的。有人喜欢挑战，那么就到一个全新环境，摸爬滚打锻炼一番，也不错。有人喜欢按部就班、循序渐进的模式，那么找个有人带的职位，可能比较适合自己。我们只能根据公司岗位提供的实际情况，结合自身条件，选择合适的公司和合适的职位。

就个人感觉而言，笔者喜欢那种管理规范、领导思路清晰、人际关系比较融洽的公司，不喜欢那种管理混乱、人际关系复杂甚至有些紧张的公司。如果一家公司领导思路不清，或者内部管理混乱，人际关系紧张，在这种公司工作，个人感觉会很紧张，很多精力用于内耗，很难把精力集中到工作上。环境的好坏，对个人成长、成才、成功很重要。一般的，资深的外贸业务人员找工作的时候，都喜欢和老板面谈，聊一聊思路，看一看这个老板的人品。笔者记得有个朋友曾经说过，他可以为老板卖命，前提是这个老板值得他卖命，说得很有道理。

想清楚自己需要什么，公司能够提供什么，然后选择适合自己的公司、适合自己的岗位，努力工作，为自己、为公司创造价值。

问题5：新手如何准备外贸公司的面试？

答：外贸公司面试与一般公司面试大同小异，除了常规准备以外，面试者还需做以下准备：

（1）外语。一般外贸公司会在面试时测试面试者的外语能力，很多面试官见多识广，基本上你一张嘴，就大致了解你外语水平的高低。实际面试的时候，一般都会问一些你可能没有准备的问题，比如给你一个情景，让你写一段文字，考察一下你的英文组织能力、词汇能力、应变能力，这是书面测试；口头测试更加多元化，比如给你一份材料让你直接翻译一段，或者用英语跟你聊天。

笔者有个小建议：要非常熟悉自己英文简历中的内容，面试官可能会询问一些简历上的内容。有时候，新人会让高手帮忙翻译或者加工自己的简历，结果自己对简历上的内容不是很熟悉，面试官问一些简历上的事情，自己也说不清，这显然不合适。

有些人英语表达不够流利，笔者建议在面试前做一些准备，比如自己毕业院校名称、专业、在哪些单位实习过、做过哪些工作、自己的性格特点、兴趣爱好、对面试公司的了解及期望，在面试之前把问题和答案都准备好。如果可以，找同学或者朋友模拟一下，这样效果会好很多。

（2）了解外贸的流程，了解外贸的物流、资金流、信息流内容，如果可以，事先从网站等渠道了解一下面试公司的主要业务，能够大致说出一些产品或者客户，会让面试官认为你对公司比较了解，留下一个好印象。

（3）注意礼貌和得体，涉外工作一般都有这个要求。面试的时候尽量着正装、皮鞋，头发不要乱蓬蓬，指甲要干净，坐在座位上不要抖腿，说话时正视提问你的面试官，注意语速不要太快，开门、关门的声音不要太大，最后出去的时候对面试官或者工作人员表示谢意。如果有些问题不知道如何回答，或者不清楚，建议实话实说，不要随口乱说，更不要被面试官指出不对后拼命解释，甚至和面试官争论起来。一个当总经理助理的朋友告诉过笔者这样一件事情，有个参加面试的年轻人差点和面试官吵起来，面试遭拒后，这个年轻人还几次三番打电话给他们公司人事部门，要求解释被拒的理由，给人一种无理取闹的感觉，一般这种人公司都避之唯恐不及，怎么可能会招进来。

（4）现在有些公司组织集体面试，所有参加面试的人在一起讨论一些话题，有时公司会让面试者和公司管理层一起用餐。这种场合下，即使是淘汰制，也需要尊重其他面试者，在讨论的时候，不要恶意攻击其他面试者来证明自己的观点是正确的，不要过多评价对方观点正确与否，比较合适的说法是：你觉得他（们）的观点有其合理性，只是在某个方面，你的理解和他们有点不一样。千万不要把自己和其他面试者对立起来，不要咄咄逼人，虽然存在竞争，但是为了解决一个问题，他人的观点和建议，你必须认真听取和参考。很多公司都是通过这种形式考察面试者是否思路清晰，是否适合团队工作，是否能够听取别人建议、能够与人合作。

问题6：如何根据不同的性格或者特长选择适合自己的外贸岗位？

答：一般来说，根据不同分工，外贸工作包括外贸业务、外贸单证两类；而有些外贸公司将采购和销售分开，由不同的人负责；有些公司有专门的技术岗位，主要负责供应商选择、图纸转化、质量监督、产品验收等方面的工作。

有些新人进入公司，要做一段时间单证业务，而有些则是以特定岗位招聘进来的，来了以后就到这个岗位。有些公司有这样的规定，业务人员只涉及订单前的流程，签好合同，后面的合同执行和他无关，全部由另外岗位的人打理。这样的好处是，各管一摊，可能工作效率会高一些，但是不同的人处理不同环节，有些事情可能会脱节，一旦发生问题，内部责任承担、内部协调也存在问题。这种情况下，有些人工作数年，对整个外贸流程还是不太清楚，甚至连利润如何实现都不知道。有的公司是一个业务员对询报价、合同签订、生产管理、质量控制、发货、单据处理、收汇从头到尾全部负责，这样的好处是对自己合同的每个环节都很清楚，但是可能精力比较容易分散，千头万绪，忙于很多事务性工作，很难保证重点工程、重点项目的优先。还有一种较常见的情况是，一个资深业务员（可能主要做管理工作，也可能自己直接联系业务）主要负责联系客户、开发市场、寻找供应商，下面有一个团队，有几个人配合他的工作，有做单据的，有协助客户沟通的，各司其职，人员之间互补性较强，利于传帮带。但是有时也出现资深业务员压制下属发展的情况，或者新人做了多年还不能独立工作，反正出了问题有人负责，自己不用独立自主地思考问题，限制了自身发展。

外贸新人应根据上述这些特点，合理选择适合自己的外贸岗位，如果外语表达能力比较强、善于沟通、喜欢挑战，笔者建议选择直接和客户打交道，选择做业务的工作岗位，但是也需要有思想准备，比如经常出差、工作压力大、责任大，会经历一些困难。外贸新人如果喜欢比较规律的生活节奏，不喜欢加班、应酬，喜欢办公室生活，心细，比较善于做案头工作（PAPER WORK），那么选择做外贸单据的岗位比较合适。

万事无绝对，适合你的就是好的，在每个岗位都需要认真踏实工作，有责任心，这样在任何岗位都可以做得很精彩。

例如，曾有一位女同事在笔者公司实习做单据工作，工作很认真，很主动，过了一段时间，被客户挖过去做业务，现在已成为那家公司的骨干。

还有，以前有个前辈同事带过笔者一阵，他学历不高，原来就是做单据的，后来因为公司调整岗位，临时由他代管一个岗位。在临时代管这段时间内，他不辱使命，使业务增长了数倍，也就顺理成章成为外贸业务员，而且表现很优秀。

问题 7：女性是否适合做业务员？

答： 笔者认识一些很优秀的女性外贸业务经理。笔者认为，如果你很优秀，别人会尊重你，尊重你的能力，至于性别方面的差异，在外贸职场上，大家没有歧视。虽然笔者认识的外贸业务员中男性多一些，但是笔者最敬佩的几位外贸业务员中，就有一位出色的女业务员（说她是业务员，可能有些不太适合，至少是业务经理吧），做事很有原则，很理性。这位前辈的专业、敬业程度让人敬佩，有时言辞犀利，一针见血，她的日本客户（业内很强的一家日本公司）对她非常客气，原因就是她的职业素养、能力让人肃然起敬。有一段时间笔者和她在一个办公室工作，有时也会被她说几句，笔者心服口服，和这样的高手一起工作或者过招，也是一种幸运，让自己知道差距，知道需要努力才能不被落下。

所以，女性完全可以做业务员，并且能够成为一位好业务员。只是，同样需要努力奋斗，需要用心、专注才能达到这个境界。

问题 8：进入一个传统行业搞出口，有出路吗？

我在一家纺织企业做外贸，但很多人认为纺织行业是靠出口退税"苟活"的行业，前景暗淡，说得我都没有信心了，您是如何看待行业选择的？

答： 总体来说，传统行业比如纺织业、机械制造业、铸造业等竞争激烈，利润率没有新兴行业那么高。其实竞争激烈无关传统行业或者新兴行业，有些传统行业，似乎没有发展前途，总有人说退税再降低就不行了，但是说归说，几年后，出口不降反升，平均行业利润率也没有变成负数，中国人对经济环境的适应性以及对困难的克服能力，在外贸行业体现得很充分，让人敬佩。

新兴行业能否有大的发展，也是因企业而异。前几年曾经火了一把的太阳能行业、光伏产业，大热以后，现在看看还有多少健在的企业？别人赚钱是别人的事情，你自己能不能赚钱，是你自己的本事。有时，个体发展固然和总体行业有关，但是个体本身的生存能力、适应能力、发展能力更重要。

无论什么行业，都会有公司成功，有公司倒闭。虽然总体上结构调整、行业的大趋势可能对行业进出口影响很大，但是不管怎么说，在中国，纺织行业的出口还是很旺盛的，至少在近年内，笔者认为不会跌入谷底。

笔者就是做机械产品、铸造产品出口的，虽然也感觉到了这几年生意比以前难做了，利润率低了，但是说实话，更多的是来自国内的竞争。整体而言，每年的生意无论是业务量还是利润，好像不但没有太大下降，而且几乎每年都有一些增长。就笔者个人而言，并不觉得传统行业的出口前景非常悲观。此外，有些行业（既有新兴行业，也有传统行业）主要靠出口退税保持竞争力，比如机电产品出口中，出口退税的支持力度就很大。全世界很多国家都有出口退税支持本国出口的做法，出口退税支持出口并非中国独有的现象。

即使是在传统行业中，现在也有很多企业通过国际电商平台进行营销，B2B 和 B2C 并重，效果也不错。

如果某个行业因各种原因进入衰退期，行业急剧萎缩，已经无法提供很多的工作机会，那也只能尽早离开，寻找新的机会。

问题 9：准备进入外贸公司，公司承诺的月收入不到 5000 元，这是行业普遍现象吗？

准备签约的外贸公司承诺的月收入只有 4500 元加一些提成或考核，感觉太低了，对不起自己的名牌大学、英语六级、外销员证书，这个收入水平在上海很难立足，甚至犹豫要不要签约。

答：如果有别的选择提供的收入更高，那你可以放弃这家外贸公司。

新人进入公司，对公司来说，需要一段时间培训、指导，公司投入为主，前几个月，新人基本是成本中心，产出很少。

可能你是名牌大学毕业生，又通过了英语六级或八级考试，还考取了跟单员证或者报关员证，很优秀。但是短期内，你进入一家新公司，你没有现成的客户，没有现成的产品，没有订单，没有利润，能够创造的价值是很有限的。

当然，你可以做一些比如翻译、单据方面的工作，或者配合别的员工做一些辅助性工作,如果只是做这些工作,月收入4500元加一些提成或者考核也不算太低。

新人刚进入公司,主要任务是多学习、多锻炼、多积累、多经历。这个时候,公司或者老板几乎无法从你身上得到任何现成的利益,而是在你身上投入,比如你的工资、福利、培训费,可能需要很长时间投入之后才有产出。等你慢慢培养了一些客户,拿到了订单,有了利润,可能你的绩效考核或者提成会慢慢增加,你的收入也会慢慢上涨,老板也能够从你的订单和利润中获利。

新人眼光应该放长远一些,思路开阔一些,不要过分计较眼前得失。如果你觉得这家公司不错,有成长空间,能够学到不少东西,那么,即使收入一般,也不要过分在意,毕竟起步阶段要以学习为主,为以后成为成功的外贸人积累足够的经验和人脉关系,为以后腾飞打下扎实基础,这些可能比现在月薪多500元或者800元更加重要。

你公司的薪酬设计,员工应该是以拿提成或者业绩考核为主,鼓励员工多出业绩拿提成的。赶紧振奋精神,努力开发客户,早出业绩,多出业绩,争取获得高提成或者好的业绩考核。

你可侧面了解一下那些老员工的收入,如果收入明显低于同行收入,那需要重新考虑。

问题 10:新入职场,公司要求外派非洲,怎么办?

答:外派非洲,是机遇,也是挑战。

笔者认识很多在海外工作的朋友,也包括在非洲工作的。有几个朋友是在外派期间表现突出,后来被公司委以重任,成为高管的。

公司外派新人到非洲去,无论是偏商务还是偏技术服务,公司一定会做好对员工安全的保护工作,你需要注意自己的安全,但是没必要过分担心,多向有经验的同事以及同在这个国家工作的中资机构工作人员请教、学习,可以很快适应非洲工作环境。

趁着年轻,把握在海外工作的机会,接触到最鲜活的一手客户需求,多积累一些人脉,主动学习,个人会得到很大进步。

笔者有个高中同学,大学毕业后进入一家大型企业做外贸,工作两年后,公司派他一个人到巴西成立代表处，临行前，他很担心能不能在南美做出一番事业，结果到达巴西后他"拳打脚踢"，没多久就打开市场，建立了一个高效团队，他们公司的产品在巴西也有了一定的市场占有率。

开拓非洲海外市场不确定性大一些，可能会辛苦一些，压力也会大许多，需要更加主动积极去适应全新的环境，但非洲市场潜力巨大，努力了，运气好的话也容易出成绩，收入也会高一些，为自己以后的发展奠定扎实的基础。

问题 11：在浙江义乌适合做外贸吗？

答：义乌是浙江省一个县级市，是全世界最大的小商品市场，号称"世界超市"，是我国经济外向度较高的城市之一。截至 2021 年 9 月，义乌小商品市场经营面积已达 640 余万平方米，商位 7.5 万个；汇聚 26 个大类 210 万多种商品。义乌市场和全球 210 个国家和地区有贸易往来，每年有 56 万次境外客商来义乌，有 100 多个国家和地区的 1.5 万多名境外客商常驻义乌。2021 年，义乌进出口总值达 3903.1 亿元，其中出口 3659.2 亿元、进口 243.9 亿元。（数据来源：央视财经、金华日报）

义乌小商品在全世界范围内无处不在，包括欧美的圣诞用品、全球各旅游地的纪念品、体育比赛的啦啦队用品、各种竞选用品等。

义乌开通了至马德里、德黑兰、伦敦等的国际货运班列，附近有上海、宁波等国际海港，将中国制造的礼品、鞋子、衣服等小商品、手机配件、通信设备、五金机电等产品源源不断地发往世界各地。

这里的外贸接地气，很多时候，买卖双方在市场内面对面沟通，当场下单，即刻找到配套的物流、报关机构，节奏很快。义乌的外贸环境非常活跃，也为外贸人提供了各种机会。

问题 12：离城市比较远的工厂，如何留住外贸人才？

答：笔者的朋友宋先生是山东日照下面县级市的一个制造企业的老板，他太太分管销售，2010 年后公司开始发展外贸业务，从无到有，现在一年外贸销售收入已超过人民币2000万元。但他们公司在培养外贸团队的时候也曾遇到很大的困难，好的外贸人才不愿意到郊区上班，即使自己公司培养出来的员工，也很难留住。公司离日照市区大约80公里，一开始招聘有潜质的大学生，提供了宿舍，员工到厂里上班一段时间后业务有起色，但是再过一段时间，员工不甘心总待在一个镇子上，辞职了。公司只能再招聘员工，有时没合适的人负责外贸业务，宋太太会亲自联系客户、安排外贸发货等。一次，一位有能力的员工工作了一段时间后准备辞职，被挽留后提出能不能让外贸人员将平时工作地点换到县城或者日照市区。经过考虑，他们公司在日照市区买了办公场所，安排外贸部门在日照市区上班，这样，在招聘的时候，公司有更多的人才选择，年轻人大多不愿待在厂里，喜欢选择到市区找工作。如果为了业务需要，某个外贸业务员到工厂实习或者短期工作一段时间，也没什么问题。将外贸部门改到日照市区后，他们的外贸队伍就稳定下来了，业务也进入了良性发展轨道。

好的员工很重要，公司如何吸引、留住好的外贸员工，必须换位思考，站在他们的角度思考问题。按照目前对外贸人员的要求，能够胜任外贸岗位的基本是大学刚毕业，通过了英语六级或八级的学生，让他们离开城市生活，时间久了的确很难做到。此外，新毕业的大学生很多人还没有买车，无法解决交通问题。所以，企业调整工作地点，可以在更大范围选择人才、留住人才，让员工安心为企业工作。

第二章 新入外贸职场，新人新岗位
CHAPTER 2

> **问题 13：如何尽快适应外贸岗位？**

我刚进入一家进出口公司，实习阶段3个月，基本没有事情做，跟着老业务员学习，业务员一般都比较忙，只是不时给我安排一些复印、传真之类的工作而已，没有人诚心诚意教我做事情。我应该怎么做，让自己在最短时间内熟悉进出口业务流程，尽快适应岗位呢？

答： 新入职场，需要尽快在心理上完成从学生到职员的转变。作为新人，首先要按照职员的要求，按照外贸人的要求，从外表、行为规范到职业素养、气质，全方位让自己看起来像一个外贸人，由外到内让自己变成一个真正的外贸人。

比如着装，在外贸公司上班，尽量穿得正式一些，不要太随意，原则上皮鞋常擦，衬衫每天更换，头发尽量不要有头皮屑，不要穿拖鞋、沙滩裤之类太过休闲的着装上班，否则显得太随意。

微信或者QQ的签名尤其是工作群的群名片尽量显得正式一些，不要那么无厘头，搞一大堆符号或者设置很"丧"的那种风格，不太适合职场人士，尤其是工作群里面，将群名片改为自己姓名或者"公司部门+姓名"的组合，便于别人寻找你。

如果客户、供应商、领导、同事、货代在邮件或微信上给你发了重要的文件，要立即确认收到文件，做已经安排或者会立即去办之类的反馈。有些重要的文件通过邮箱或者微信发给对方后，也要确认对方是否收到。新人在意的是"我已经做了""邮件我已经发了"，而职场最在意的是对方收到了否，如果事情很紧急，你要跟踪对方收到你的反馈后是否已经把事情安排下去。

离开学校以后，再没有人督促你学习，你需要训练自己，学会自律，主动去适应社会、适应职场。作为成年人，一定要有"我要学习、我要进步"的精神，而不是"公司要我学习、公司要我进步"的那种心态。在公司里，每个人都有自己的事情，别人也不是你的专职私人教练，一对一地指导你学习，还要考核你学习的效果，这种事情根本不存在，你要主动地学，主动向别人请教，别人做事情的时候，用心看，看别人如何打电话、如何着装、如何待人接物、如何安排时间。向别人请教的时候，要注意场合和分寸。比如马上要放长假了，老业务员正忙于安排长假期间一些工作上的事情，这时你问对方一个常识性问题，对方肯定觉得你问得太不是时候了。不要埋怨别人没有诚心诚意地教你，关键是你要诚心诚意地向别人请教，或者说，你有没有足够诚心、足够用心，让别人愿意教你。

新人到新公司后，一切都很陌生，需要很快了解公司的规章制度和公司流程，了解公司业务的审批制度、授权制度、经营理念。这样，等你开始做业务的时候，就不会被公司内部流程和制度所困，否则会困难重重，走很多弯路。当然，通过公司给你安排的一些任务，做好一些辅助性工作，能够帮助同事做一些简单的工作，尽量从这些任务出发，由点到面，了解公司经营的产品、客户、竞争对手、供应商等信息，逐步了解自己公司的情况，了解自己公司的业务。

新人进入外贸职场，要谦虚，尽快使自己融入团队，成为团队中的一份子，做一个大家都愿意和你交流的人。

对别人给你提出的建议、批评甚至指责，要抱有一种平和的心态，正确对待，虚心接受。别人能够告诉你哪里需要改进，对你来说是好事，让你知道了改进和努力的方向。千万不要觉得你是新人，你做得不好也是可以原谅的，他们为什么要对你这么苛刻呢？不要计较别人对你的态度，也千万不要因为别人批评你就心怀不满。笔者也带过一些新人，经验就是：如果新人愿意学，就多教一些，多给一些机会；如果新人不太主动，则少教一些。

一些琐事，比如快递、传真、复印、电话留言等，在不影响自己工作的情况下，要主动承担一些，勤快一些，谁都喜欢勤快的人，不喜欢懒惰的人。

问题14：新入外贸岗位，如何在短期内提高外语沟通能力？

我刚进入外贸公司，岗位是出口销售，经常需要和国外客户用英语沟通，上大学时我的专业是国际贸易，通过了英语六级考试，口语也还可以，但是和客户通电话或者谈判时，由于对外贸术语不太熟悉，对专业词汇不了解，尤其是不太适应国外客户的口音，很容易紧张，听不太明白，沟通效果不理想。我该怎么办？如何在短期内提高英语沟通能力，适应各种口音的国外客户？

答：笔者曾听说一件很滑稽的事情。一名日语过了一级的日语专业高才生，遇见一名日本和歌山来的工程师，结果这个高才生对工科专业词汇不了解，不熟悉这个工程师的口音，他们的交流效果可想而知，只好换人翻译。这个高才生很委屈，向同事抱怨说："这位工程师口音那么重，我怎么听得懂？我自己的发音是东京口音，没有问题的。"

经常会有这样的事情，有些新人，甚至名牌大学毕业的高才生，对自己的外语很有自信，但新到岗位，第一次谈判就遇到困难，甚至感觉一点儿也听不懂。

指望客户说标准的外语而没有口音只能是一厢情愿，就好像让一个没有读过书的老人讲普通话，他再努力，也不可能说出标准的普通话，但是听多了，还是能够听懂他的意思，所以，我们需要尽量适应别人的发音，掌握一些发音习惯。

口音其实是交流中经常遇到的问题，很多人对流利的美语或者伦敦腔调的英语比较适应，然而对比如澳大利亚人的一些发音，印度英语的一些重音和节奏，日本人的英语，甚至一些夹着法语、意大利语、德语的英语却不大适应，唯一的办法就是多听，多听就慢慢适应了。

其实技术单词、专业术语并不可怕。一般来说，某个专业领域，平时经常使用的单词可能只有几百个，甚至更少，找一本比较好的专业词典，收集一些常用的专业术语，集中精力花时间，可能几周时间就可以掌握常用的单词。对工作而言，最有效的办法是通过交流学习口语或者术语，比如客户询价里面有很多词汇不太熟悉，那就查字典，了解并记住每个单词的发音、意思和用法，这些单词也许过几天就能在报价或者合同成交时用到，下次遇到客户，他们也许说的就是询价里面的英语，通过这种方式学英语效果很好，而且掌握的都是鲜活的词汇。

笔者有个建议，应尽量说对方听得懂的技术单词。笔者经常遇到一些刚毕业的大学生，在使用词汇的时候不够精确，有时在一些场合表达不够准确，或者外商听不明白。这就需要比较一下不同词语的不同表达方法，进而揣摩一下哪个表达更加贴切、更加准确。这样有意识地积累，慢慢你的词汇量就增多了，表达也会越来越准确。

一个比较常用的办法是，在对话或者通电话前，把表达的内容先组织一下，最好在笔记本上写下关键词，这样会比较有条理，表达的时候不会乱，也不会忘记，等通话或者交流结束后，再回顾一下刚才表达的有没有问题，事情有没有办成。通过充分准备、事后确认的办法提高语言沟通能力，实践证明这是很有效的。

笔者刚进公司时，做过一段时间兼职现场技术翻译。第一天在现场，笔者就要翻译一个技术碰头会的交流内容，那个时候业务不熟练，翻译得很不顺畅，最后还遇到了一个词——"对中度"。这个词笔者连中文都不了解，更不要说英语了，结果翻译无法进行下去，挨了一顿批评。当天晚上笔者就冲到书店，买了科技英语的词典、机械英语词汇等资料，每天包里放着词典，准备好笔记本，如果有不太了解的词就记下来，或者让人写下来，再查资料，还主动向中方和外方人员要一些相关设备的资料，这样一个星期以后，笔者就能自如地翻译那个项目大部分场合的交流内容了。

毕竟不是做大型国际会议的同传，一般情况下外贸岗位的外语沟通难度没有那么大，多准备、多积累、多训练，提高还是很快的。

问题 15：外贸新手在碰到问题或者有想法时，该怎样更好地与领导沟通呢？

我在一家外贸公司工作9个月了，公司安排我负责处理工厂的跟单工作，因为没有经验，工作中有时会出点问题。每次我出错，领导就会收回任务，自己去处理。作为新手，在碰到问题或者有什么想法时，该怎样更好地与领导沟通呢？

答：在回答你的问题前，笔者先谈一下自己的体会。笔者也是从新人走过来的，也带过新人。如果笔者带一个人，发现他某个地方做错了，会先直截了当地告诉他有个环节出错了，有时间的话，再告诉他错在哪里，应该怎么改，正确的做法是什么；如果时间比较紧，笔者会马上把任务收回，把事情做完，不可能因为要教人，把事情耽搁了。一般情况下，对实习生或者新人，如果批评了他几句，他就愤愤不平，或者找一大堆借口和理由，笔者会告诉他，自己之所以指出他的错误，是为了教他正确做事，让他以后少犯错，不是笔者对他苛刻，小题大做，而是如果不这样做，可能会造成很多麻烦，比如客户不接受，或者下一个工序无法操作。

新人做必要的准备工作很重要。比如进入外贸岗位，自己先了解进出口委托书、报关单格式以及如何填写，发票、箱单如何做，提单如何确认，报价单如何做（如何计算），给客户提供付款的全套资料应该如何准备，集装箱的尺寸限重，一些经常使用的货代、快递公司的联系方式，公司内部支付、退税、报关的流程等，有意识地在看资料的时候了解这些信息，或者向同事请教，等自己在工作中遇到这些问题时，就会迎刃而解，不用着急地问别人，做到有备无患。有准备和没有准备的工作效果自然大不一样。

给你一个建议，在上班期间心思尽量放在工作上，少聊天，少打游戏，少看网络视频，有时间就研究一下手头的文件，看看领导交给你的任务是不是有什么地方考虑得不够或者哪里还需要确认。比如，笔者有一次让一个实习生做货运委托单，过了一个小时，笔者看他在打游戏，就问他做好了没有，他说做好了，笔者一看，他把千克和吨搞错了，这个差1000倍。上次给他的模板里面是一个整箱，这次一共只有1.5吨货物，还要整箱吗？上次整箱是到工厂装货，这次是拼箱，只能安排制造厂把货物送到上海仓库，这些都考虑过了吗……如果不知道，可以问，不提问的话，笔者就以为他考虑过这些情况。如果笔者不看，就直接把这个委托单发给货代订舱，就会订错了，闹出大笑话还是小事，可能会耽误事情。领导交代工作任务的时候，你不认真听、心不在焉，连要做什么、基本要求都没有搞清楚，是不可能完成任务的。新人在遇到问题和麻烦时，或者不太明白工作要求，要马上询问，马上确认，马上解决，不要自以为是，跟着感觉走。

当然不能要求新人一进公司做什么都很老练、都很得体，但是想学和不想学差异是很大的。很多人可以理解新人不够老练，但是不能接受新人不虚心求教，态度不端正。

新人要善于从失败中总结教训，从错误中学习。遇到问题要虚心向人请教，养成总结一些流程性工作经验的习惯，比如同事让你寄个快递，是报关资料，那么你就需要看一下，报关资料包括发票、箱单、报关单、合同文本、报关委托书、货物报关要素说明，要分清其中哪些是正本，哪些是复印件，盖什么章（法人章、报关章、手签章等），甚至在征得同事同意后，你在复印后自己先学习一下，分析各种资料内部的逻辑关系，等到你自己做的时候，就不会手忙脚乱，出现一大堆问题了。快递寄出去的时候，记下快递单号，到了第二天中午，主动查询一下快递是否收到了，然后告诉你的同事，寄出的快递收到了，那么你这次的任务就完成了、做好了，还学到了一些知识。通过每个任务学习、了解、接触一些新知识，新人会很快成长起来。

重要邮件发出后，笔者建议电话或者微信确认一下；寄出或者收到增值税发票的时候，也需要和收件人或者寄件人确认；收到客户款或者给供应商付款后，需要确认或者告知一下。如果有问题，也能够马上解决。

新人应该明白，究竟如何做才能让领导愿意给你机会，愿意教你，愿意培养你。你首先要改变自己的思维模式和行为，少一些埋怨，少一些被动，多一些理解，多一些主动沟通，有错就改，从现在做起，从每件小事做起，自然一切都会好起来的。

问题 16：外贸新人如何在短期内取得客户信任？

我在贸易公司工作一年半，以前主要是给老业务员帮忙，做一些辅助性的工作，从上个月开始，公司让我独立和客户联系，负责南美市场出口业务，但可能是我刚刚接手的缘故，客户对我不够信任，有事的话还是直接找以前的业务员或者找我的经理，让我觉得有点失落，没有成就感，我应该如何尽快取得客户的信任？

答：老练的外贸经理在控制客户方面都有自己独特的手段和风格，真的很难学，加上你是新人，和客户比较生疏，很难在短时间内和客户建立密切的关系，短期内就要让客户非常信任你，与你亲密无间，不太现实。

要取得客户信任，最重要的还是工作本身能够为客户创造价值，提供他需要的产品、技术服务，或者你在这个过程中提供了很好的服务。你只有通过自己的专业素质、敬业精神，体现出很好的服务意识，沟通顺畅，没有因为换了一个人而对业务造成不便，客户慢慢才会对你满意，产生信任。你要尽量让自己不出错,甚至在一些地方要做得比老业务员更好。当然,业务能力在短时间内要超过资深业务员很难,但可以在服务态度、主动沟通、文件的及时提供上下功夫。这样客户会觉得你这个人真不错,你也就取得了他们的信任。如果你反应不如以前的业务员迅速,做事不如以前的业务员利落,报出的价格比以前的业务员高,需要你解决问题的时候你无法给出满意及时的答复,客户自然会对你不信任,就要找以前的那个业务员或者你的领导。

笔者有过这样的体会。有一段时间,一个同事和笔者一起负责一个客户,一开始,基本上以笔者为主,逐渐地笔者就放手,以笔者的同事为主,但是为了过渡或者交接比较顺利,所有邮件也都是抄送给所有人的。在一次订单图纸技术确认中,笔者同事的理解和客户有些不一样,确认技术细节的时候,客户下午四点半发了一封邮件,他可能没有看到,或者想等到第二天处理,但客户有点急,打笔者同事的电话,没有联系到他,于是客户就找到笔者,笔者和供应商确认了一下,把事情搞清楚了,再打电话给客户,技术问题也就迎刃而解了。后来,这个客户的邮件不愿再发给笔者同事,只发给笔者。这是因为一方面他是新人,可能在有些技术方面不够熟悉;另一方面,在沟通及时性、服务意识上,他可能做得不够好。

新人接手客户,除了工作上更努力、表现更好、服务更到位外,一些工作以外的沟通也是必要的。比如客户到国内访问,到了你所在的城市,你可以陪他们购物或者观光,准备一些私人礼物,一起用餐,聊一些共同关心的话题(如音乐、足球等),这些都有利于与客户建立友好关系和信任。

有些事情急不得,只要努力去做、用心去做,一段时间后就会水到渠成。

问题17:刚刚进入公司几天就和供应商发生争执,领导也批评了我,怎么办,要提出辞职吗?

进入外贸公司做跟单才几周,有一个供应商从第一次和我接触就非常蛮横,高高在上,态度粗暴。昨天,在确认一件事情的时候,他在电话里面指责我做人有问题,我发怒了,和他在电话里吵了一架。对方直接向我老板投诉,老板不问缘由就训斥我,要求我向对方赔礼道歉。我解释了当时的情况,老板坚持认为我错了,一个劲地讲对方多么敬业,已经和我们公司合作多年。

供应商还提出不想再和我联系,要求换以前经常和他们合作的老跟单员。按照老板的说法就是,对方很认真负责,非常通情达理,并且为工作考虑。供应商那么好,那么我算什么,一无是处吗?现在我还在试用期,出了这个问题,我要不要提出辞职呢?请帮我出出主意。

答: 撇开对方公司业务员的态度,你觉得他是针对你个人,还是针对事情办得不顺,或者他只是不想影响工作?有时不用想太多,对方的目的是希望事情办得顺利,你的目的也是,在这一点上,你们是有共同点的。争执时说的气话,不要过分计较。

笔者年轻的时候,也常和别人争论,慢慢也就平和了,在别人发火的时候,要缓和一下,你可以平和地告诉对方,你再努力一下,或者你一定尽你的最大能力来解决这个问题,或者你直接告诉对方,你是新人,不太懂,请多关照……

笔者很理解你觉得自己委屈,但是与其把精力放到和别人争辩上,不如把精力放到你的本职工作上,把事情尽快理顺,把要做的事情及时高效地布置下去,这样对你的帮助更大。

要养成一个习惯,就是尽量把精力放到要处理的问题上,而不是纠缠于人和人之间的沟通障碍,这样做事情也会高效得多。受点委屈不要紧,也不用过分敏感,动辄感觉人格受到侮辱。但是,如果对方无理取闹,你也不必和他斤斤计较。当你不能理解别人的时候,那就尽量谅解别人吧,否则,你总想着自己很委屈,你就是和自己过不去了。

几年前,笔者和一个领导发生了一些争执,客观地说,笔者那天有点儿不冷静,过激的话一说出口,便意识到自己态度不对,决定马上认错。于是笔者立即主动和领导沟通,表示刚才笔者的言行不够得体,但对领导个人并没有什么偏见,只是对某件事情,笔者的观点和他的不一样,笔者的表达方式有问题,请求他的原谅。这样,双方很快和解。后来笔者还主动和领导谈论一些其他事情,彼此也就不会纠缠于曾经发生的一些不快。

你要主动和领导沟通,告诉他,你刚刚参加工作,做事考虑不周全,很多地方还需领导多提醒、多帮助。从沟通的角度来看,任何情况下和人发生争执,尤其是吵起来,责任不一定都在对方,回顾和反省一下自己的沟通方式和表达方式,下次注意做得更加得体,必要时可以主动向人道歉,或者主动表示和解。该面对的还是要面对,如果可能,笔者认为你可以向你的供应商道个歉，看有没有继续和他合作的可能。人生会经历很多事情，过去也就过去了，原谅别人，也是给自己一次机会。

所以，不用纠结于这件事情，没有必要因为这件事提出辞职。不过以后和人沟通时要耐心一些，尽量不要发生争执，过一段时间，你就会熟悉你的业务，也就会自如很多。对于已经发生的事情，不用过多去想，只是以后要避免类似的事情发生。

问题18：新到岗位，现实中的外贸工作和想象中的完全不一样，有点茫然，如何调整？

我最近感觉很迷茫，刚毕业来到这家公司做外贸。公司主营产品是电源，去年才开始做，国际标准认证还在进行中，产品必须通过国际标准认证之后才能进行销售，也就是说，我在此之前，大约半年的时间没有什么事做，也不知道公司这么早把我招来干什么，来了一个月了，只是零星地做点翻译工作。部门经理很忙，没有时间具体指导我的工作，昨天和他沟通了一下，说安排我"五一"后去车间学习，了解产品，学习一些技术。我现在应该做些什么呢？这样多浪费时间啊，我不想虚度光阴，急切盼望您指点迷津。

答： 英雄想大干一场，奈何无用武之地，似乎是你现在的感觉，对吗？

新人要学的东西很多，如果你现在不太忙，那就一边熟悉你公司的产品，一边了解认证过程，同时提高你的翻译能力（和产品、认证相关的翻译）。将英语和专业结合起来，事实上，这些知识都是基础性的，如果学好了，你的收获会很大。比如，很多工厂对认证不熟悉，如果你对认证流程熟悉、对认证资料审核熟悉，过一段时间，你就是独当一面的专家，有一天你离开这家公司，你也许可以指导制造厂进行体系认证或产品认证，扶持一个小厂走上国际化道路。

多了解公司产品的生产工艺、采购流程，进而构思公司以后进出口的业务框架、管理制度，为你今后的外贸工作拓展市场做准备，待时机成熟后，你做起外贸工作来会很有头绪，效果也会好一些。

笔者曾经有一段时间在车间做翻译，很辛苦，但是这段时间的积累让笔者对整个行业的机械都有了大致的了解。在车间，公司安排笔者做样本的翻译，笔者战战兢兢，一字一句从中文理解产品，了解性能，逐步翻译成英文，再和别人确认。通过这段时间的工作，笔者基本上对所有产品都有了一定的了解。每做一次翻译，就会积累一些知识，技术上的积累和学习比翻译本身更加重要，如果只局限于甚至满足于字面的翻译，很难学到深层次的知识。虽然这些都不是直接的外贸工作，但是对笔者后来的工作有很大帮助。

你理解的工作和工作本身对你的要求，其实是两个概念。一方面，你可以有自己的思路、想法和定位，但是如果你不能适应不断变化的工作环境、工作对你的要求，你就永远无法让自己的心平静下来，踏踏实实地工作。对新人而言，最重要的是学习，是接触不同的新事物，了解社会、了解公司、了解流程，学会如何处理事情，如何面对困难、解决问题。

你所理解的外贸工作可能就是天天谈判，天天报价、询价，而笔者理解的外贸工作就是产品、技术、沟通，乃至认证、质量索赔等。外贸工作离不开这些具体的事情，对新人来说，先学产品，了解一些认证的流程，这样的机会很难得，好好珍惜吧。

此外，了解、理解公司的经营理念，对你以后的工作也很重要。比如，有些公司重利润，有些公司重开发新客户，有些公司只做几个产品，有些公司不愿意冒险，宁可不做也不能有风险，这些都必须了如指掌，否则，你辛辛苦苦争取来订单，但是不符合公司的风险控制制度，容易陷入尴尬的局面。

笔者认为，你公司的安排并无不妥，在产品认证完成之前，把员工招进来，先把外贸的框架建立起来，让员工有一段时间对产品、对公司流程进行了解，等到产品认证完成，这些人准备就绪，就可以很快进入角色。

近期内，按照公司的安排，了解产品，学习相关技术、产品知识，结识一些车间的同事，这对你今后的工作会有很大帮助，也是很有意义的事情，不是虚度时光。你应不断调整自己，适应环境，尽量有所进步，有所收获。但是不要操之过急，要做到循序渐进。

问题19：与国外客户交流时怎么才能找到合适的话题，避免冷场？

我是一个性格有点内向的人，成为一名外贸业务员后，与人交流成了一块心病。在工作场合还好，在一些比较随意的场合，经常会冷场，找不到合适的话题，即使有一个话题，我总是无法深入交流，说几句就没有下文了。与客户吃饭的时候，气氛太沉闷，其实我英语口语、听力都不错，就是不会表达，怎样才能改善这种状况？

答：这也不是缺点，有些人爱思考，不爱表达，爱倾听，不爱倾诉。说到外语表达，很多人都觉得，与客户之间交流不够，是语言上的障碍造成的。其实不完全是，很多时候，外语只是一种工具，关键要找到双方合适的话题，如果双方总是话不投机，外语再好也无济于事。

在一些比较随意的场合，可以聊些大家都感兴趣的话题，比如美食、历史、建筑、体育比赛、兴趣爱好等。表达的时候稍微生动一些，不要面无表情，比如说到音乐的时候，你可以稍夸张一些，甚至可以唱几句，面部表情丰富一些，这样气氛就会很活跃、很融洽。有时要根据情况配合一些手势、表情，能够和对方互动。聊到旅游或者出差的时候，可以问一下对方都到过哪些城市，感觉如何，气候怎么样，那边的食物是否合口味……记住说话的时候，需要和对方的眼神互动，这样的沟通才是生动的。

当然你还可以通过了解国外的历史、文化背景，和客户进行一些交流，但最重要的是了解一些鲜活的信息，至少知道近期发生的事件。比如，知道欧洲足球联赛的一些信息、美国篮球职业联赛明星或者网球 ATP 排名之类。除了对事件进行描述以外，最好发表一些简单评论，让人觉得你有思想、有观点。

与人交流时，如果对方的观点和你的截然相反，不要发生争论，可以说他说的有道理，给了你一些新的思路去理解这个问题。观点不同没有关系，千万不要因此而激烈争论或争吵。此外，交流时尽量不要涉及宗教方面和个人隐私，避免不必要的麻烦。

笔者还有一个建议，如果实在找不到话题，可以问对方一些比较容易回答的问题，比如他个人对未来一年经济走向有何预测，或者对市场的预测等。这些问题一般人都能够说上几分钟，你也可以补充，这样局面就慢慢打开了。

沟通交流的时候，要看着对方的眼睛，通过点头、微笑、皱眉等动作和对方互动。如果你提出一个话题，对方没有反应，可能是没有什么兴趣或不太了解，那就换个话题。

问题 20：公司管理混乱，人与人之间钩心斗角，感觉很难出头，但是也没有更好的选择，怎么办？

答：确切地说，只要有人的地方就有钩心斗角，你感觉这家公司不行，换个地方，情况也不会好到哪里去。

新人刚刚走入社会，可能对公司、对社会比较理想化，可现实并非如此。笔者接触过很多公司、很多人：有在一些敏感岗位几十年都稳坐钓鱼台的人，有工作两三年通过努力就成为公司高管的新锐，有八面玲珑、泼辣大胆的女白领，也有凭借自身的业务能力、业绩对客户和领导都很强硬的高手……他们都有一个特点，就是在某个领域，他们都花了很多时间，花了很多心思，笔者对这样的人，充满敬意。

任何一家公司，总是需要有人能够工作，有人能够创造价值，出了问题，要有人能够解决。对你个人来说，别人钩心斗角是别人的事情，如果你不愿意这样做，那么你还是把精力倾注到提高你的客户服务能力、你的专业能力上。

在外贸行业，有时客户比领导更重要。或者有一天，你厌倦了某家公司，如果你有足够的能力和影响力，对客户和业务有足够的控制力，完全可以换一家新公司，或者自己开公司。在笔者身边，就有很多这样的例子，当某个业务员对原来公司失望或者觉得这里不再适合了，便换个地方，照样做得风生水起。

利用关系，通过损人利己或者不择手段得到晋升，但是缺乏处理问题的能力，这样的人只能继续钩心斗角来维持他的地位，而一旦赏识他的上司或者他跟随的上司下台，他的位置便岌岌可危。

你想独善其身，想通过努力让自己成长起来，就必须和公司上级、同事、供应商及客户建立良好的人际关系。你不见得让每个人都喜欢你，但是至少让人不讨厌你，不过分排斥你。在任何一个地方，大家对谁有没有能力，有没有本事，能做多少事情，心里都是清楚的。所以，关键还是自己要出类拔萃，有很强的能力。笔者的建议就是，调整自己的心态，努力工作，提高自身的竞争力，这样，别人也会尊重你、敬佩你。

说了这么多，如果你还是对公司非常不满，甚至已经影响到了自己的心态，觉得无论如何都是前途渺茫，那么你们公司的情况可能已经非常严重，或者已经超出了你的预期和心理承受能力，这样的话，笔者建议你换家公司。否则，在过分压抑的情况下，人很难全力投入工作，更不要说发挥自己的潜力和优势了。如果认为自己在一个地方注定没有什么希望，早点离开，也是幸事。换个地方，也许能够换出一片新天地。当然，在没有找到新公司以前，在公司一天，就要努力工作一天。

问题21：外贸新人应该看哪些值得推荐的参考书？

答：进入外贸行业，如果是外贸相关专业毕业的，基本上都学过《国际贸易》《国际贸易实务》，或者《进出口业务》《国际贸易单证》《外贸英语》《外贸函电》《国际结算》《国际商法》等。这些参考书，全国有很多版本，内容大体差不多，如果没有学过，建议好好学习。

考虑到有些人考过或者要考单证员证或者中级经济师证，那么通过这些教材来学习外贸知识也是可以的。

除了一般的实务类书籍以外，笔者建议有志于外贸行业的人，应该精读以下书籍或者资料：

（1）国际商会发布的《国际贸易术语解释通则（2020）》，这是国际上比较通用的贸易术语的资料；

（2）《ICC跟单信用证统一惯例（UCP 600）》和《托收统一规则》；

（3）《联合国国际货物销售合同公约》。

如果刚刚进入外贸行业，对很多术语了解不够，通过精读以上资料的中英文版本，基本可以达到看到中文立刻知道英文如何表达，看到英文能够大致知道规范的中文句子的水平，那么你的进出口业务的专业英语就基本合格了，你自己做合同、交流、写电子邮件问题就不大了。通过对这些资料的精读，能够了解字面含义及内涵，以至于联系到你的一些业务和工作实际，对今后的工作也会大有帮助。

外贸人学习一些与外贸相关的法律和理论，能够对现实发生的很多事情有深刻的理解。笔者建议大家读一下杨良宜先生的书，比如《国际货物买卖》《信用证》《外贸及海运诈骗货物索赔新发展》《国际商务仲裁》，其中法理较多，静心阅读后能够从深层次了解国际贸易领域发生的一些事情。有些书出版时间比较早，不过好书不会过时，现在看仍旧有现实意义。

问题 22：外贸新人应该如何让自己变得看起来更加职业化？

我进入一家进出口企业刚刚两个月，工作比较卖力，领导也认可，只是有老同事提醒我在衣着、接打电话等方面太随意，不够职业化，不像一个外贸职员。我有点茫然，不知道该从哪里入手，让自己看起来更加职业化。

答：前几天笔者和一个朋友聊天的时候，他有点不太开心，他带了一个大学生，人不错，工作也很卖力，只是有时不像一个外贸职员。起因是，他与日本客户约好在某个宾馆吃晚饭，当时所有日本客户都着西装系领带，这个大学生穿的却是休闲拖鞋、沙滩裤、无领 T 恤，与这个氛围很不协调，日本客户还嘲笑说：你们公司好舒服哦，可以这样见客户。笔者的朋友就觉得这个年轻人很没有分寸，虽然不是 8:00～17:00 的工作时间，可是和客户见面吃饭，也是工作的一部分，怎么也应穿正装，尤其见重要的日本客户，不能太随意。

现在很多公司新进员工立刻进入岗位，没有对其行为规范、职业化要求进行培训或者学习，造成一些新人走上工作岗位以后，很多言谈举止还和学生时代一样，比较自由，想怎么做就怎么做。个性固然要解放，场合也需注意。毕竟，要考虑到自己是职员，一切言谈举止必须和这个身份相吻合。在工作场合，一举一动都关乎公司的形象，遵循基本的工作礼仪，能体现这个人的职业素养和精神风貌。

在岗工作要举止得体，着装规范，尽量穿职业装；出席会议、从事商务和外事活动，应根据场合按照要求着装。男性在办公室尽量穿皮鞋、有领衬衫、西装、深色裤子，女性在办公室应避免化浓妆和使用过浓的香水。一般来说，如果有客户来，尽量有所准备，让自己精神一些，这也是对客户的一种尊重，否则，会让客户觉得你公司太随意了。

有个细节说一下，在办公室工作，尤其是和国外客户直接联系的，头发要经常洗，不要乱蓬蓬的，甚至有异味、头屑，这会让人很难受。如果要留指甲，指尖里面一定不要有深色的污垢，不排除有些外商有洁癖，看到这些，心情会大受影响。

接电话的时候，避免"喂、喂、喂"之类的词语，要使用"您好、谢谢、再见、对不起、您请"之类的敬语。声音不要太大，控制一下声音的高度，确保对方能够听清即可。如果用手机接私人电话，最好选择到走廊接听。

上班时间，尽量不要看网络视频、聊天、玩游戏，不要戴着耳机听音乐，少做与工作无关的事情。

努力让自己看起来更加职业化，笔者建议了解一些职业规范，对什么可以做、什么不可以做，心里有个数，以后做任何事情的时候，就有分寸了。有时可以和同事说一下，让他们悄悄提醒你，避免有些时候明明仪表不太好，自己却浑然不知，毕竟我们很多事情做得好不好，要别人来评判。

当然，同事主动提醒你注意这些也是好意，应该表示感谢。人生旅途中，对于别人善意的提醒，一定要从心底里表示感谢。

问题23：工科转行新入外贸，如何调整心态？

我以前是学工科的，前一份工作是做设计，刚转行做外贸。转行对我来说是一个痛苦的决定，来公司两个月了，一个订单都没有接到，压力很大。这家公司只有我一个人做外贸，没有B2B网络平台，也不参加展会，公司的订单大部分是老板自己争取来的，很多也是他多年以前的老客户，最近他整天忙着开发新产品，根本就没有时间来引导我怎样做外贸。现在我每天只有自己在网上找资料学习怎样做外贸，发一些开发信，注册免费的B2B网站。有时候我怀疑他是否真的想培养我做外贸。因为我以前是做设计的，他现在开发新产品，有时候我会帮他画图，客户都以为我是公司的工程师，很无奈。以业务员的岗位去做工程师的事，说实话，心里很不是滋味。现在还在犹豫，是否还有必要待下去。可能是心态没有调整好吧，请给些建议。

答： 对你愿意改变，选择转行的勇气表示敬意。笔者总觉得，勇敢的人才愿意变化，只是既然选择走外贸的路，就得走稳、走好。

刚进入一家公司，来到一个新职位，那就先学习吧。笔者提醒你，如果你老板一无是处，估计也无法成为老板，所以，你要学习别人的长处，不要总看别人的不足。

至于说公司不参加展会，没有B2B平台，让你觉得无法开展业务，那么你应该了解一下，你们公司现有业务是怎么得来的，是不是你也可以这样获得。以笔者的经验看，不是所有的公司都利用展会，都有付费的B2B平台才能开发到客户。展会或者付费平台，只是开展业务手段中的一部分。要学会有什么料做什么菜，没有肉，没有鱼，那么把素菜炒好，也是厨师的本事。学会利用现成的资源开拓业务，对新人非常重要，有些资源，比如展会，你可以争取，但是争取不到也只能尝试别的方法，总不能在一棵树上吊死。创新是好的，研制新产品也是必要的，不过要有现实基础，比如已有的客户、已有的订单、已有的业务要稳定，在这个基础上有所创新，把现实和长远结合起来，这样才比较合适。如果精力过于集中到新产品上，对已有的东西不够重视，也会出现偏差，甚至得不偿失。所以，你现在应该多帮老板做好客户维护，做好老业务的延续，不要急于开拓新业务，帮老板维护好现有业务，让老板有精力做新产品开发，对你来说也是大功一件，也能站稳脚跟。新人不要总想着自己能够迅速开拓新业务，维护好现有业务也是不容易的，也许机会就在这些具体的事情里面。

你说到心态，笔者认为你需要调整一下。

公司聘请你，就是让你工作的，让你有所作为。在外贸行业，指望着别人手把手教你，从无到有培训你，不太现实，很多公司就是希望新人能够"拳打脚踢"开拓出一片新天地。如果什么都要人教，什么都需要有人指导，老板可能觉得失去了聘请你的意义。

就个人来说，先做好公司交给你的任务，然后用心摸索，机会总会有的，一旦你开发了一个或者几个客户，你很快就出业绩了，也就有信心了。不要过分计较钱多钱少，对你来说，最重要的是学东西、长见识、积累人脉，总想着被别人占了便宜，自己做事就不愿全力以赴，会限制自己能力的发挥，阻碍自己进步。此外，不要过多拘泥于岗位设置，如果岗位观念太重，总觉得不是分内的活不愿意干，会影响一个人的全局观和解决问题能力的提高。很多现实问题涉及多个领域，远不是一个岗位能够处理的，必须对整个局势有相当的了解，否则，很多处理问题的方案没有可行性。笔者能给你的建议是：少抱怨，少计较，多用心工作，多一些耐心和坚持。

问题24：外贸公司业务员如何计算出口合同的毛利？

我在一家外贸公司工作，公司对我们进行了各种培训，但是从来没有涉及如何计算成本和利润这部分。公司的管理是条块分割，报价权、审价权全部在几个核心业务员手里,一般就告诉新人只要除以某个数报价,至于为什么也不解释,即使我们问起一些退税或者利润的事情,经理就说,反正你们也不拿提成,不用知道,所以在外贸公司做了两年,还是对合同毛利如何实现搞不清,请大致告诉一下如何计算。

答: 在一些外贸公司,岗位分得很细,各管一摊,也有些老板可能是为了长期控制业务或者不让下属知道利润,每个职位只了解自己的事情,对别的事情无须了解。比如,客户开发的人基本上只做客户联系,主要联系国外客户,而找合适的国内供应商是另外一批人做的,合同执行是单独的岗位,单据是单独的岗位,如果和客户联系的人想知道客户是否付钱了,他不能直接打电话向银行了解这一情况,只能通过财务的人打电话与银行确认。

这样操作的好处是,专业化操作,比较高效,每个人对自己的工作很熟悉,但是每个人对非本职工作一点也不清楚,对外贸的整个流程了解不够全面,对自己的贡献也不太清楚。相反,有些公司,业务员从头到尾,从开发客户到合同签订、合同执行、发货、单据处理、收款都是一个人做,挣钱多少也很清楚,对供应商和客户都有一定的控制,也许翅膀稍微硬一点,就单飞了。

有些外贸公司,在做一些代理业务的时候,也不太愿意让别人知道他的底,含含糊糊地说,整个产品的出口,他们帮你搞定,收汇扣除运杂费后,一美元可以折合多少人民币,至于退税率是多少,自己有多少利润,如果委托人不追问,也就不说了。即使追问,他也给你解释得云里雾里,让你听得不太明白。

做外贸,其实算成本、算毛利没有那么难。比如,一个合同执行完毕以后,应该收多少钱、应该付多少钱都是清清楚楚的,查一下货物的报关 HS 编码,马上知道退税率,这样就很容易计算毛利了。

对外贸公司来说,出口业务可以收到两笔钱:一笔是货款,把货款外汇折合成人民币金额,即实际收汇金额 × 汇率;还有一笔是退税款,退税款 = (人民币货款含税价 ÷ 1.13) × 退税率。

外贸公司需要支付的一般也是两笔钱,即支付给工厂的货款和运杂费。

所以,某个出口合同的毛利就是:实际收汇金额 × 汇率 + (给供应商含税货款 ÷ 1.13) × 退税率 − (给供应商含税货款 + 运杂费)。如果是代理合同,这个毛利就相当于代理费。

合同的毛利或者代理费的计算方法大同小异。做代理合同,开票的时候,笔者一般提供给国内制造厂详细的计算清单,让他们对成本费用一目了然,可以增加双方的信任度。

对外贸人员来说，必须学会计算毛利，这样才能在一些谈判中知道自己的底线。

问题 25：如何计算出口退税值？

答： 先说明一下，出口退税计算的基础是增值税发票的金额，我国现行的增值税发票税率基本是 13%。计算退税的时候，基数是不含税价格，然后要了解出口商品的出口退税率，不同商品的出口退税率是不一样的，最高退 13%，也就是所谓征收 13% 退 13%，全退，比如机电产品退 13%。退税率从 13% 到 0 的都有，0 就是不退税，甚至有些出口产品不仅得不到国家退税支持，还需要交纳出口关税，才能出口。

出口退税值 = 增值税发票不含税价 × 退税率，或者出口退税值 =（增值税发票含税价 ÷ 1.13）× 退税率。

每个产品的出口退税率都可以在《中国海关报关实用手册》上查询到，也可以在国家税务总局和各地税务局网站上查询到。稍微注意一下，每年我国对税则都有一些调整，所以，要查当年最新的数据库，而不要查以前的数据库。

问题 26：如何根据出口退税率，计算出口成本，对外报价？

新到外贸公司业务岗位，需对外报价，因为客户对价格比较敏感，所以报价需要精确一些。要争取成交，又不能自己做亏，所以需要了解如何把国内含税价变成 FOB 价格报出去。

答： 先了解报价产品的出口退税率，笔者建议认真查一下当年版《中国海关报关实用手册》（稍微留意一下，有些年份，国家会在年中，根据国家宏观经济要求对部分产品调整出口退税率），务必保证查的是最新的出口退税率。查到具体的出口退税率以后，按照（人民币含税价 ÷ 1.13）×（1 + 0.13 - 出口退税率）计算出货款的实际成本。实际出口里面，除了支付供应商货款外，还有一部分运杂费（LOCAL CHARGE），比如单据费、报关费、文件费、熏蒸费、仓储费、拖车费、内装费，这可以向货代询问，了解大致的价格成分，把这部分折算到单价中。比如，一般20尺集装箱的费用在人民币3000元左右（根据实际情况，不太一样），如果计划装15吨货物在这个箱子里，那么每吨折合下来就是人民币200元，这样的话，货物的出口成本大致就是（人民币含税价÷1.13）×（1+0.13−出口退税率）+人民币国内费用。

考虑到外贸的利润率和汇率因素，最后报出的FOB价格就是［（人民币含税价÷1.13）×（1+0.13−出口退税率）+人民币国内费用］÷汇率×（1+利润率）。

注意，有些工厂的价格不是送到上海港仓库的价格，而是工厂交货价，甚至是不带包装的，因此务必确认供应商报价的范围。此外，有些货物的港杂费可能比较高，比如货物单件重60吨，无法用一般的集装箱，只能装散货船，船上自带的吊车可能无法操作这么大的货物，就必须借用专门的吊车，这种专用设备使用价格比较高，可能借用一次就需人民币5000元甚至上万元，因此对一些需要特别安排的货物，必须事先考虑到这些费用。

报价的汇率也是一个需要注意的环节，比如人民币升值趋势明显时，笔者建议以收汇时的汇率为基础计算价格。你的报价报出去到客户接受、制作订单、开始生产、发货、收款，中间有3~5个月，预计收汇时可能人民币已经升值2%~3%，所以需要按照收汇时的预计汇率报价。

当然，如果你的报价利润率比较高，比如15%，那么无论怎么变，足够消化所有的额外费用；如果报价利润只有2%，汇率稍微调整，或者港杂费高一些，你的那点利润就荡然无存了。如果利润率不高，务必把成本和费用计算得精确一些。

学会了计算成本，才能对每个合同的利润有精确的计算。有些人在外贸公司工作数年，对如何报价、如何计算成本和毛利润还是稀里糊涂，笔者认为太不应该。在外贸行业，如果连自己执行的合同的毛利都不会算，连独立的价格核算都做不好，是无法独立面对客户，无法自如处理事情，无法解决实际问题的。

第三章 市场开发、业务开拓
CHAPTER 3

问题 27：外贸业务员开发客户有哪些渠道？

答：做外贸多年，经常会和同行交流如何开发客户。公司不同，行业不同，产品不同，公司处于不同阶段，开发客户的渠道和方式都不一样。

站在买方角度分析这个问题，思路会更加清晰。如果一个大型高科技公司需要采购一些专业设备，而这些设备在全球范围内只有几家公司能够设计、生产，对这家公司来说，只能和这几家供应商沟通，确认技术，确认价格，从中间选择一家采购，选择面很窄。比如，全球范围内能够供应最高端机床的公司，就那么几家。即使技术上都满足了，如果真的签订合同采购这些产品，还需要涉及供应商审核、支付方式、交货期确认等流程，要所有条件都满足，才能成交。

比如，某公司需要采购一批钢板，首先看这钢材是什么品种，如果是最普通的材料，市场上很容易买到，那么可以从现货市场采购，选择哪一家贸易供应商都问题不大，也可以向贸易供应商或者钢厂预订，一段时间后交货。如果是一些比较特殊的合金钢，市场上只有几家供应商提供，那么可选供应商范围就小得多。如果市场上没有现货，只有通过经销商或者直接和钢厂联系，让钢厂专门定制生产。

反过来分析，结合自己产品的特点、行业特点，国际贸易开发新客户、新市场主要方法有：

（1）服务好现有客户、现有市场，通过客户的口碑，口口相传，让客户或者经销商成为你们产品使用的见证人，让他们介绍一些新客户、新机会，企业就有机会和潜在客户沟通。

（2）海外设点，建立分销机构或者代理机构，贴近客户，服务客户，开发新客户。

（3）通过参加国内外各种展会，主动和现有客户、潜在客户在展会期间进行交流，在展会上接触各种客户，获得客户信息，了解客户需求，进行后续跟进。

（4）参加一些专业的论坛和研讨会或发布会。比如，有个电机企业高管，5年前参加了一次巴基斯坦钢铁协会代表团的交流活动，认识了一个巴基斯坦的电气专家，互留了联系方式，通过这个途径，他们和巴基斯坦钢铁厂建立了联系，开拓了巴基斯坦的电机市场。

（5）了解买方客户的采购特点、采购模式，主动和客户沟通，拜访客户，介绍本企业的产品，主动提供供应商资料、产品资料，希望能够进入客户合格供应商体系，这样在客户下次采购的时候，就有收到询价的机会。

（6）收集现有客户或者潜在客户发布的公开招标或者询价信息，按照内容投标或者报价（现在很多是买方网站直接提交报价），争取成交。

（7）建立自己的网站，介绍自己的公司、产品，发布一些新技术信息，方便客户了解沟通联系。自建网站相对来说限制较少，可和通过别的途径了解本企业客户的方式互为补充。

（8）在一些跨境电商平台如阿里巴巴、中国制造网、亚马逊或者别的跨境平台入驻，开设自己的店铺，吸引客户流量、询价或者订单。

（9）通过一些免费（比如Google）搜索引擎或者付费购买获得客户资料，主动和客户联系，发开发信。

（10）通过社交网络媒体（WhatsApp、推特、Facebook等），和客户或者潜在客户保持互动，让客户了解公司的产品动态。

（11）通过搜索引擎优化，开发客户。

（12）通过地推、陌拜、海外仓等方式进行海外推广。

前六种是利用面对面的沟通开发新客户的传统方法，后六种是随着网络、电子商务、移动互联网等的兴起开拓新客户的方法。

在形式上，以前开发新客户主要是通过电话、传真、纸质样本、照片，后来电子邮件开发信、PPT开始流行，给个光盘或者U盘，全部资料都有了，现在在线网络会议、在线视频、即时通信、手机通信占了很大比重，短视频（比如抖音）介绍产品很直观，效果也不错。

很难说，哪种途径更好，哪种途径最有效，好多外贸人都是几种途径配合使用，比如同时注册几个付费平台，把产品都挂到网上，积极参加展会，利用免费平台或者搜索引擎寻找客户，每年安排出国走访几个客户，各种手段互相补充。说到底，开拓市场是需要将流量或者客户的关注转化为订单和后续稳定的渠道和合作。外贸人应选择适合自己公司、自己行业的途径去开发海外市场。

问题 28：新人该如何根据业务特点开拓业务？

我刚刚从学校毕业，新进入一家工厂的外贸部门。工厂的主要产品是机械设备和零件，以前基本是国内销售，也接一些外贸公司的订单，现在公司成立了自己的外贸部门，开始直接和国外客户做业务，公司让我们利用各种渠道开拓外贸业务，同时配合和落实一些外贸公司订单的执行。我对开拓业务还没有一点概念，非常害怕，怎么办？

答：在外贸行业，什么样的人最受欢迎？手里有客户资源、有订单的业务经理最受欢迎，因为有了这样的业务经理，公司很快就能实现利润，如果是新人，公司需要培养一段时间才能产生效益。对新人来说，学会和掌握开发业务、培养客户的方法很重要，这是外贸人核心竞争力的重要指标，也是外贸人最应该注重培养的能力。

要开拓业务，先分析向谁开拓业务（或者说客户在哪），开拓什么业务，怎么开拓业务。

行业特点不一样，决定了客户的不同。比如，大型机械设备行业，你首先要了解，你们的产品是谁使用的。假设是造纸厂使用的，那么你要了解，你们的设备是通用设备还是专用设备。如果是通用设备，是客户直接采购的，还是通过设备总承包的工程公司采购；如果是专用设备，每个产品都不太一样，可能还涉及设计，那就和一般产品的销售更不一样了，前期的准备就可能是技术方面了。

知道了客户在哪里、在什么行业，然后要了解客户的采购渠道。比如，有些国外公司在国内有子公司、分公司或者合资企业，如果通过他们作为主要渠道和国外客户沟通，可能容易一些，但是需要注意，要了解国外公司在中国的办事处或者子公司的定位和职能。比如，印度很多钢铁公司在北京都有办事处，但是他们的主要职能是销售钢铁产品和采购焦炭，有时根据总部的要求，他们也会参与一些项目、设备、物资、零件的采购，如果你要销售焦炭，或者采购钢铁，找这些子公司就对了。其他情况下，他们即使对你公司的产品有兴趣，也不是他们的职责范围，只能请他们帮忙，让他们转交一些资料或者样本给需要的部门，向他们总部或者总部的同事介绍一下你们的产品，或者在他们方便的时候，邀请他们到你公司参观考察。找到合适的联系人，是成功营销的一个重要环节。

在国外很多大公司，采购部门可以对外询价，确定价格，但是如果遇到技术确认、图纸确认，都是技术部门或者质量部门做决定，质量部门的人可以考核产品性能、质量、寿命等，有时他们的话语权比采购部门还要大。所以，报价一般分两部分：一部分是技术报价（有时称为报价技术部分），另一部分是商务报价（报价的商务部分）。

就机电行业而言，还不是纯粹的价格比较，涉及很多参数、性能、技术指标等，因此，了解了产品的客户在哪里，了解了客户采购渠道后，接下来就是采用合适的方法进行营销。当然，我们可以直接和使用产品的相关工作人员联系，但是通过合理的中间商也可以。比如，在日本钢铁企业，除非你公司是行业内数一数二的公司，最终用户会直接和你签约，一般情况下，都是通过钢铁厂周边的一些贸易公司签约。有些贸易公司本身就是钢铁企业的子公司或者有股权关系，或者有长期合作的关系，通过他们进入最终客户的采购渠道要相对容易一些，尤其是一些需要现场服务的，或者出现问题后，他们能够第一时间了解实际情况，解决问题。

其实同在外贸行业，不同产品之间、不同国家之间客户差异都很大，只能根据客户的不同特点，采取针对性营销手段。

比如，机械产品作为某个设备的一部分零件已销售到国外，现在3年过去了，你估计零件要更换了，那么你可以通过原来的设备供应商了解到现在用户的一些信息，或者了解到供应渠道的信息，然后进行联系。

机械行业有很多展销会、博览会、推广会，虽然良莠不齐，但有些综合或者专业展览会还是会聚集很多用户和同行，如果有机会参加，认识一些客户，了解一些行业动态，也是开拓业务的好方式。

此外，即使你公司已经有自己的外贸资质，对于外贸公司的询价、订单，也必须认真对待。来的都是客，无论是直接的国际客户，还是通过外贸公司来的国外订单，都是你们的客户资源，即使一些行业内非常棒的机械公司，如中国一重集团有限公司、大连重工·起重集团有限公司，他们也是既直接从国外客户接单，也从外贸公司接单。虽然外贸公司接单会增加客户支付的成本，但是有时做生意不是单纯价格高低那么简单，长期形成的关系、信任、配合、渠道稳定性、风险控制等，对最终客户来说也是很重要的。做好你自己的事情就可以，别人挣钱多少，有时无须太在意。

在你目前的工作中，配合外贸公司的订单执行也是工作任务之一，一定要把这个工作做好。通过这些工作，可以间接或者直接学习、了解很多知识，珍惜手上现有的客户，做好服务，对你开拓业务的帮助很大。

当然，通过建立自己公司的网站或者加入一些付费网站平台，比如阿里巴巴、eBay、中国制造网，也是一种很好的方式，可以了解一些国外客户的情况。需要提醒的是，确实有很多公司通过这些付费平台甚至是免费平台做了很多生意，但不是说你就一定可以通过这些平台找到合适的客户、找到你的订单，必须综合考虑你的产品特点、客户采购习惯、你自己公司的特点，再选择适合你的营销方式。就好像美国 GE，如果要采购产品，就不太可能通过阿里巴巴途径寻找供应商。如果你的目标客户是这样的客户，那你可能在这些平台上花再多时间，机会都不大。

一些国外的大公司，在他们的公司网站上经常有一些招投标信息或者采购信息，这些信息还是比较可信的，信息沟通也比较直接，即使不一定成功，也可以通过参与这些竞争学到很多知识。

新人进入公司，经常陷入一个误区，就是重订单、轻执行。对于开发客户、开发新市场，投入很大精力，订单真的来了，跟进和控制的力度不够，交货期、质量、包装等很多方面和国外客户的要求都有距离，或者案头工作做得不够准确，甚至有些试验订单不错，样品也好，但大批量生产时，管理跟不上，出现很多问题。在开发客户、开发市场的时候，需要对自己公司的能力有准确的了解，能做什么，能做到什么样，在和客户确认的时候要有分寸，量力而行，千万不要信口开河，对一些做不到的事情也满口答应，否则真的来了大合同，风险会很大，会给公司带来巨大损失和伤害。

讲了这么多，其实只想表达一个意思，没有所谓的秘籍能够让你一夜之间开拓出一个巨大市场。有足够的耐心、毅力、随机应变，从现实出发，在实践中找出最适合你，适合你们公司、你们产品的开拓客户、开拓市场的方法。

问题 29：如何提高开发信的有效性，引起潜在客户的兴趣？

我公司是一家主要出口圣诞用品的外贸公司，客户来源大多是老板从国有外贸公司跳槽带来的一些老客户，公司参加广交会等展会认识的一些客户，以及利用网络平台挖掘出来的客户。我刚刚进入公司，公司让我利用在付费平台上查到的一些信息，向潜在客户写推荐信。我已经发了很多信，但是很少有客户回复，有些客户也只是询问了一下，就再也没有下文。我应该怎么做，才能提高工作效率？

答：关于如何写好开发信，网上有很多专题讨论，有些写得很不错。笔者个人很少写开发信，对于写好开发信经验不多，倒是经常会收到一些开发信，有些还是来自国外的开发信。

就笔者了解的外贸行业来说，很多公司通过外贸开发信找到客户，得到订单。笔者有个朋友在奉贤经营一家外贸公司，主营民用产品，他们一般在网络上寻找一些客户需求信息，然后写开发信介绍自己的公司，慢慢建立联系，他们公司不到 10 个人，笔者不太清楚他们每年的销售收入，只是笔者看他们公司的办公场所换了更好的，几个人也都买了车，想来生意做得不错。

开发信发出去，很多都是石沉大海，一方面可能是没有发给合适的人，另一方面可能开发信本身也有问题。以下是常见的开发信问题：

（1）群发邮件。一封邮件同时发给几十个联系人，这样的邮件大多到不了收件人那儿。很多公司的服务器直接拒绝这样的群发邮件，当垃圾邮件处理。你再忙，也不要群发邮件，一个一个发，也花不了你多少时间。

（2）邮件太长，附件太大。笔者早上到公司，打开邮箱，会收到很多邮件，对于来自不熟悉发件人的邮件，一般也就看 2~3 行，如果还看不到主要内容，就不看了，删除或者放到垃圾邮件里了。一般来说，开发信的内容不要超过一个屏幕（1 页）。此外，笔者建议附件的大小不超过 200K，PDF 格式比较合适，如果是 Word、zip 格式，很多人会以为是病毒，不敢打开。只有图片没有文字的邮件，在有些收件人那里显示出来的是恐怖的红色叉，这些红色叉使邮件看起来更像垃圾邮件，收件人可能觉得太麻烦而不愿看图片的实际内容就直接删除。

（3）英语表达不够得体。很多是中文风格的英语，比如介绍公司的时候，提到"我公司愿意为人类环保做贡献",看得人有点莫名其妙,感觉像是联合国环境机构的宗旨。至少国外很少有这样的表达,索性不要。笔者建议发信前再三审核,看信的人看到一份有错别字、表达不规范,甚至只有几个惊叹号的开发信,会很恼火。

有时把公司虚夸太多,让人一看就反感,还不如直接告诉他,你公司给某国际企业长期供货,这样比较直观。要使用行业内经常使用的词汇,不要用一些很古老的,也许200年前使用的英语,或者字典上有这个意思,但是实际中很少用的词,卖弄自己的英语。

(4)链接太多,使用免费邮箱发邮件。一般不建议使用163、新浪之类的邮箱发邮件,因为这些邮箱或者很多国内知名服务器的邮箱经常被国外一些公司屏蔽,可能有人利用其发了太多垃圾邮件,所以,你用这些邮箱发邮件,对方很难收到。最后落款要清晰,包括联系人、公司名称、电话、传真、地址和一个最常用的邮箱。不要留几个邮箱,再加上Skype,会让人无所适从,也不是人人都会在线聊天的,很多采购经理都很忙。开发信里不要出现很多链接,一般出现一个公司的网址即可,其他内容,如果客户有兴趣,公司网页里面都有。

(5)发的数量太多,频率太高,可能引起对方的反感。发信的目的是引起对方注意,而不是让对方产生反感,如果引起别人的反感,直接把你的邮件放到垃圾箱,那还不如不发,这个分寸自己一定要掌握好。

(6)发电子邮件不要设置自动要求回执模式。经常有这样的情况,明明是广告,还要收件人自动回执,收件人很容易就把这个发件人列入黑名单。

问题30:如何填写国外客户发来的 Vendor Registration Form?

我公司和一家欧洲大公司洽谈很久,也验过厂了,就该谈具体订单了,客户发了一个 Vendor Registration Form(名称不一样,也有叫 Supplier Audit Questionnaire 或者别的名称,功能、内容都差不多)让我们填写,内容非常详细,包括公司的营业执照号码、税务登记证号码、公司注册资金、质量认证、设备清单、产品系列、客户清单、前三年财务主要数据,还有很多要求我们自我评估。我手头没有现成的资料,很多资料统计口径还不太一样,是不是每个空格都要填写？还有，这个表格的用处是什么，为什么需要那么全面详细的信息？如何填写这个表格？

答： 一般大公司才需要供方信息表，买方对卖方进行各方面考察后，买方比较满意，准备把这个供货方信息输入公司采购信息库，就需要填写类似的表格，这样，卖方作为合格供货方或者认证供货方（Certified Vendor）列入买方的供货方清单后，客户才能给供货方下订单。

到填写这个表格这一步骤，说明成交已经没有问题，只是履行一下手续，这样，供货方的信息进入客户采购平台上的供货方清单，方便客户下订单、联系，以及后续的收货、付款等。

有些这样的表格信息量很大，包括公司名称、地址、联系人、电话、传真、电子邮件、开户银行、账号、注册资本、营业范围、经营产品等公司基本信息，还需要一些比如公司三年的财务数据、销售额、固定资产、流动资产、利润率等信息，还有一些是需要供应商回答或者自我评估的，比如和竞争对手相比，你们的优势在哪里？如果发生质量问题，你们能够提供哪些补救措施，能不能安排人员到客户现场进行维修或者指导？能不能给客户提供一些产品使用的指导？等等。

笔者个人的感觉是，如果是第一次接触，完成这样的表格，可能需要半天或者一整天时间甚至更多，不过，也没有什么特别难的，就是比较麻烦。

笔者依据自己的经验，谈谈填写的时候应注意的一些技巧。比如地址、联系方式等公司的基本信息，应尽量填写具体业务人员的联系方式，客户根据这个信息下订单的时候，是直接使用这个表格里面的信息，如果留了一个公司的地址，没有具体的房间号和电话分机，那么说不定正本订单或者一些联系函要很长时间才能收到，流转的速度会很慢，电子邮件也一样，不要用公司的公共邮箱，尽量用业务人员或者负责项目的经理的邮箱，这样，方便客户很快找到人。

填写银行信息要留意一下，如果向这个客户报价或者成交以后使用某种货币，就提供你们公司这种货币的账号，而不是平时国内所用的人民币账号。银行账号千万不能写错，客户会根据这个信息进行支付，如果写错了，以后会比较麻烦。

有些信息是供客户参考的，比如，你们的客户清单及前几年的财务数据等，填写客户清单的时候尽量填写和这个客户同一个行业的，这样有一定的参考价值，能够让客户增强对你们的信心。一些参考数据不是必须填写的，有就填，没有就不填，客户一般也仅仅将这些信息作为参考。有些信息，比如你们公司给一些国内的军事机构或者核电工业提供产品，笔者觉得尽量不要提及。

填好这个表格，客户接下来就要下订单了，所以，虽然麻烦一些，还是必须认真对待，成功就差最后一步了。如果有些地方不会填，和客户联系人沟通一下，他们会给你指导和建议。

此外，如果你们公司在提交这个表格以后，地址更改、公司更名或者银行账号更换了，一定要给客户书面的通知，以便他们能够在其系统里对你们的信息进行相应修改。

国外客户安排你们填写这样的表格，则意味着你们已经进入他们的采购体系，成为他们合格的供应商了。进入他们的采购体系后，如果没有特殊原因（比如质量问题），客户有什么需求，系统就会给你们发询价，填写这个表格后，就有了和这家大公司长期稳定合作的基础。

问题 31：国际贸易中，正式的授权书格式是什么样的，一般包括哪些内容？

我公司参加一个国际项目的投标，按照投标要求，负责参加投标的项目经理需要有公司的正式授权书，请问，正式的授权书应该包括哪些内容？

答：先介绍一下中文授权书的一般格式。

授权书格式

本授权书声明：公司（工厂）的（法人代表姓名、职务）代表本公司（工厂）授权（被授权人的姓名、职务）为本公司（工厂）的合法代理人，参加××××××××设备采购项目（项目编号：××××）的投标、合同签订、合同执行等活动，以及以本公司名义处理一切与之有关的事务。

特此声明。

法人代表签字:_____

职务:

代理人(被授权人)签字:_____

职务:

投标人名称(加盖公章):_____

地址:

日期:

一般来说,授权书里必须包括公司的法人代表授权一个人做一件特定的事情,如果是一般产品的代理或者销售,还应该有授权书的时效,如果涉及货币金额,一般要求大小写都有。

参考的英文格式如下:

LETTER OF AUTHORIZATION

I, the name of legal representative, the undersigned legal representative of the company name of the bidder, hereby authorize the undersigned the name of the duly authorized representative to be true and lawful representative of the Company from the date of this letter of authorization to act for and on behalf of the Company with legally binding effect for and in respect of to sign the bids. And I acknowledge all the contents contained in the bids signed by the authorized representative.

It is hereby authorized.

Name of the Company: _____(official seal)

Legal representative: _____(signature)

Authorized representative: _____(signature)

Date: _____

问题 32：参加展会有什么作用？

我在一家钢材销售公司工作，我们公司好像很少参加展会，我的很多同学在外贸公司几乎都参加过展会。我有点奇怪，很多人都认为展会对开发客户很重要，为什么我公司对展会兴趣不大呢？展会一般适合什么产品？

答：大家现在似乎有一个普遍的想法，认为展会是万能的，展会上会遇到很多客户，有很多有用的资讯，通过参加展会，订单就会滚滚而来，立刻会有丰厚的利润。如果你也抱着这种想法，笔者告诉你，这是你的一厢情愿。

改革开放初期，国内外互相不了解，熟悉外贸、外语的人也很少，展会提供了一个很好的国内外供需方交流的平台，效果也非常好，很多都是当场签订合同。笔者曾经听说一些民营企业通过早年的广交会，结识国外大买家，签订大合同，从此一夜暴富。20 世纪 90 年代中期去广交会，客户排队等着签合同的盛况的确有过，但今非昔比了。

随着国内外交流的增加，互联网广泛应用，现在国内越来越多的人熟练使用外语，越来越多的国外公司进入中国设立子公司或者办事处，国内外供需双方能够通过很多途径了解对方，展会只是其中之一。现在去广交会，远没有当年那种风光，指望在展会上签订多少合同，已经不太现实，更多的是认识潜在的客户，了解一些需求，看看自己和其他公司的差距，见见老朋友。

笔者参加过很多展会，也陪朋友参加过一些展会，还在展会上帮一些朋友做翻译。满怀希望而去，走的时候，不一定有什么实际收获。现在会展也是一门经济，专门有会展公司鼓励各外贸公司参加一些展会，有些展会组织得一般，或者来的客人很少，都是一些布展的单位，这样的展会，效果可想而知。

也有一些机构组织一些买方见面会，或者某个行业的采购商见面会。比如，国外铸件采购商见面会，组织方从美国请来几十家铸件采购商，然后假设在国内 8 个城市和铸件供应商举行见面会，每个城市要见 80~150 家铸件供应商，每个供应商要交 300~800 元的入场费，在几个小时内，供需双方进行交流，给每个供应商的时间也就几分钟，一般也就问一下他们需要什么，你们能够提供什么，然后留下名片和样本，最多讨论几句，仅此而已。当然，这些采购商在短时间内要和几十家供应商交流，除非你们的产品特别有优势，否则一般很难给客户留下深刻的印象。笔者还了解到，有些国外采购商似乎和组织方合伙在演戏，他们参加了十多场见面会，最后什么也没有采购，倒是帮组织者演了一场好戏，收了不少供应商的报名费。

参加合适的展会对很多外贸公司的出口的确有很大帮助。比如，广交会很长时间以来都是外贸公司很看重的一个展示自己实力、吸引国外客户的舞台，受益的外贸公司也非常多。又如，进博会对参加展会的国内公司来说，能够接触到各国的供应商，了解到行业动态，也是非常有益的。

另外，这些高质量的展会，对企业走出国门、了解国际客户需求、了解国际同行的能力水平、全方位参与国际竞争很重要，很有帮助。

相对来说，对一些新产品、新技术、新应用，通过展会等途径向外推广，要比拼命写开发信主动，也比等客户到你公司来了解直接、有效得多。如果产品本身在技术上、外形上、应用上没有特别的地方，仅仅靠低价竞争，参加展会不一定能够收到很好的效果。比如，你们公司经营的是一般的钢铁产品，不参加展会的原因可能是：第一，钢铁很多是大宗交易，一般是通过专业钢铁贸易商进行交易的，或者直接向钢铁厂采购，很多都是长期合作的；第二，钢铁的产品质量，很多指标量化，有成熟的期货现货市场，似乎没有必要进展会营销标准产品；第三，有些经营钢铁的外贸公司生意相对比较稳定，渠道也比较稳定，每年从钢铁厂获得的资源也不是特别多。所以，手头的客户差不多够了，没有必要再冒风险满世界寻找新客户。

很多时候，对别人来说顺理成章的事情，对你来说，必须根据实际情况来判断是否适用。比如，一个外贸业务员很忙，手头上的事情很多，如果公司不招聘新人，他就没有精力开发新客户，把现有的客户维护好是最重要的，即使接新业务，他也会挑选比较有把握或者风险较小的做。所以，他对参加展会也就不太积极，到展会去，一般都是看看别的公司，了解一些行业趋势，看看新产品发布、新技术推广等。

问题 33：准备参加在国外举办的展会，该做哪些准备工作？

我公司今年准备参加德国法兰克福洁具展，公司让我负责这次展会的准备工作，之前我从没接触过，能给一些建议吗？

答：近年国内很多企业到国外参加展会，除开拓市场扩大销售以外，还有机会和国外同行面对面接触，了解国外行业发展动态，了解国际用户的需求，对企业来说，意义还是很大的。

参加国外的展会，首先要明确，是你公司单独参加展会，还是加入一些商会、行业协会或者一些会展公司的团组参加展会。如果是后者，有些服务是外包的，手续上相对简单。

无论是什么形式，护照、邀请函、签证的准备都是必需的，要及早确认，尤其要注意护照的有效期。

参加展会前，必须制订详细的计划。

计划一般包括：展出产品、展出预算、展位大小、展会设计、宣传册等。

展会中要用到的物品有：展品、宣传册、彩页、价格表、海运费表、带有公司标识（LOGO）的文件夹和档案袋、名片、公司质量认证的复印件、一些产品应用的图片和资料等。

展会现场需要使用的一些物件有：转换插座、视听器材、电话、电脑及网络连接、打印机、垃圾桶、笔记本、订书机、订书钉、小刀或剪刀、签字笔、铅笔、胶带、数码相机、计算器等。

展会前需要事先安排的有：展品的制作、包装、运输、保险，一些宣传册的制作，赠品的定制，宾馆的预订，展品和展位的布置、安装、拆卸、运回的方案。

展会人员的安排：谁负责这次展会，参展和相关工作人员各自的职责和分工，各项工作的安排和落实，展会人员是否事先熟悉展品和公司介绍，展会人员是否需要统一着装，现场语言翻译，现场有无技术代表。

如果可能，尽早确认展位号，然后给一些老客户和潜在客户发展会邀请函，邀请他们于展会期间到你们的展位参观，也可以告诉他们，这次展会上你们还会推出一些新产品。如果你们的客户就在展会举办地所在城市或者距离不远，最好提前确认一下，能否在展会结束后拜访一下客户，了解他们的需求。

说实话，参加展会，尤其要布置比较大的展位，准备工作涉及面比较广，很多事情比较琐碎，必须制订详细的参展计划，定期落实进度，为顺利参展做好准备。

问题 34：展会中哪些技巧可以引起潜在客户的兴趣，促进成交？

公司安排我和另外一个同事参加在上海举行的面向国际买家的展会，展会中有哪些技巧可以吸引客户，促进客户成交？

答： 参加展会，对新人来说有点压力，要面对很多人，很多还是潜在的客户，所以一定要重视，好好表现，全力以赴。如果确定参加展会，笔者建议要把自己调整到最佳状态，前一晚不要熬夜，以良好的状态会见客户。如果是女性，尽量化淡妆。

衣着方面，尽量着装整齐，仪态得体大方。主动和客户打招呼，对有兴趣的客户要及时介绍公司产品和公司概况，让客户能够在短时间内对你们公司和你们的服务留下良好印象。争取让客户留下他们的名片，以便你回去后可以进一步跟进。

介绍产品时，对自己的产品要熟悉，使用规范的技术术语介绍材料、工艺、性能、外观、使用标准、主要应用、质量认证、产品的优势及特点。英语要流利，交流无障碍，特别是要熟练使用自己产品的专业术语。如果客户询问价格，在报价时，对于自己熟悉的品种可以直接报价，在自己无法当场确认的情况下，告诉客户需要和公司确认后再报价，比如约定3天内发邮件确认价格。

如果有些客户英语说得很快，发音也不太标准，可以请求客户说慢一点，这样做并不失礼，一些重要的参数，甚至可以让他写在纸上。千万不要客户说了半天，你一句都没有听明白，这样客户很容易放弃和你沟通，然后离开。

介绍产品的时候，尽量简明扼要，最好能够大致知道客户对哪些产品感兴趣，然后再介绍，否则你介绍了一堆产品，客户都没有兴趣。你们主要营销的产品不一定是客户需要的，而你没有介绍的产品可能就是客户想了解的，应认真倾听客户的需求，然后有针对性地回答。

在展会上有时会遇到一些大公司的总裁或者总经理，他们关心的是一些战略性策划，是为寻找长期战略合作伙伴而来的。对这样有潜力的客户，要耐心一些，主动邀请客户访问你们的工厂或者制造基地，争取长期合作。

应当注意，业务人员介绍产品的时候不要总是讲自己的产品很好且价格很低。强调价格很低，会让客户怀疑产品的质量。在介绍产品性能质量的时候，最好介绍产品是否经过一些权威认证，比如某某船级社认证，或者曾经给行业内一家知名公司供过货，这样，客户就会对你们产品的质量大有信心。

当然，如果客户关注的就是价格，那么你可以强调你们公司产品价格的竞争力，同时最好说明你们公司产品价格的竞争力来自高度专业化分工，或者技术水平的提高等，让客户在了解产品的价格后还能对产品的质量有信心。

此外，对接待的一些客户做记录，最简单的办法，就是在纸上记录某个客户的需求或者感兴趣的产品，用订书机/回形针把这个客户的名片和关于他的一些要求或者你觉得需要保存的资料订/夹在一起，以便展会结束后，回到公司再进一步跟进。

晚上回宾馆后要把当天的有关成交记录和信息归档，需要确认的价格和一些技术细节，尽快和公司相关部门协调确认，如果可能，立刻给白天遇到的客户打电话或者发电子邮件，避免遗忘。尽快回复，会让客户感觉你办事尽心尽力。

问题35：展会后如何跟进展会上收到的一些名片和信息，把这些信息利用起来，形成商机？

我公司参加了中国香港地区的一次展会后，两个客户和我们公司谈得比较深入，现在有合同正在洽谈中，其他客户后来都没有进一步联系，公司安排我对这次香港的参展做一下评估，给那些到我公司展台的参观者和客户写感谢信。当然，更重要的是跟进这些客户，进一步寻求商机。应该如何写感谢信，如何比较得体地写开发信？

答：公司参加一次展会，投入不小，对业务人员来说，可以和客户面对面沟通、接触，了解客户的需求，的确很有意义。参加展会后，有些公司会对展会的效果进行评估，总结一下展会的得失，以便在以后参展中有所借鉴。

很多公司都会对展会上得到的一些信息进行分类，按照不同地区、不同行业、不同产品，让业务员有针对性地跟进。比较习惯的做法，就是发感谢信，大致内容就是：

感谢您某年某月某日来到某展会某某号展台，我们当时聊得很开心。

回到公司后，我到你们公司网站看了一下，贵公司和我公司有很多项目可以合作。

我给您发一个我公司的网站或者附件（关于我公司产品的介绍），麻烦您百忙之中看一下，如果有进一步需求，请和我联系……

因为现在有很多邮件病毒，很多病毒木马就是伪装成压缩文件通过邮件传递，给客户发的邮件里面的产品介绍或者公司介绍尽量用 PDF 或者 PPT 格式，而不要用压缩文件格式，避免客户的邮件系统直接屏蔽或者客户收到后以为是病毒邮件，直接删除。

或者提到你们会见时聊到了某某产品，你已经整理好了这个产品系列的所有资料，请看附件。

相对来说，感谢信要比单纯的开发信效果好一些，毕竟你们曾经面谈过、交流过，并看到过你们的产品或者有一点印象，这样就有了一定的基础。

发感谢信的时候，如果有客户在展会上的一些照片，一起给客户发过去，效果更好。看到自己的照片，客户一般会多花一些时间看电子邮件，有可能给予回复，为合作创造机会。如果当时聊得比较投机，发邮件以后，还可以打电话，问一下邮件、照片是否收到，等等。这种情况下，客户不会拒人千里的。

问题 36：电商平台或者自建网站，企业如何选择？侧重点应该放哪里？

答： 现在很多做外贸的企业，都是同时在几个付费电商平台注册，每个平台都挂了产品，有时电脑同时打开几个平台的页面，在线和客户或者潜在客户沟通。近几年，笔者常听一些做平台的外贸朋友抱怨，一些平台规则越来越复杂，费用又不断提高。如今平台上每种产品几乎都有几百几千家供应商，价格竞争到白热化，通过平台收到的询价量不多，即使收到询价，客户也把价格压得很低，成交率不高。

对外贸企业来说，平台流量或者平台的询价是业务开拓的一部分，不是全部，也不可能是全部，为避免受制于平台，企业应该把眼光放得长远一些，通过平台成交的业务放在平台执行，但是，也要有思想准备，就是如果某天离开这个平台，或者换一个平台，甚至某个平台企业已经不太适合你们公司发展，公司业务要如何开展，客户如何维护，必须有所准备。

企业必须建立自己的独立于平台，或者和平台互补的体系，这个过程虽然需要时间，但是一定要花时间去做。企业需要摸索、学习，要汲取、借鉴其他公司的经验和教训，让自己公司的平台或者网站也能慢慢发挥作用吸引流量和客户，和原有通过电商平台的店铺营销互补。

笔者的个人观点是：如果平台还能产生效益，那就继续用；如果对平台的投入产出已经不合理，改进平台营销手段，让平台还能创造价值，或者索性放弃，换别的平台或者别的模式进行客户开发；不要拘泥于某一种或者几种手段，多管齐下，或者组合进行，哪个有效就用哪个。

问题37：外贸人如何利用社交网络媒体（SNS）进行海外推广？

答：随着互联网的兴起，出现了很多社交网络媒体（SNS），如Facebook、LinkedIn、YouTube、LINE、INS、WhatsApp，当然也有很多国外客户使用我们的微信（WeChat）、支付宝，用来沟通信息，进行各种互动。

通过社交网络媒体可以实现与用户"粉丝"（好友）之间的互动交流，便于发展潜在客户，保持和客户或者供应商互动与联系。通过社交平台的互相关注，能够互相了解对方的动态和需求，通过及时更新自己的动态，让对方了解最新的产品和品牌信息，企业也能关注用户的日常动态，便于调整相应的营销策略。

不同社交媒体的受众面不大一样，YouTube使用面广，Facebook人气高一点，LinkedIn侧重专业客户，年轻人用WhatsApp、INS多一些，不同国家或地区对不同SNS的使用率差别也很大，必须区别使用。

此外，合理使用SNS必须掌握一个适度原则，就好像微信朋友圈发广告一样，不要让人觉得烦，被对方嫌弃，甚至被对方取消关注或者拉黑。

问题38：如何通过搜索引擎优化开发客户？

答：搜索引擎优化（Search Engine Optimization），英文缩写SEO，是合理利用搜索引擎的规则，提高公司网站在有关搜索引擎内的自然排名，提高对潜在客户的吸引力，通过这种途径开发客户。

不同的搜索引擎有不同的索引、关键词、抓网页的技术，企业应主动研究这些规则，主动优化公司网页，让自己的网站更加亲和客户的搜索习惯和搜索上网体验，说得直白一些，就是如何让公司网站更加符合搜索引擎的规则。一般情况下，如果不熟悉搜索引擎规则，哪怕公司网站外表漂亮、功能齐全，只要不符合搜索引擎索引收录要求，潜在客户搜索的时候，公司网站排名就没有任何优势，所以必须对公司网站进行针对性优化。

（1）以客户为中心，网站主题明确，内容丰富，关键词设置突出，内部架构层次清晰，页面容量不要过大，网站导航要适合搜索引擎索引收录。

（2）通过外部链接（行业网站、地区商务平台、合作伙伴平台）来提高该网站的访问量。

（3）将经过优化的企业网站提交各搜索引擎，并定期更新。

（4）加强公司自身品牌的影响力，提高在知名媒体、知名网站、专业网站的出现频率。

问题39：如何有效到海外进行地推？

答：和电子邮件、互联网搜索客户相对应，现在很多企业，直接到客户所在地拜访客户，或者通过一些发布会、展会以及各种途径进行商业推广。虽然"地推"这个名词有点新，但是就其本身来说，其实一直都有，只是现在国内企业地推的形式更加多样。和地推相关的一个词叫"陌拜"，陌拜可以理解为海外地推的一种形式，有点和国内有些 App 推广类似，就是没有预约，到一些地方比如批发市场或者商业楼一家一家敲门进去推荐自己的产品。陌拜不是所有场合都适合，比如欧美国家、大公司就不太适合陌拜，一般都要提前预约拜访，如果没预约贸然推门而入，甚至可能涉及安全问题。如果有其他途径，尽量还是谨慎采用陌拜，陌拜在一些发展中国家，在一些比如零售、建材、小商品批发、五金等行业，效果还不错。

要有效进行地推，必须在地推前先做好准备工作。确定地推的目标，是向从来没有业务往来的新客户介绍产品，还是拜访已经有业务往来的客户，交流业务合作或者介绍新开发的产品，还是向通过老客户介绍的新客户推广产品，或者是国外参加展会或者某个发布会后按照收集的客户信息进行拜访，要准备哪些资料，地推是商务人员为主还是技术人员为主执行，地推的顺序如何安排，都要有所考虑。如果某个五金电商企业要到国外进行地推，可以通过已有客户介绍和当地行业协会联系，主动承担一定费用，在行业协会或者商会开会的时候，作为嘉宾最后介绍自己的产品，这样通过业内公司的推荐，目标客户内心不会抗拒。有时也可以通过行业协会、学会或者一些专业的物流、仓储企业推荐，他们熟悉这个行业的客户，一方面也愿意扩大他们和客户的业务，能够接触到一批最终客户，通过他们的帮助介绍或者安排协调，容易让地推更加有目的性、针对性。还要考虑如何在有限时间内让客户对你产生良好印象，在他们需要某个产品的时候会想到你。一般地推会准备一些小礼物或者纪念品馈赠客户，比如鼠标垫、签字笔、保温杯、充电宝、U盘、钥匙扣、名片盒等。要注意，选择的产品要体现公司特色，或者要有公司的标识（LOGO）和最直接的联系方式，尽量让小礼物成为你们公司和客户的连接桥梁。

问题40：公司在几个付费电商平台都有店铺，但是最近效果都一般，如何提高在电商平台推广的效率？

答： 外贸发展到现在，企业在开发客户的时候，多管齐下，一方面加强对已有客户、现有渠道的挖掘，在维持现有业务的同时，继续向已有客户推荐新的产品，或者把成熟产品推荐给新的客户，相当于在已有资源中挖潜力。这是风险最小的，也是控制力比较强的。现在很多企业重视开发新客户，对已有客户、现存业务的重视不够，甚至出现重开发、重签约，对合同执行、售后服务不够重视，辛辛苦苦开发来的客户做了一两单后因为质量不够稳定或者售后应对不够及时，客户就流失了，甚是可惜。

开发客户的途径应该多元化，除了付费平台开发客户外，公司也需要积极尝试别的开发客户途径。就付费平台开发而言，公司要根据不同的行业、不同客户的采购习惯，从客户的角度出发，重新评估以下情况：

（1）客户流量如何？客户流量少的原因是这个平台和客户的采购习惯不太符合（比如有些大型专业设备，客户采购一般都是寻找专业供应商，很少会通过平台挑选供应商），还是在这个平台上，供求关系发生变化，客户数量变少，或者供应商越来越多，客户选择太多？

（2）是不是有流量，有询价，但是成交率太低？

（3）自己公司在平台上的店铺是不是需要优化？比如，关键词设置、网页设置、主要消息、产品更新没有结合电商平台的特点，在客户寻源的时候，无法让客户注意到你们需要展示的内容。

了解这些信息后，大致就能找到解决的方法了，寻找最适合自己产品的电商平台，了解电商平台的规则，优化自己的网站或者店铺内容，突出自己需要展示的内容和优势。这些是公司能够优化的、可控的，但有些因素是公司不可控的，比如供求关系、企业价格水平、整体技术质量水平，这些只能通过企业苦练内功，提高综合竞争力，或者丰富开发客户途径才能解决。

如果行业在萎缩，市场剧烈波动，这就不是一个企业的问题，可能是整个行业都面临的困境，这个时候就需要调整业务方向开发新的业务或者产品才能摆脱困境。

问题 41：什么是 Reverse Auction？

我公司在欧洲有个客户，我们提供他们工厂区域的全部灯具，已经合作了很多年，一直都是一笔一笔成交，一般单笔订单金额不超过 10 万欧元，这次我们的报价是全年的使用量，金额超过 50 万欧元。报价以后，价格已经认可了，但是客户要求我们参加他们网上的 Reverse Auction，发了一些口令等信息，需要我们在 × 日下午三点半至四点半参加，还告诉我们不用紧张，价格基本不会变了，条款也是报价的条款，但要通过这个手续后，合同才能生效。请大致介绍一下 Reverse Auction，以便我们有针对性地进行准备。

答：Reverse Auction 一般翻译为反向竞争拍卖，反向竞争拍卖由买方主导，采购商（买方）给出要采购商品的详细规格描述，由一家或者多家供应商依次出价，最后由价低者中标，是一种比较典型的招标流程。

一般来说，买方向一家或者数家供应商发询价，就具体的产品型号、性能、指标都确认无误，供应商按照买方要求报价后，买方可以讨价还价，最后在价格谈妥以后，会告诉供应商按照他们的流程操作。为了公平竞争，避免腐败和"暗箱"操作，买方会要求所有大宗产品或者订单金额超过如 30 万美元的产品都要通过 Reverse Auction 进行最后的价格确认。一般 E-Reverse Auction 都是在线进行，买方通过电子邮件通知各供应商进入买方网上竞标网站的用户名和密码，以及这次招标的时间和期限，比如三点开始，四点结束，供应商登录网站后，可以输入的最高单价就是之前和买方已确认的单价，按照网站的要求，只能降低（按照一定比率，比如每次降价 0.5%），不能提高，如果只有一家供应商参加，而且一开始输入价格后，从头到尾也没有降价，最后 Reverse Auction 就按照之前的价格成交；如果几家供应商参加，各供应商之间为了得到订单，就会展开价格竞争，最后价格最低者中标，由买方宣布价格最低的供应商中标，其实这就是一个网上投标的过程。

在一些国家，对金额比较大的采购项目要求必须进行招投标（其实在中国，也有这个要求），你们客户这次采购金额超过了 50 万欧元，必须通过他们的网上竞标系统，这样显得公开、公平、公正。

参加反向竞争拍卖本身并不烦琐，只是笔者建议你在参加之前到客户网站看看，口令的操作有没有问题，链接能不能用，不要到时手忙脚乱，导致无法正常登录。登录的具体操作不复杂，网站会有很多指导和说明性文字，帮助你理解流程。一般来说，邀请你们参加这个投标，就已经有成交可能，所以不用紧张。

2016 年 11 月 14 日，笔者参加了一个印度钢厂的网上竞标，小结一下，大家一起学习。

Invitation For: Auction for ××××××

Product: EAF/LF ××××Consumables

Date of Auction: 11/14/2016

Auction Details:

Item No. 1

Item Name: ××××××

Product Specification:

&&&&&&&&&&&&&&&&&&&&&&&&&&&&&&&&&&&&&&&&&&&&&&&&&&&&&&&&&&&&&&

Other Details:

Quantity: 5000 mt

Contract Validity: Monthly

Other Terms: Please bid reduction on multiple of USD 7500. The lowest bidder to provide to bid conformation and break of prices immediately after the close of auction. Buyer reserves the right to accept the lowest bid either in full or in part there of or totally rejected the same. Delivery will be confirm ispat on Dec. 06.

Auction Details:

Auction Should Begin At: USD. 1500 000 or Less

Decrement At: Rs. 7500

Auction Start Time: 1:00:00 PM

Auction End Time: 3:00:00 PM

Login Details:

Remember to Login for the above Auction using the following information:

Login ID: × × × × × × × × × ×

Password: × × × × × × × × × × × × × ×

Remarks: Please bid on CIF price net of taxes and duties and inclusive of all conditions like packing and fright etc.

Contact Us at: Mr × × × ×

Steps to follow for participating:

1. Login to www. × × × × × × ×.com

2. On left side, under the Business with × × × × Section, click on the IMAGE button. A new window will be displayed

3. Click on the button Reverse Auction

4. Click on Login Button Enter your User Name and Password

5. Click on Online Reverse Auctions button

6. Click on the link with the Auction Name you are invited for

7. Click on the BID button to enter your bid against the Item

8. An entry box will open below the auction lists Enter your bid and submit

The buyer reserves the right to extend the closing time of the Auction in the event of dis-connectivity or technical reason or power cut of any of the bidders.

The buyer reserves the right to accept the lowest bid either in full or in part thereof or totally reject the same.

背景说明：2016年11月14日，笔者在网上在线投标参加Reverse Auction，之前，笔者已经为这个印度客户供货多年了，除了一些包装上的小问题，质量和交货期都没有任何问题。有过两次投诉，是因为货物到了港口发现其中一些包装损坏了，仓库的工作人员说进仓库的时候就有一些问题，仓库方面也没有进行修补或让工厂的人修补包装，而是全部装进集装箱，按正常情况出货了。为了这件事情，笔者让仓库的工作人员每次都拍照片，保证装入集装箱的货物必须是完好的。同时，让工厂赔付了客户一吨货物，客户还算满意。

2016年的合同应该执行到2016年12月底，其实到2016年9月，订单数量就已经用完了，后面合同变成了OPEN ORDER，就是笔者按照前面订单的价格发货，开多少发票，收多少货物，一切也还顺利。

这次客户邀请笔者参加的是2017年全年该产品的一个网上投标，笔者在2017年是准备涨价的，因为汇率变了，退税率降低了，笔者的利润是很低的，当然数量还是可以的。2016年每个月发货6万~8万美元，好在产品质量很稳定，货款到位也比较快，很顺利，也就这么一直保持合作关系。客户先让笔者报价，笔者在原来的价格上加了10%，被客户一口回绝，但是客户态度很好，说做生意当然是为了挣钱，他现在给笔者增加数量，一年基本5000吨，如果要涨价，就不能参与2017年该产品的竞争，最低限度是维持原价。笔者考虑了一周，印度客户催得很紧，让笔者一定维持原价，笔者和工厂商量了一下，同意维持原价。这样他们邀请笔者参加前面所说的网上竞标。

印度客户提出，他们的钢厂2017年要求供应商进行网上投标。笔者对这个网上竞标不是很看好。这个时候，和笔者联系的印度客户天天给笔者打电话，让笔者务必参加这次竞标。笔者回答，如果笔者花了很多时间，却没有什么结果，最好还是不参加了。他有点急了，暗示笔者，基本已经内定笔者的公司是供应商了，即使笔者的价格不是最低的，笔者还是可以得到和2016年差不多的数量，如果运气好，可以得到5000吨全部的数量。这样一来，笔者就答应他们一定参加这次网上竞标。

然后，这个钢厂给笔者发了进入他们网站的密码，投标期间所用的用户名和密码，还有具体的通知，网上竞标时间为2016年11月14日印度当地时间下午1:00~3:00（比北京时间晚2.5小时）。当天，笔者很早就登录他们的网站，熟悉一下，了解一些规则，到了印度当地时间下午1:00，笔者使用投标用的用户名和密码进入投标用的界面，然后竞价开始，规则是后面的价格必须比前面的出价至少低0.5%，每次降幅必须是0.5%的倍数，比如0.5%、1.0%、1.5%……当然5%、10%也是可以的。

差不多5分钟之后，可以报价了，笔者第一个报价，也就是之前报的单价。大约2分钟之后，屏幕跳出了一个比笔者低0.5%的价格，笔者马上比他又低了0.5%，也就是说，笔者的价格比笔者原来报的低了1%，笔者也不准备再降价了。

在接下来的15分钟，屏幕每半分钟更新一次，但是价格没有更新，一直是笔者的价格最低。大约竞价后30分钟，笔者的手机响了，印度客户给笔者打电话，说本来有4家供应商进入最后竞标，结果，一家供应商因为网络操作问题没有进入系统，最后3家供应商进行竞争，有一家是来体验的，可能不准备真的参与，另外一家就是刚才竞过一次价的，现在笔者是最低价格，订单差不多拿到了。

竞标刚刚结束，笔者收到一封电子邮件，印度客户让笔者整理一下最后的报价。

以上就是笔者参与的一次网上竞标情况，没有什么风险，一切都很平稳，不过对笔者来说，是一次学习。

友情提示：

（1）其实能够进入最后竞标的都是有希望的，因此在报价的时候，第一个报价是没有任何问题的，然后，尽量不要一开始就降价，即使降价，也要选择在最后几分钟。尤其不要一开始就降得很厉害，这样有可能自食降价的苦果。

（2）这种公开的竞标，还是比较透明的。这样你即使没有中标，也知道自己的价格和别人有多大差距，下次应该如何报价才能保证成交，同样，也给自己调整价格的余地。

（3）准备一定要充分，对底价心中有数，绝不能为了得到订单亏本竞价。

（4）Reverse Auction虽然有些走形式，但是很多公司坚持这样做，这样做的好处是，避免"暗箱"操作，避免供应商抱怨一些钢厂采购不公开、不公平。

至少在这些公司,他们要求每家参加网上竞标的供应商都有机会了解自己与他人的差距在哪里,这样,下次报价时就更有竞争力。

问题 42:为什么客户说我们价格有竞争力,样品质量也不错,客户也愿意合作,可就是不见订单?

答:这是一种经常遇到的情况,有时甚至感觉客户在欺骗我们,但是如果从采购的角度看,其实也是可以理解的。

首先,很多产品的订单是定期下的,比如年度订单,一年也许就下一次,如果量不大,一次交货即可,即使你们的质量很好,当年这个订单已经下给别的供应商了,只能等待来年了。你们公司提供的样品质量通过后,你们会成为一个后备资源,客户以后在需要的时候可能会用。

其次,一些公司对经常采购的产品,会让采购人员在外面物色一些新的供应商,但是即使新的供应商表现不错,也不太可能一下子得到很多订单。对新供应商,公司一般有严格的审核机制,样品试验成功是第一步,到了公司年度采购开始的时候,他们会发询价给新供应商,如果原来的供应商质量、交货期稳定,新供应商机会就比较少,因为毕竟换一家供应商是有风险的,很多采购人员倾向于用原来供应商的产品,而对新供应商的产品会有点抵触,除非新供应商的产品价格、质量优势明显。如果原来供应商的产品质量或者交货期无法满足客户的需求,那么新供应商获得批量订单的机会就多一些。有些公司为了降低风险,要求一些大宗产品的订单必须下给两家以上的供应商,那么新供应商机会就多一些。

笔者曾经在一家现代化企业做过一段时间采购,基本情况就是:如果没有别的因素,采购部门一般很少更换一家合作多年的供应商。即使要新引进一家供应商,出于控制风险的考虑,一开始量也不会特别多。

机会永远是很重要的,产品再好,价格再有竞争力,如果时机不成熟,还是无法得到订单。只能继续跟进,等到机会成熟的时候再争取订单,慢慢才能做大。

问题43：客户要签订保密协议，约定我公司不能向客户全球范围内的三家竞争对手供货，怎么办？

我们现在和一家国际知名公司洽谈，客户要求签订保密协议，我们认为可以接受，但是客户要求我们保证在以后一年内不能和客户全球范围内的三家竞争对手发生任何业务往来，而事实上，我们和客户其中的一家竞争对手已经有一些业务往来，现在也还有合同在执行，虽然业务量不大，但如果马上中断合作，似乎也不合适，应该如何应对？

答： 店大欺客，这种现象很常见。一些大的企业比较强势，甚至有些霸王条款，你们觉得不公平，但是又想得到他们的订单。想和他们合作，就要签订一个不平等协议，又担心万一签订了协议，一年下来也没有多少订单，还失去了已有客户。

这个难题似乎没有最佳答案，对方要签订协议，协议的条款是可以谈的，客户能不能让步是另一回事，但是你们公司自己的利益还是要争取的。首先要大致了解一下这个客户和你们签订保密协议的目的，是他们所有供应商都必须签订，还是希望培育你们，让你们公司成为他们这个产品的主要供应商。如果这个大客户希望和你们建立长期合作关系，笔者觉得，还是应该尽量满足他们的要求。当然，你们可以告诉这个客户，之前你们和他们的一家竞争对手已经有了一些合作，这次和他们签订协议后，会中断和原来那家公司的业务，对你们公司来说做出了牺牲，当然也可以显示出你们公司合作的决心和诚意。

一般情况下，如果对方要求你们不能和他的竞争对手发生任何联系，你们可提出希望这个客户能够承诺每年给大致订单的量，不一定非常精确，但这个数量对你们来说要有足够的影响力，可以拒绝来自其他客户的订单，如果最低的量都不能承诺，就让你们中断和其他客户的联系，显然很不合理，对这样的要求，你们可以婉言谢绝，除非你们特别希望和这个客户成交，建立业务联系。

如果你们觉得和这个客户的一家竞争对手以前合作得不错，你们也可以尝试与这家竞争对手谈一下，毕竟已经有合作基础，比较容易沟通，看能不能扩大合作范围，建立相对稳定的合作关系，如果他们的条件比那家好，你们就可以有所选择。

既然行业内两家大公司都想和你们合作，可见你们也是很有实力的。在没有签订协议以前，你们有选择权，只是选择以后就必须按照协议，跟这一家公司建立长期合作关系。当然,如果你们公司产品销路很好,根本不愁没有客户,技术上也有独特的优势,那就在谈判的时候强势一些,对有些客户的不合理要求,完全可以拒绝。

事实上,笔者没有什么更好的建议,只能是边谈边看,见机行事。

问题44:经常有人出售国外收货人的信息,请问信息是否真实,通过这种渠道真的能得到很多买家信息吗?

答:笔者也经常收到一些邮件或者电话,出售一些国外收货人的信息,说这些信息是海关渠道过来的,也有说是船公司渠道过来的。笔者还真的和海关的朋友沟通过这个问题,他说海关渠道绝对不可能提供这些信息。从船公司、货代方面流出这些信息的可能性较大,因为提单上有收货人、通知人很详细的信息,也许会有工作人员把这些信息整理后出售。

从真实性说,信息如果是前一年的,很多国外收货人信息的真实性还是比较高的,通过这种渠道的确可以了解到很多信息,但是指望这些信息会给你带来订单、客户或者利润,也未必是肯定的。

举个最简单的例子,如果你们通过购买这些国外收货人的信息,获得国外收货人清单,甚至还知道了他们从中国采购的商品品名。你们发现信息里面有几家公司从中国采购的产品与你们公司的产品是一样的,但是你们再看下去,发现收货人可能是美国通用,而据了解,美国通用是通过通用公司在中国的机构进行采购的,收货人清单里面的信息可能是某个物流部门的联系人,即使你们发邮件过去,对方也不能给你们回复。

有时,你们知道某国际公司在国内的办事处,甚至有电话和联系人等详细信息,但是仍旧无法和他们建立业务联系,可能他们已经有了合适的采购渠道,或者他们选择供应商的标准和你们企业能够达到的水平有差别。

如果你们没有别的合适信息渠道,而这个信息的价格也还在你们的承受范围内,那么可以试着利用这些信息,了解到你们竞争对手的产品销售到了哪些地区、有哪些客户,这些信息对你们可能有用。

我国海关提供一些统计数据,有些是可以通过一些网站或者期刊免费得到的,有些可以通过付费得到,比如需要了解在前5年内我国进口铁矿石的主要来源国、每个月的进口量和平均价格，这些信息都可以通过正规渠道获得。

业务人员最好通过正规渠道获得一些信息，因为来自非正规渠道的信息质量参差不齐，真假参半，有时你们付款后发现得到的信息和之前出售信息的人说的有很大出入，可是他们收到钱以后就销声匿迹了。所以，对这些来源存疑的信息也不要抱太大的希望。如果不能确信这些信息对你们有用，没必要花钱去购买。

问题 45：如何做比较规范的报价？

我新到外贸岗位，收到国外客户询价，要求我们提供正式报价。之前我对报价不太了解，是不是有一些模板或者格式可以借鉴或者参考？

答：笔者做报价，也是在以前做的报价模板上修改，很多内容是可以参照的。

一般来说，正式的报价应该包括以下内容：

（1）带有公司抬头。

（2）文件名称用 Offer、Quotation 或者 Firm Price List 之类，让人一看就知道是报价。

（3）发给对方的哪家公司，对方联系人是谁。

（4）对方询价号码（如果对方询价有编号，一定要注明，便于对方查询），你们公司的报价编号。

（5）具体的产品信息（一般 COPY 询价信息），包括产品规格、型号、材料、等级、图号。

（6）产品单价、数量、单位、总价、贸易术语（CIF 或者 FOB 等）、货币单位。

（7）交货期（如果有样品需要确认，应该注明样品生产周期和样品确认后多少天交货），如果是长期交货合同，应该注明每次交货的间隔、数量等。

（8）付款方式是信用证，还是电汇；是先收货款再发货，还是发货后再收货款。

（9）报价有效期（这非常重要，尤其是在价格波动厉害的时候，比如你报价后 3 个月，客户下订单了，这个时候以已报的价格可能早就亏本了）。有时有些外贸人用一段时间表示价格有效期，那么报价时间必须注明，否则很容易引起纠纷。

（10）报价时间，注明是哪一天报价的，这也很重要。

（11）落款，表明是谁报价，所代表的公司名称，一般有头衔。有些大型项目的报价或者投标，需要得到法人的授权后，才有效。有些正式的报价要求盖公章或者手签。

（12）报价人的联系方式。这也是有必要的，因为询价的人和最后审核价格的人可能不是同一个人，因此，注明自己的联系方式，方便客户找到你，确认一些事情。

（13）备注或者其他内容，比如产品认证、产地声明、商标信息等。

如果客户需要正本的打印的报价，就必须用快递寄出去。如果客户可以接受电子文档的报价，笔者建议以 PDF 文件格式报价，比较正式。

报价要尽量显得专业，让客户对你有信心。

问题 46：如何制作规范的技术报价？

客户有个询价，要求提供正式报价，注明报价应该包括的部分：一部分是商务报价，另一部分是技术报价。我的理解是商务报价就是我们一般所说的报价书，对技术报价很少接触，应该如何制作技术报价？

答：有些正式的报价要求包括商务部分和技术部分，或者说报价的时候要提供商务报价和技术报价。商务报价和技术报价有时是不同的人审核的。技术报价的主要内容就是询价中的产品要求，在做技术报价的时候，最简单的办法就是把询价里面的技术部分在技术报价里面都列出来，比如品名、型号、图号、规格、材料、化学成分、机械性能、相关标准。有时候，技术报价里面还包含一些包装方法、装货方案。

技术报价里面必须说明，报价产品满足询价里面的所有技术要求。很多公司在审核报价的时候，先审核技术部分，如果技术报价无法满足询价里面的要求，商务报价可能客户就不用看了。如果质量要求无法满足，价格高低都不重要了。

当然，技术报价和商务报价一般是同时报给客户的。

问题 47：开展海外仓业务有哪些需要注意的环节？

答：海外仓是指建立在海外的仓储设施。在跨境电商中，海外仓特指国内企业将商品通过大宗运输的形式运往目标市场国家或地区，在当地建立仓库，储存商品，然后再根据当地的销售订单，第一时间作出响应，及时从当地仓库直接分拣、包装和配送商品。

近几年海外仓发展迅速，是发展跨境电商的重要平台和载体。高速发展的同时，海外仓业务因为各种原因，主要存在以下问题：

（1）选择适合海外仓的产品。不是什么产品都适合海外仓业务，最好是库存周转快的热销单品，否则容易压货。

（2）海外仓对卖家在供应链管理、库存管控、动销管理等方面提出了更高的要求。企业应该尽快适应海外仓的业务特点，在管理、人员配备、相关软硬件配套等方面都要进行投入和升级。

（3）综合平衡成本和费用。海外仓降低了物流成本，但是增加了储存成本，库存占款对企业也是一种巨大压力。必须综合平衡成本费用，科学配置库存时间和库存数量，在保证不影响业务稳定的情况下，加快海外仓内商品的周转速度。

（4）海外仓面临的法律风险。比如，海外仓保存货物的所有权归属，以及报关是否规范，一些操作是否符合所在国的税务政策和外汇管理政策，这些都需要在实践中完善。

第四章 商务沟通和谈判技巧

问题 48：国外客户要考察我们工厂，我们该如何准备？安排考察时有哪些技巧能够促进合作？

我进入一家大型机械集团公司的外贸部已经一年，原来一直做跟单，上个月开始做海外销售，下周有一个新客户要考察我们工厂，请教一下，如何准备客户来访？客户来访应该谈什么？谈判时应该如何提高效率？

答：这个问题笔者也经常遇到，做了二十多年外贸，有时重要客户来访，还是会有些紧张，总担心安排不合适，出点什么问题。客户来之前，需要制订一些准备方案。

首先要了解来你们公司考察的客户的身份，不同身份的人过来，准备应该有差别。

如果来访的是技术总监或者质量总监，重点是技术或者质量方面的交流，这些人比较懂行，技术术语比较多，你们这边一定要派总工程师、技术人员、质量控制人员、检验人员等有技术背景的人接待，准备好你们的一些设备清单、工艺布局图、质量保证体系的流程、主要检验项目（如机械性能、化学成分、材料、外形等），对一些技术指标，尽可能准备充分，客户需要什么就提供什么。另外，外贸人员可以事先对所要涉及的谈判内容有所准备，避免客户问起，你们回答不上来，或者翻译不出一些专业术语。在厂内参观的时候，每个车间、工序都看一下，尤其是与给他们提供的产品相关的工序，要让他们有足够的时间了解，这样客户就会对你们企业留下良好印象，比较放心。如果技术人员来访，尽量把你们产品的一些标准、公差、技术认证证书、国内外标准的换算表事先准备好。万一客户问你们这些问题，你们能够很快回答，不用临时抱佛脚，避免出现尴尬局面。

如果来访的是商务人员和/或采购人员，那么对技术的讨论就不用那么深入，着重介绍一些价格性能比，以及你们为一些行业内大企业做出的业绩，商务人员更喜欢听一些量化的描述，当然，这要有分寸，不要过头。有些企业可能对竞争对手使用过的供应商比较敏感，所以，一定要掌握分寸，说话谨慎，避免弄巧成拙。有些商务人员对产品技术指标不是很熟悉，要注意双方的互动，如果你们说了半天，对方没有什么反馈，那可能是对方兴趣不大或者不太懂，就不要过多展开。对商务人员，可以提供一些你们产品销售增长的曲线图，如果对方愿意，也可以让他们讲述相关内容，通过他们的介绍，你们可以了解客户的一些情况。在参观的时候，工厂内部有异味、噪声的地方，一定不要带客户过去，参观成品库、检验中心、样品展示中心即可。让他们了解你们可以提供这些产品，质量有保证。

如果来访的是高管、总裁，对产品的介绍不要占用过多时间，多聊一些长期合作、思路、定位等比较宏观的话题，讨论一些市场变化、行业变化，以及你们公司的企业文化、企业发展之类的问题。越是高层，对具体的事务越没有那么关注，更多的是营造一种愉快的氛围，最好有些文化气息。厂内参观可以到样品室、陈列室，让他们知道你们的产品有专利、有认证，在行业内有一定地位。如果对方对车间参观兴趣不大，则可以不去。

所以，你们要针对来访客户类型做不同的准备，讨论的内容也要有所选择。

客户来访之前，工厂应该行动起来，做必要准备，尽量让工厂看上去规范一些，车间、办公室、厂房、设备要注意规范、整洁，员工要穿上工作服，看上去管理严格、秩序井然。有一次，笔者带外商到一家工厂参观，有些工人光着上身在车间工作，外商采购部部长就说，光着上身不见得凉快多少，但是危险性就增加很多，他不希望在生产他们需要的产品的时候，出现安全事故。

有两个地方尤其需要注意：洗手间和会议室。

有些公司办公室很漂亮，洗手间卫生状况却堪忧，甚至又脏又臭。要让外商满意，留下良好印象，一定要重视卫生间的卫生状况。卫生间的装修要大方，不要设计得很小、很暗，最重要的是卫生间里面的卫生一定要做好，不要有异味、有污渍，不要苍蝇满天飞，洗手间的洗手槽（台盆）要干净。记得笔者刚刚工作的时候，在一家工厂陪业主验收，来访的有一名女工程师，她到洗手间看了一下，马上就出来了，然后让司机直接送她回宾馆了。后来的参观过程她一直未出现，她的同事说，她可能对工厂洗手间有心理阴影了。

会议室要干净、整洁，不见得要多么富丽堂皇，如果有重要客户来，座位要准备好，如果是西方人来访，可以泡茶，但是笔者建议准备一些咖啡或者矿泉水，有些外商没有喝茶的习惯。此外，如果喝茶的话，不要用一次性杯子，不太礼貌。如果是夏天，最好能够在他们到来以前把会议室空调打开，准备好一些冰冻饮料。如果来访的是商务人员，大部分时间待在会议室，那么，会议室的准备一定要花点精力。

笔者有个建议，客户说话时，尽量不要打断，让对方讲完，不要对方还没有说完，就做出一副什么都知道、什么都懂、什么都会的姿态。有一次，国外客户要找一家国内供应商采购设备，拜访行业内一家很知名的企业，厂内设备很不错，在技术交流的时候，国外客户还没有讲完他们的需求，这家企业年轻的总工程师就滔滔不绝，好像无所不知、无所不晓，客户连话都插不进来。后来这个客户告诉笔者："我知道这个年轻人很优秀，但是我是客户，他连我的需求都没有耐心听完，如果我和他合作，我知道他提供的产品很好，但不一定是我需要的。"

学会倾听，有时比表达更重要。好好倾听，全面了解对方的需求，才能有针对性地回答。在介绍情况的时候，要尽量选择对方感兴趣的领域，否则，你谈得很起劲，对方根本不想听，交流结果可想而知。

问题49：客户公司高层对我公司做定期拜访，我们应该如何准备，怎么合理安排？

我在一家上海外贸公司工作，和我公司长期合作的一个客户近期要到我公司拜访，预计在上海停留3天，公司领导让我准备一下客户的拜访，我应该做哪些准备？客户在上海期间，我需要安排客户的活动吗？

答：客户和你们公司已经有长期合作，对你们公司应该比较了解，定期拜访的目的，一般是增进感情，解决一些目前存在的问题，看有没有新的产品或者领域可以合作。

像这样的定期拜访，你们应事先和客户确认，是否需要接机，是否需要帮忙预订宾馆，客户对在上海的时间有什么安排，什么时候到你们公司，什么时候和你们公司领导一起用餐，客户这次拜访，有什么事情需要你们公司事先准备的。工作上的准备，一般是把上一年甚至几年的订单情况了解一下，纵向比较一下，现有产品的订单数量上变化如何，最近有没有询价，询价成交率如何，有无质量问题需要解决，最近和这个客户的订单交货是否及时，有没有正在执行的合同，最近你们公司有没有什么新产品、新项目或者新的思路需要向客户介绍一番，对这个客户，有没有新的思路或者商机需要一起探讨。说简单一些，就是回顾过去，展望未来，开拓新商机。

一般客户到的当天晚上，业务员陪客户吃一顿晚餐，时间不要太长，让客户早点休息。第二天早上过了交通早高峰时段，去接客户到公司，简短交谈之后安排简单的午餐，下午再正式谈，把你们准备的方案和客户交流一下，了解客户对你们的需求，以及他们使用你们产品的状况，比如使用寿命、功能。和其他供应商相比，你们的产品有什么优势、劣势，哪里还需要改进，让客户提出对你们或者你们产品、交货、服务等方面的希望、建议或者批评。介绍你们在服务上如何改进，质量上如何保证，技术上如何提高，信息上如何保证高效传递。如果客户带来一些新的询价或者项目信息，在会见的时候，应告知你们如何安排这个报价的进度，或者如何跟进这个项目。

如果谈得比较务虚，事后小结一下给客户发一份邮件。对一些需要落实或者执行的内容，应该整理一份会谈纪要，双方会后签字确认会谈纪要，作为书面文件。应注意，有些事情哪怕意见不一致，也一定要以礼相待，轻松愉悦，气氛不要搞得很沉闷。

如果客户需要你们送机，在时间安排上尽量多留一些余地，早点到机场，以免误了航班。

在礼品的选择上，要选择客户喜欢的物品，不一定是价格昂贵的。此外，很多国外客户喜欢当面打开礼物，要有这个心理准备。

就常规的拜访而言，工作上的事情，一般半天或者一天时间就可以谈完。要安排客户和你们公司主要相关领导见面，客户来访期间，正式的宴请一次即可，不需要每顿都吃得很丰盛，时间很长，很复杂，让客户很疲惫。

其他方面则看客户的需求，有时客户需要你安排，比如购物、观光等；有时客户不需要你安排，比如他还要拜访别的供应商或者私人朋友，都要看他的需要。一定记住不要过于热情，有些客户除了谈工作，别的事情全部自己安排。还要考虑到有些客户到中国后的时差问题，他们需要足够的时间休息，因此时间安排上不要太紧张。

问题50：客户派员到我公司进行质量检查，应如何安排？

我公司开展出口业务不久，最近，有一批机械零件产品要出口，客户通知我们，他们要派工程师从美国过来检验，要我们做好所有准备。请教一下，我们一般需要做好哪些准备？客户进行质量检查时，应该如何和他们相处？

答：很多外贸订单都涉及国外客户的质量检查，有时客户是安排工程师来访，有时是客户在中国子公司或者办事处的人来检查，有时是客户委托第三方检测机构来检查。而客户来检查也分几类，一般有：开始合作之前的验厂，生产前对供应商的材料进行检查，保证材料符合要求；生产中对产品生产过程进行检查，比如样品出来后，正式批量生产前，或者模具做好之后，对模具进行检查，通过模具质量的控制达到对成品质量的控制；还有就是产品发货前的检验。

无论哪一种检验或者检查，业务人员都应该尽早准备应对客户的检验，首先拿到与合同相关的所有技术资料，尤其是图纸、产品质量要求、检验标准、规格书等，对所要检验的项目心中有数，然后和公司现场的人沟通确认，了解要检查的物品是否已经准备好，客户来了就可以检查，自己公司有没有预先检查过，还是等客户来了一起检查。把你了解的情况和客户确认一下，告知他们需要检验的产品的状况，以便他们安排具体的检查时间，并和他们确认检查的要求，是否需要你们预先检查，需要准备哪些工具，是否需要定制一些检查夹具或者一些简易的量具，再把客户的要求和你们公司负责质量或者检验工作的人确认一下，看能否全部满足。最好在客户来检查之前，自己公司把所有的产品预检一次，如果有问题，该重新做就重新做，该整改就整改。最糟糕的就是客户千里迢迢来了，准备工作还没有做好，无法进行检查，或者很多方面根本就不合格，供应商事先没有对自己的产品进行预检，这些都是非常忌讳的。

客户来访之前，应把一切准备工作都做好，把你们自己预检测的结果都整理好，客户的检查人员来工厂后，一般先召开一个简单的会议，把要检查项目的情况再确认一下，对检查标准、检查工具、检查方法都达成一致，取得共识。安排相关人员配合检查，检查的时候要注意安全防护，避免事故。

检查时，有问题及时配合解决。检查结束，建议供应商自己也准备一份记录，或者复印客户检验记录，作为存档文件备用。笔者建议检验后召开一个小型会议,总结检验的结果,有哪些不足,哪些需要改进,质量、流程、工艺有无需要修改的。如果全部合格则皆大欢喜,如果发现有不合格产品,如何处理这些产品,就需要双方沟通解决。

此外,有些检验的工程师是产品的最后使用者,他们对使用哪家供应商的产品有很大的影响力,要尊重他们的意见。使用者对产品的理解可能和制造商不一样,和他们沟通的时候,要全面细致地了解他们对产品功能的要求,以便日后对产品不断改进。

业务人员应注意,有时客户会安排第三方检验,比如由一些国际检验公司 BV、SGS 验厂或者提供一些验厂报告,或者由这些检验机构检验货物,提供一些验收报告。对这些机构的检验人员,需要与他们保持良好的沟通和协调,尽量给他们提供一些方便,比如事先确认是否需要派车接送、需要做哪些准备等,不要觉得你们的产品质量没有问题,就摆出一副傲慢姿态或者对这些检验人员不够尊重,这样会让对方很不舒服,可能会节外生枝。

问题 51:国外客户拜访我们时,对他们的饮食等生活安排,有哪些建议?

我在一家工厂的外贸部工作,经常有国外客户来访,遇到一个比较麻烦的问题,有时安排客户的饮食会出现偏差,有些客户是素食主义者,有些客户是穆斯林,有些菜他们根本不吃,能否提供一些建议,让我们尽量给客户提供可口的饮食?

答:饮食很大程度上和宗教、文化、习惯联系在一起,马虎不得,尤其是有时候会涉及一些安全问题。

先说说宗教影响。如果穆斯林朋友过来,因为信奉伊斯兰教,他们不吃猪肉,不吃动物血,不吃自然死亡的动物,以及忌讳任何和猪肉相关的菜,禁酒,喜食牛、羊肉。有一位东南亚客户曾提醒笔者,有些穆斯林对猪肉的味道很敏感,比如有些饭店有透明的冷菜操作间,可以看到里面摆着猪肉的叉烧或者卤味,空气中弥漫着猪肉的烧烤味道,这样的饭店,就不能带穆斯林朋友去。

犹太人根据犹太戒律,某些食物,例如猪肉及贝壳类是完全禁食的。另外,肉类及奶类食品不可在同一餐内进食。符合犹太戒律的食物称为"Kosher"。在中国很少有专门的"Kosher"餐厅，通常素食餐厅亦可替代。

如果宴请犹太朋友，最好的做法是直接礼貌地询问他们关于饮食的禁忌，根据实际情况做相应安排。

印度人大多信仰印度教，中上层人士很多是素食者，但吃鸡蛋、黄油、牛奶。印度教徒中的肉食者禁食牛肉，允许吃鸡、鸭、鱼肉，但印度教徒忌在同一食盘中取食。因此，进饭店就餐时，不要轻易点食猪肉、牛肉。印度有许多素食饭店和旅馆是不供应肉食的。笔者认识的印度大公司的一些高管，很多人是素食主义者，和他们吃饭很难点菜，只能直接带他们到印度餐厅，陪他们吃咖喱风味的印度菜，有时会吃全素的印度菜。

全世界有很多素食主义者，有些和宗教有关，有些却不一定，如果对方表示是素食主义者，那就尊重他们的选择，不要多问为什么，这是个人的选择。

笔者建议在国外客户过来之前或者在国内就餐前，问他们对食物有什么要求，有什么不能吃，避免犯错，考虑到有些宗教禁酒，不要劝酒。

稍微注意一下，不是所有的西方人都经常吃鱼，尽量不要点骨头、鱼刺比较多的鱼肉菜肴，可以选择没有刺的鱼，比如鳕鱼、鳝鱼、鳗鱼等。

在菜式的选择上，以实惠卫生为好，没有必要搞得很复杂，比如燕鲍翅，几乎所有国外客户都没有兴趣。上海周边地区的人们喜欢吃大闸蟹，还有小龙虾，如果和国外客户不是很熟悉，笔者不推荐点这些菜，因为很多西方人不会吃河蟹。国外客户不像中国人请客吃饭点那么多菜，够吃就可以，没有必要点很多，浪费太多。北京烤鸭好像很多国外客户都有兴趣，笔者经常为日本客户点一些茭白（日本没有）、麻婆豆腐之类的菜，有些日本客户喜欢吃大闸蟹、西红柿，还喜欢吃中国的点心。

很多西方人喜欢吃牛肉，国内很多餐厅的黑椒牛柳做得不错；有些喜欢吃猪肉的，回锅肉是一个不错的选择，不过微辣就可以了。

一次，笔者陪一位印度客户吃饭，点了四季烤麸，笔者认为是个素菜，菜端上来以后，这位印度客户提出把这个菜放笔者这边，他碰都没有碰。因为和他很熟，就问怎么回事，他说有猪油的味，笔者找厨师问了一下，原来饭店为了让烤麸更香，加了一些猪油，于是笔者赶紧让服务员端走这盘菜。

在一般饭店里点菜，也需要非常小心，尽管再三关照不要有猪肉，有时还是会有意外。比如笔者点的是干烧鱼，上菜时发现干烧鱼表面有肉末，是配料里面加了肉末，这个菜就不能吃了，以免出现尴尬局面。

还有一次，国外客户说他可以吃鱼，笔者就点了一条清蒸鳜鱼。鱼刚要摆上来的时候，笔者突然发现盆里面有两块火腿片，赶紧找借口说这个鱼不熟，要再蒸一会儿，和服务员一起走出去，告诉服务员这条鱼不能用了，因为客户是穆斯林，不能吃任何猪肉的东西，火腿片是猪肉制成的，只能换另外一条鱼重新蒸并再三告诫不要放火腿片，这才算处理好。

笔者接触的很多国外客户都不能吃辣，因此，在点菜的时候，最好问一下客户，免得出错。

有一次，穆斯林客户在他们斋月的时候来到中国，其间每天拂晓前沐浴进食，白天任何食物不得沾唇，日落后才能开斋用餐。所以白天根本不用过问他们的饮食。

有一件事需要特别小心，有些国外客户对一些特定食物非常过敏，比如笔者接待的客户中，有对花生过敏的，那么任何食物里面都不能有花生成分，据说连花生油都不行，否则可能会带来致命危险。有一些白人对麸质食物过敏，任何含有麦麸的食物都不能吃，比如面条、水饺。最好的办法就是一碗米饭，加上一些素菜（素菜不能加酱油，因为酱油很多是酿造工艺，有麦麸成分）。

安全第一，如果客户因为你们饮食安排不周出现健康问题，这个责任太大，所以必须谨慎。

问题 52：商务谈判时有语言沟通障碍，听不明白怎么办？

最近公司和国外客户有一个重要谈判，我负责翻译，客户是意大利人，说的英语口音很重，很不适应，我怕谈判的时候听不清，影响谈判的质量和效果，我应该如何准备？

答：书到用时方恨少，英语也一样，平时也不太注意各种口音，遇到特殊情况就会紧张。

短期内提高听力水平有些困难，但还是有效果的。有一些英语学习网站，有世界各地的听力训练，有美国西部、法语语调的英语，澳大利亚的英语，新加坡口音、南非口音、德国口音及日本口音等都有，花几个晚上或者周末的时间，多听一些，对发音规则、音变、语音语调有所适应，在对方说话的时候，就能很快反应过来。

我们在求学期间或者参加考试的时候，基本都是英语或者美语的发音，也适应这样的发音，一旦遇到其他口音，就乱了方寸，其实只要英语基础比较好，经过一段适应性训练或者强化听力训练，很快能够得到改善，不用过分着急。

当务之急是：一方面多听一些不同口音的英语，提高适应能力；另一方面马上和你们公司相关人员及客户确认一下，尽快了解这次谈判的内容，把所有相关的资料都准备好。如果是谈技术，对涉及的工艺、材料、设备、质量控制、检验标准等中英文的内容都应该有所了解。如果是商务谈判，便涉及一些价格条款、支付方式、质量担保、保密协议等。如果是索赔谈判，那么对之前订单情况、发货情况、问题本身、可能产生的异议原因、之前你们的质量记录或者检验记录都要浏览，自己先试着看，有没有不明白的地方，如果中文都不明白，用外语表达会更吃力。准备工作很重要，事先知道要谈什么，即使对方有一些口音，你也不会太慌乱。如果对一些术语不太明白，就要查找相关资料或者向资深人士请教，做到有备无患。

一般国外客户也经常外出，在表达上比较灵活，事先可以私下沟通，表明你是新人，对一些东西不太熟悉，让他在谈判的时候，语速不要太快，不要一下说太多内容，很多国外客户也理解这种情况。当然，你也需要和你们公司的人打个招呼，这样你翻译的时候，大家会对你有所照顾，不会让你翻译大段的内容，以免沟通的时候出现大问题。

在具体谈判的时候，准备写字的白板或者一些纸张，对表达不够清楚的地方，可以在白板或者纸张上写下来，这样能够减少不少压力。尤其是一些重要的事情，比如重要指标、数字等，有的人习惯在白板上写下来，便于大家理解。

当然，如果没有一点把握，那就实话实说，让公司请外面的翻译。不过笔者个人觉得，短期内辛苦一些，多做一些针对性训练，做好准备工作，是能够应付得来的。经历一次之后，能够积累很多经验，以后就没有那么紧张了。

问题 53：如何做好宴会翻译？

公司举办成立十周年的宴会，要邀请国外重要客户参加，安排我作为宴会的翻译，我应该做哪些准备？

答：宴会翻译一般是指在大型国际会议、论坛、博览会或高层访问的招待宴请中担任翻译等，参加的人员一般层次较高，参加之前，需要了解国际餐饮礼仪、用餐习惯和熟知国际化社交礼节。

作为这些宴会的翻译或者同传翻译，一般都会事先得到宴会、酒会的一些致辞或者演讲稿，如果有客户要发言，可以事先和他沟通一下，得到他们的讲稿。即使实际发言的时候有一些变化，但大致内容你已经知道了，翻译的难度会大大降低。

参加酒会的时候，要准确说出客户的名字，尤其要注意一些日本客户名字的发音，要是把名字叫错了，这很不礼貌。

现场翻译的时候，要等领导说完一段话再翻译，有时可能太长，就需要速记一些关键词，对一些不是特别重要的内容，把意思翻译出来就可以了，如涉及中外文化差异的内容。有时参加宴会的还有一些政府领导，在介绍的时候，很多官衔和抬头翻译成外语时，要选择主要的翻译，最后简单称呼某某先生就可以了，一般国外客户不需要了解那么多头衔。

有些内容没有听清，或者一时反应不过来，众目睽睽下，临时请教也不合适，就只能翻译几句客套话把场面先应付过去，等反应过来的时候，再加上去，尽量不要出现长时间冷场。

翻译时的声音需要大一些，尽量面对观众，不要低头或者看着稿子，这样显得没有自信，不够专业。

做宴会翻译，你要把主要精力放在翻译工作上，即使吃饭，也要在翻译空隙抓紧时间，要保证在需要的地方及时出现，提供翻译服务。

在一些场合也需敬酒，但必须注意分寸，象征性地嘴唇碰一下酒杯，表示礼貌就可以，千万不可贪杯。

此外，不能一边吃东西，一边翻译或者说话，这样不礼貌，更加忌讳有食物从嘴巴里面喷出来、飞出来。

业务人员应注意，如果气温较高，笔者建议放块手帕在口袋里面备用，正式场合用餐巾纸不太得体。

问题 54：客户拜访时，如何根据实际需要合理安排时间？

下周有国外客户到我公司拜访，时间安排是从下午一点到五点，但是和客户现在成交的产品只有一个，也比较简单，交货期、质量也比较稳定，工作上的事情估计一个小时就可以解决，剩下的时间怎么办？如何安排？节奏如何控制？

答： 经常有这种情况，国外客户来公司谈一些事情，进度比较顺利，可能一个小时就结束了，但是时间尚早，客户那么早到机场也没有必要，于是宾主双方百无聊赖地在会议室找一些话题闲聊，双方都有点心不在焉。

要尽量避免这种情况的发生，可以安排一些活动，比如让客户参观公司的陈列室，介绍一下你们最新研制、开发或者正在给其他客户提供的一些新产品，看有无可能和这个客户有新的合作。也就是说，利用这段时间，让客户了解你们的新产品、新思路或者新技术，寻找商机。当然也可以请客户谈谈他们对你们产品、你们公司的印象及期望，还可以谈一些他感兴趣的话题，比如，请他介绍一些其他供应商提供的产品，他们的质量如何，你们的产品和他们的产品比较还有哪些差距，或者客户所在行业当年整体状况如何。

有的企业有一些体育运动设施，比如乒乓球桌，如果客户有兴趣，可以邀请打上几局，时间会过得很快。

如果附近有特色景点，时间又充裕，客户也有兴趣，可以安排客户到这些地方走走，比如博物馆、古迹或者古镇，当然要控制时间，不要误了客户的行程。

如果实在没有话题，可以悄悄地和客户沟通一下，问他是否需要早点结束，尽快回宾馆或者到机场，毕竟早一些结束，总比迟迟不结束，最后误了后面的安排要好。

有些欧洲客户时间安排得很紧，比如说好见面就一个小时，实际上谈正事也就四十分钟。

不过，印度客户谈判很拖拉，一般他们都会迟到，谈的时候也是慢条斯理的，总是很晚进入正题。他们甚至不吃中饭，不停地重复谈判内容，到最后一分钟还在努力砍价。和他们谈判要有耐心和毅力，体力上、精神上都要准备好。

问题 55：有哪些技巧可以让谈判摆脱僵局，缓和气氛？

我经常遇到这种情况，有时和客户面对面洽谈，双方无法就某件事情达成一致，会很尴尬。大家都不说话，气氛沉闷，陷入僵局。有哪些技巧可以让谈判摆脱僵局，让气氛缓和下来，从而达到谈判的目的？

答：双方在谈判中就某件事情无法达成一致很正常，很多生意都要经过漫长的谈判才能知道结果，谈判的时候各方有各方的底线和出价，短时间内达成协议的概率不高，经常要经过多轮谈判才有结果，最后的结果一般都是相互做了妥协。谈判没有绝对的赢家，也没有绝对的输家，只有大家都接受，才能取得谈判的一致。所以谈判的时候，不要过多强调立场，而应更多地考虑到大家的共同利益，也就是通常所说的追求双赢。谈判是自愿平等的，而且谈判结果必须是双方共同接受的。因此，要想谈判取得成功，必须在掌握谈判主动权的同时，采用各种策略和技巧，合理说服对方，最后达成交易。

谈判开始的气氛很重要，良好的开局气氛可以避免出现尴尬的僵局。理想的谈判场景是：在热烈、积极、友好的谈判气氛下，谈判双方态度诚恳、诚挚，彼此能够适应对方需求，愿意和对方合作；见面互相让座，欣然落座，互相问候，互敬烟茶等。双方对谈判的成功充满热情，充满信心，把谈判成功看成友谊的象征。这样一种谈判气氛无疑会对谈判的开展起到积极的促进作用。

在出现僵局时要及时调整，改变互相对峙的场面，尽量让对方明白，你们有达成交易的迫切愿望，有同对方做生意的诚意，愿意相互配合，相互支持。比如，有一次，笔者团队和客户谈一个年度合同，双方就价格问题谈不拢，笔者团队主要是对一年周期的合同考虑到一些汇率风险、材料价格上涨风险以及运费风险不可控，价格报得稍微高一些，以抵抗可能发生的风险。双方谈判到了中间阶段，毫无进展，再谈下去，可能无法达成合作意向，大家都不想这样，只能先谈一些可能谈成的问题，比如运费，客户有比较广泛的物流网络，他们得到的运费价格相对低一些，于是笔者团队给出的价格不包括运费，这样，相对笔者团队的价格变动就少一个变量，他们也能接受这个结果。再回到汇率上，笔者团队担心人民币升值太快，在核算价格的时候，是按照一个远期的预期汇价计算的，客户建议，人民币汇率一年内变化一般不会超过5%，认为笔者团队这样的计算不太合适，不应该按照期末的汇率，而应该按照中间时段的汇率，笔者团队也觉得客户的话有道理，在汇率的计算上采纳了客户的建议，并且提出如果一年内汇率超过5%，应该对价格做调整，双方对超过5%的部分各承担一半。对于材料价格上涨的可能，最后大家一致同意，先谈妥一个价格后，材料如果在一年内涨价或者跌价在5%以内，价格不变，如果材料价格变化超过5%，大家必须重新商量价格。在谈判的时候，虽然笔者团队觉得人民币不太可能贬值，材料价格不太可能跌，但还是把涨跌因素都考虑进去，也就是说，如果材料价格下跌，或者人民币贬值超过一定比率，笔者团队也愿意降价，从谈判的角度看，就显得比较公平合理。谈判时切忌摆出一副只想占便宜，不愿意承担任何风险，不吃一点小亏的样子。

  有时，谈判陷入僵局，就必须做出一些姿态，主动想办法改变这种情况。有一个比较常见的办法是，大家都有点累的时候，宣布休息10分钟，喝点饮料，放松放松，把节奏调整一下，再回来谈判的时候，要主动示好，比如回顾和客户已经合作多年，也面临过很多挑战和困难，但这么多年来，多亏了客户的关照，这个生意还能够做到现在，并扩大了规模，这一次双方也必须互相理解，互相谅解，一起想办法，把问题解决。目的就是要把客户拉回到谈判桌上，继续合作。

  谈判最忌讳的一点，就是言语太犀利，纠缠于一些细节或者纠缠于对方的态度，而忘记要解决的问题本身。有时哪怕你得理，也要尊重对方，绝不能不依不饶。举个例子，你们公司最近订单太多，因夏天限电，很多订单交货延迟，一个重要客户和你们谈判，希望你们能够早点交货，你们公司也想早交货，不想得罪这个客户，毕竟以后还要合作。谈判的时候，共同点就是，如何在不影响客户正常生产的情况下，你们尽早交货（虽然已经迟了，但是可能还要延迟）。况且你们很多订单都延迟了，也不能把全部精力都用来赶这个客户的订单。谈判的时候，必须基于现实，大家互相配合，互相合作，如果买方的话说得很难听，就可能激怒卖方。如果有人火气大，双方就会争吵起来。而事实上，有些事情不是互相埋怨就能解决的，问题已经发生了，最好的办法是寻找解决方案，而不是过多指责，否则，谈判就没有办法进行下去。只能暂时停一下，继续进行的时候不要再提这些和解决方案无关的事情，而是要强调：一方面，买方对货物需求的紧急程度，什么时候必须到货，是否可以部分到货，有没有可能从别的供应商那边先进货，解决燃眉之急；另一方面，卖方应该提出如何用最快的速度根据买方的需求调整生产计划，全力以赴保证满足买方的最低最急的进货需求。带着一肚子气是很难谈判的，互相指责、互相推诿更加无济于事。要善于换位思考，设身处地为对方着想，了解对方的难处和底线，想办法解决问题，而不是埋怨对方、指责对方，这样有利于把谈判的重点集中到要解决的问题上。

谈不成没有关系，客客气气是必须的，要体现出你们愿意合作的诚意。不要动辄扬言，你们公司不干了。真正的谈判高手，能够控制自己的情绪，控制谈判的局势和气氛。一时冲动马上争吵或者以势压人，都是不成熟的表现。

在大型谈判的时候，遇到僵局需要有一些缓和气氛的活动，比如白天谈得很紧张，晚上会有晚宴，或者一起看表演，双方高层一起喝茶、喝咖啡，或者去酒吧聊天，打场高尔夫球。良好的私人关系、合理的私人沟通技巧和得体的社交技巧，也有助于缓和谈判的僵持气氛。

工作多年后，发现很多事情、很多问题、很多争议，都能够通过合理的沟通、合理的交流解决。在任何时候，善解人意的人，最容易得到别人的理解。

问题 56：如何合理使用社交软件和客户保持有效沟通？

答： 如果说现在的外贸联系方式和十年前的外贸联系方式有什么差别，那就是社交软件在沟通中的广泛应用。各种社交媒体的使用，大大丰富了沟通手段，提高了工作效率，尤其是免费的即时通信手段，既可以达到电话的效果，还可以进行多方远程会议，做到全世界不同地区的几个人在同一时间进行沟通，这在以前是无法想象的。2020 年新冠肺炎疫情发生后，跨国跨地区的人员流动受到限制，SNS 提供了巨大的便利，克服了贸易各方不能面对面沟通的缺陷。

业务人员在使用这些社交软件和客户进行沟通、交流、互动的时候，也需要注意一些细节。

在西方，尤其是法国等国家，工作时间和非工作时间分得比较清楚，一般情况下，尽量在对方工作时间给对方发信息，或者用即时通信工具进行对话。因为一些社交软件的沟通比较随意，一些重要的事项比如文件文本之类的交接或者确认，还是通过正式的公司邮箱发邮件确认比较合适，或者发完邮件后，通过社交软件确认一下，这样可以确保重要文件的送达。

此外，不同国家不同地区使用社交软件的习惯不一样，比如和中国国内做生意的客户普遍使用微信，海外华人圈用微信的也多，但是欧洲客户似乎很少使用微信，而且，即使他们使用自己的社交软件，也不像我们使用频率那么高，为保证信息沟通的有效性，必须事先了解对方最常用的社交软件是什么，如果没有即时回复，则必须马上用电话或者邮件联系到客户。

经常使用社交软件以后，会有一个惰性，就是越来越不喜欢打电话，这一点，外贸人需要克服，毕竟，打电话还是最直接、最方便的沟通手段。

问题 57：到国外拜访客户，洽谈进一步合作，应做什么准备，有哪些技巧可以提高工作效率？

答：相当长的一段时间内，国人走出国门比较少，一般都是外国人到国内谈生意比较多。在一些国企，出国审批很严格，出一次国，层层审批。通常情况下，应该是卖方拜访买方，了解产品使用，了解客户需求，和最终使用者面对面交流，有利于改进产品，提高质量。但是很多时候，即使出了一些质量问题，国内很多工厂、外贸公司无法及时派人出国到客户处解决问题，只能是客户来到中国，和中国的供应商一起想办法解决。

随着经济交往的扩大，国内企业视野的开阔，很多企业主动走出国门，接近客户，拜访客户，了解需求，开拓市场。拜访客户，应该提前几个月告知客户，让对方有充足的时间准备和选择，在对方方便的时候拜访。同时也应告知客户，你们公司有几个人一起过去，各自的职位和分工，这次你们拜访的目的是什么，准备和客户谈什么事情。

客户确认你们合适的拜访时间后，让客户给你们发邀请函，然后去办出国的签证手续（如果是去美国，可能要到大使馆或者领事馆面签，手续还是有点麻烦的）。签证拿到以后，有些事情可能需要客户帮忙，比如让他们帮忙预订当地宾馆，让他们安排接送机和交通工具。如果行程有变化，要及时通知国外客户。

出国之前，确认所有应该带的物品，包括护照（签证有效期内）、名片、产品样本、电脑、技术资料、礼物、外汇或者信用卡等，尽量检查仔细一些，不要遗漏。

到了客户那边，除了要拜访客户负责人以外，还要和客户那边与你联系的秘书或者助理见面问好，送上提前准备的小礼物。拜访时讨论的一些内容，和客户拜访你们的时候差不多，只是注意要遵守客户公司的规章制度和安全制度，入乡随俗，不给客户添麻烦。会谈或者约见要准时，不要迟到。言谈举止大方得体，穿着注意分寸，如果是商务会见，尤其会见日本客户，笔者建议着正装（西装领带）。如果要到车间查看产品，解决问题，做一些售后服务，技术人员应该准备工作服、安全帽等。尽量把重心放在工作上，了解一下你们的产品在客户处的使用情况，是否存在一些不足，和其他供应商比较，你们的产品哪些地方还需改进，这些都可以从客户处得知，也可以和直接使用人员面对面交流，了解到第一手信息和需求。当然，一切以不引起客户的麻烦为前提。如果客户有些信息不能提供，或者不便提供，或者安排时间很短，可能有他们的难处，不要过分勉强。对客户能够安排时间和你们见面交流，要表示感谢。

现在出国一般都有工作任务，完成工作任务以后，会留一些时间旅游观光，这也是了解国外文化、人文背景的机会，有利于更好地和客户交流、沟通。如果在客户所在城市旅游观光，除非客户主动提出愿意安排，一般建议自己花钱找专业的旅游公司安排，尽量少麻烦客户。

拜访客户完毕，回到国内，给客户发一封邮件，告知你们已经顺利返回，感谢他们的安排和款待。如果需要，准备好相关的会议纪要或者谈判纪要，让对方确认。

笔者建议每次出国拜访客户后，小结一下，总结这次拜访的目的是否已达到，有什么收获，客户提出什么需求，有无新的商机需要进一步跟进，这次出国拜访有无不足，下次如何改进等。

问题 58：约定时间和客户见面洽谈，在时间控制上应注意哪些技巧？

我在苏州的一家电器厂外贸部工作，我们的美国新客户要拜访我们公司，约好时间让我们到上海的一家宾馆接他，然后到我们公司考察，考察结束后送他们到机场。除了一般的业务准备、谈判准备以外，在时间安排上还应该注意什么技巧？

答：会面或者接人的时间原则上是宜早不宜迟。比如，苏州到上海大约需要 2 个小时，你们在出发之前，可以先给客户打个电话，告诉他你们已经出发，大约 2 个小时到达他的宾馆，快到宾馆的时候，再告知客户你们大约 20 分钟后到达宾馆，你们到前台和客户见面。这样的话，客户有足够的时间准备。到宾馆以后，如果在前台或者大堂没有看到客户，再打个电话告知客户你们已经到了，在前台等客户，让客户不要着急。

如果送客户去机场，可以早一点出发，在飞机起飞前一个半小时把客户送到机场，因为有些时候会有不可控因素，比如交通堵塞，多留一些时间比较安全，毕竟误了航班尤其是国际航班会非常麻烦。

如果是和印度客户见面，准时到就可以，不用过早，有的印度客户比较拖沓，经常迟到。

如果和客户约好在他们所在的公司或者宾馆见面，你们到得比较早，不要急于与客户见面，在离约定时间 10 分钟或者 15 分钟的时候，再告知客户你们已经到达约定地点，确认以后再去见客户。比如，客户和你们约好十点半见面，会议室可能十点的时候别人还在用，你们过早到，客户就比较尴尬；也许十点的时候客户参加的另一个会议还没有结束，过早到会给他增添不必要的麻烦。

问题 59：如何根据会谈内容制作会议纪要？

今天和国外客户在我公司会议室进行了洽谈，确认了今年新执行订单的价格、交货安排和支付方式，并对去年的一些索赔和异议进行了处理，客户要求我们整理会议纪要，然后发给他们确认，根据会议纪要他们会制作新的正式文本，用于财务结算。这个会议纪要怎么做？

答：会议纪要应该包括会议举行的时间、地点，各方参加会议的人员，双方讨论的话题及结果，对讨价还价的细节不做记录，只记录双方已经确认的内容。有些事情虽然讨论了，但是没有当场决定，也要记录下来，并注明，待以后讨论决定。

会议纪要作为重要的文本文件，对重要的事项必须详细记录，比如，会议决定 2020 年的供货协议继续有效，但是价格需要重新确认，那么在会议纪要中就必须注明这个情况，可以在会议纪要后面专门加一个项目，提醒双方必须尽快商定价格。

像一些处理索赔和异议的会议纪要，尽量把双方讨论的索赔或者异议的事情、原因、责任以及双方索赔的结果都写清楚，因为有时要根据会议纪要收钱或者付钱，如果写得不够准确、清晰，实际执行起来就很难。比如，最后双方同意，这次质量事故造成的直接损失是 3500 欧元，卖方愿意承担由此产生的损失，在下次发货的发票中扣除 3500 欧元作为赔偿，卖方应该向买方提供一个 Credit Note（应付账单），作为财务做账的依据。

会议纪要做好后，一般把电子文件发给参与会议的人员。特别重要的会议纪要，要让参加会议的人签字确认，表示双方同意会议纪要的内容，如果是执行文件，签字后即可参照执行。

问题 60：客户提出和我们签订独家销售协议，应如何处理？

我们公司在德国有几个老客户，订单量都不大，从去年开始有个新客户业务增长比较快，最近要求我们授予他们分销商的资格，我们也觉得没有问题，但是这个客户提出，希望和我们签订公司产品在欧洲地区独家分销的授权协议，应该如何回复？

答：在签订独家销售或者其他排他性销售协议（独家代理协议）前，必须了解签订这些协议以后意味着什么。如果授予一个公司独家分销权后，你们公司所有销售到欧洲的货物都必须通过这个客户，你们将无法直接供货给其他老客户。对国内制造厂来说，签订协议后，就意味着有独家分销的保护，这个客户会更加积极地经营这些产品，也许能把市场做大、做强，但是同时存在另外一个可能，如果签订协议后，尽管在价格上或者其他方面给了这个客户很大支持，但是客户的业务并无多大起色，价格也压得很低，因为你们没有别的选择，只能通过他销售，一旦遇到这种情况，国内公司可能会错过一些发展机会。

在签订独家分销协议的时候，对双方的责任和权利都应该规定清楚，如果你们授予对方独家分销权，那么对方在遇到相关业务时，也应该给予对等的优惠条件，也就是不能向其他供应商漫天询价，除非你们不能提供这些产品，否则只能由你们独家提供。

独家分销协议应该对每年销售的数量或者对业务增长率有所约定，不能只享有权利，而不履行义务。

在独家分销协议的有效期问题上，笔者建议第一次签订时，有效期不要太长，可以规定，如果在约定的时间内合作愉快，协议经过双方确认可以（自动）延长到下一个年度，这样比较灵活。

问题 61：买方和卖方在支付条件上谈不妥，如何协调？

我公司从事大宗材料的贸易，角色是国外的供应商。现在已经与一个国外的客户谈了很久，在付款方式上分歧很大。我方坚持的付款方式是预付定金20%~30%；发货后我们将各种单据复印件发给买方，对方再付65%~75%，然后我们将正本提单交给买方；余下5%在CIQ以后付。对方坚持的付款方式是预付定金20%~30%，货到中国港口清关后付65%~75%，余下5%在CIQ以后付清。请问有无折中的办法让双方可以接受？

答： 你公司和对方矛盾的焦点是什么时候支付65%~75%的货款，你们希望在发货后，到达目的港前，对方希望在他们收到货物以后。

笔者不太了解你们这个行业的惯例，但是按照笔者的直觉，笔者不会接受买方的条件，因为有风险，如果货到中国港口对方清关后，到了该付65%~75%贷款时，他们的资金出现问题怎么办，或者不愿支付怎么办，你公司没有制约他们的措施。货物都给他们了，已经在他们的控制下，他们什么时候支付货款，付多少款，主动权都在他们那里，你们非常被动，甚至可能钱货两空。

笔者最关心的是，货物物权证明的提单什么时候给客户，像这种大宗的货物，风险控制很重要，可以考虑一下对方晚些支付65%~75%的货款，但是，必须让他们的银行提供一个远期支付的承诺。

按照你们的想法，你们发货后，告诉客户货已经装船，提供所有单据的复印件，让买方必须马上支付货款的65%~75%，才能给客户提单，这种情况下，买方可以电汇65%~75%的货款，对买方来说，他们必须支付65%~75%的货款才能拿到你们的物权凭证，才能凭着这个物权凭证报关提货。

当然，如果买方坚持说在没有收到货物前，不能把大部分货款给你们，那你们妥协一下，可以让客户开一个提单后比如 30 天或者 45 天的远期信用证（L/C），客户要得到提单等运输单据去提货，就必须指示他们的开证行承诺到期支付货款（其实托收下承兑交单和这个原理差不多）。虽然你们没有马上拿到货款，但是有开证行到期承兑的承诺，你们的收汇也是有保证的，只不过收货款的时间稍微晚了一点。如果客户不愿支付货款，他们的银行拒付，那么客户得不到提单，无法提货。你们有物权凭证提单在手，也可以转卖货物，风险相对可控。买方是在他们拿到货物以后才实际付出货款，也有一定保障。所以，针对你们说的情况，远期信用证可以解决买卖双方的分歧。

笔者建议你们大致了解一下你们行业的规则和潜规则，了解各种可能的支付方式，尽量和买方达成一致。

问题 62：国外客户到我公司拜访，让我们预订宾馆，这个费用是客户支付还是我们支付？

答：通常情况下，外贸人员帮助国外客户预订宾馆，帮助客户申请一些折扣价格，原则上客户自己承担费用，这和我们出差一样，有时会让当地的公司帮忙预订。客户可以报销这些费用，不用担心。当然，在一些特定情况下，比如邀请重要客户参加一些宴会或者发布会，你们可主动提出支付客户的宾馆住宿以及往返机票费用。

问题 63：可以向没有直接合同关系的最终用户提供分供方担保（SUBCONTRACTOR WARRANTY）吗？

我公司销售一批货物给丹麦的一个老客户，货物是用于丹麦客户在日本的一个项目，是项目里面的一部分零件，我们准备要发货了，客户突然提出，最终用户需要我们提供分供方担保，否则，最终用户将拒绝使用我们的产品。我们也审核了这个担保，内容和我们与丹麦客户签订的合同里面的条款差不多，只是我们觉得很奇怪，我们和最终用户没有合同关系，似乎没有必要向他们提供担保，请教一下这个所谓的分供方担保问题。

答：在一些大型工程里面，很多时候，总包方和业主签订主合同后，业主为了保护自己的利益，避免总包方和分供方使用一些特别差的原材料，也避免业主自己对分供方管理和一些零件质量失控，便于以后设备运行后零件的供应，业主允许总包方使用分供方，但是总包方必须对业主公开所有分供方的信息，同时要求分供方向业主提供一份分供方担保（SUBCONTRACTOR WARRANTY），也有一些地方称之为分供方支持函。这个担保是分供方向业主提供一种担保，保证自己承担的一种责任，比如按照约定按时按质提供货物，如果不能，业主有权直接向分供方索赔或者要求补偿。因为实际上分供方和业主没有直接联系或者合同关系，很多时候都是总包方协调好之后，再安排分供方和业主签订协议。只有在得到分供方担保后，业主才能认可这部分分包协议。

据笔者了解，这个分供方担保在国际工程项目里还是比较常见的，如果这个担保的内容包含在总包方和分供方合同的条款里面，应该可以接受。

对分供方来说，如果担保的内容在他们应该承担的范围内，也完全可以做到，即使向没有直接合同关系的业主签订协议或者提供担保，没有承担额外的风险和责任，那就可以签订。如果担保内容超出了一般合同的范围，甚至增加了分供方额外的风险和责任，那么应该及时通知总包方，让他们协调处理这件事情，尽量不要直接和业主发生冲突。毕竟业主和总包方之间有合同关系，有更多共同利益。

此外，对分供方来说，这也是一个机会，如果直接和业主签订这类协议，或者提供这类担保，有利于以后业主和分供方联系，直接采购一些设备或者零件。

对总包方来说，他们必须得到分供方的支持和配合，让分供方同意签订或者提供这样的担保，才能顺利执行他们的总包合同。

问题 64：产品备妥待运，因客户自身原因不需要货物了，怎么办？

我们公司有个长期合作的客户，是一家全球知名公司，去年向我们公司订购一批设备零件，一共 8 万美元，产品生产周期较长。我们生产完产品后，通知客户来验收，不料客户告知我们，由于他们内部生产线调整，这条生产线下个月开始停用,以后也不会再用,这批备件就再也不需要了,不用发货了。同时希望我们公司考虑到长期合作关系,自己消化前期投入的一些成本和费用,不向他们索要货款。这个消息很意外,虽然货物没有发,所有权还在我们公司,但是这批货物是专门为这个客户生产的,无法转售给其他客户,如果客户不用,也只能报废,将给我们造成很大损失。应该怎么和客户商量,让他们承担应该承担的费用?

答: 如果客户真是一家小公司或者资信不好的公司,这的确是一件非常麻烦的事情,因为你们没有收到预收款,与客户交涉,客户不予理睬,你们一点办法也没有。

如果是一些资信比较好的大公司,要好办一些。客户和你们合作的时间比较长,应该有不少熟人或者能够沟通的人。对大公司来说,如果因为他们自己的原因造成供应商损失,他们内部应该也是有补偿方案的,或者说,对大公司流程来说,供应商有权得到补偿。所以,你们公司必须努力和客户沟通,争取你们的权利,尽量将损失降到最低。

笔者曾经历过一件类似的事情,客户因为设计更改,原有设计作废,笔者方已经做好的货物,客户不需要了。经过交涉,客户最后同意补偿笔者方的损失,原来的 CIF 安特卫普的价格,扣除运费、保险费以及一些杂费外,变成 FOB 上海的价格,他们全部同意支付,最后修改合同,笔者给他们开出发票,现在已经收到这笔货款。

所以,笔者的理解是,你们和客户有合作的基础,也有多年的沟通,大家坐下来谈的时候,必须讲道理,如果客户是大公司,强势一些,你们可以做一些让步,比如原来的价格扣除运费和一些杂费等,还可以扣除报废价值,或者转用其他用途的价值,甚至可以扣除一些你们的合理利润,但是你们已经投入的成本和费用,客户应该支付。

对客户来说,能够让供应商自己承担损失当然是最好的,但是你们完全可以拒绝他们的不合理要求,事实上,任何公司必须对自己的违约承担责任,因此,他们对你们提供合理补偿也是应该的、合理的,你们完全可以名正言顺地向客户提出补偿要求,具体怎么谈,补偿多少,只能是尽量争取。基于实际情况,考虑到长期合作的基础,笔者还有一个比较可行的建议是,希望客户在一段时间内,在业务上对你们公司有一定的倾斜或者补偿,比如订单多一点,达到一定数量,逐步消化你们公司因这个订单产生的损失。

谈生意的时候，该争取的必须争取，千万不要轻易放弃，尤其是你们应得的利益。

问题 65：如何通过合理的价格策略争取利益最大化？

答：最近，笔者听一位前辈讲起了他前一段时间和国外客户的一次成功的价格谈判。他给日本客户提供一种零件，常规都是客户每年向他采购 5000 件，客户还从另外一家中国供应商处采购，价格稍微比他公司的高一些，数量大约也是 5000 件。这次收到日本客户常规的询价后，他也很快报价了，单价 50 美元，每件利润大约 4 美元，但是他这次报价有效期比较短，只有 20 天，而以前都至少 40 天。在报价有效期过了一天后，客户让他更新价格，同时发邮件告诉他，如果他能将每件单价降低 3 美元，会给他多一些订单数量，比如 7000 件，并且要求他准备好全部材料，因为客户那边备货不多了，急需货物。他知道这个消息后，分析了一下日本客户的情况，按照客户的采购惯例，不可能把全部订单给一家供应商，一般情况下，给一家供应商的订单比率不超过 70%，这样的话，他差不多还可以得到 2000 件订单。客户急需货物，虽然另外一家供应商也能供货，但是他了解到，因为工艺上稍有差异，他公司的产品生产周期要比另外一家的短 10 天，因此，他预计，客户不太可能放很多订单的量到另外一家公司，因为如果那样，交货期风险大一些。掌握到客户这些信息后，他很快回复了客户，不但没有答应客户的降价要求，反而告诉客户，因为前面报价有效期到了，最近材料价格上涨，人民币汇率波动加剧，他不得不调价，每件产品的售价为 53 美元。客户在接到他的价格调整计划后，虽然不太满意，但是很快就同意了这个价格，订单的数量比询价时少了一些，只有 3500 件，同时强调一定要准时交货，他也很爽快地答应了。

分析一下，对他公司来说，报价的时候利润大约是 $5000 \times 4=20000$ 美元，客户要求降价，如果答应，利润就是 $7000 \times 1=7000$ 美元，但是投入的资金大，利润却降低了很多，有一定风险。而调价后虽然订单数量少了，只有 3500 件，但是利润为 $3500 \times 7=24500$ 美元，在不增加投入的情况下，利润和利润率都增长了。

笔者前辈在讲这个例子的时候，也提到当时敢于涨价，就是对日本客户的采购流程、采购模式非常熟悉，知道他们会出什么牌，也知道他们对交货期的重视程度超过价格。同时预计到，他们的竞争对手可能保持原价或者稍微降价，所以，竞争对手的订单量有所增加。

对他公司来说，虽然订单量有所减少，但是能通过合理的分析和判断，提出让客户接受的价格，在不增加投入的情况下，提高利润和利润率，在议价时，体现出了相当高的水准。

笔者提醒大家，在价格谈判中，对于客户的降价要求，如果出现数量增加，绝对利润减少的情况，一定要慎重考虑。

问题 66：外贸公司在最终客户和制造厂之间如何定位？如何体现自己的价值？

答：尽管近几年生产企业直接出口，和国际客户联系越来越多，但是不能说明外贸公司就没有生存空间了，相反，近几年，一些专业外贸公司发展非常快。外贸公司作为中间商，和客户及制造厂既有共同利益又存在各自的利益，在定位上应该突出中间商特色：一方面要促成各方合作的意向；另一方面也需要保护自己，避免被架空，让客户和制造厂绕开你，直接交易。

要让最终客户或者制造厂认可，你必须让最终客户或者制造厂觉得你是有用的，能够解决问题，能够为他们带来利润。在实际沟通中，也要有这样的意识和表现，比如在和制造厂的沟通中，要让制造厂觉得你和客户关系很不错，你在客户那边有广泛的影响力，除了他这边的订单，你和客户还有很多其他领域的合作，你和客户之间有很多共同利益，这样，制造厂即使想自己直接和客户交易，也会有很多顾忌。除了订单，你还要给制造厂提供一定的技术支持、信息沟通、翻译等服务。

在和客户沟通的时候，你要让客户相信，有你们公司的帮助，他和制造厂之间的合作会更加顺畅。比如你对产品非常了解，对国内外标准非常了解，对图纸转化非常专业，在制造厂生产客户所需产品的过程中，你们公司做了很多工作，给制造厂提供了很多技术指导和帮助，在报关、报检、海运、出口核销、退税、单据处理、联系等方面，你们服务非常专业、非常到位，通过你们公司的服务，省去了客户很多工作。同时让客户相信，你们公司对制造厂是有影响力、有控制力的。

外贸公司如何在工作中体现自身价值,为客户和制造厂提供增值服务?一方面要不断了解产品、产品制造、产品使用的一些知识,为他们之间搭建沟通的桥梁;另一方面在出现问题的时候,能够以最快、最合适的方法把各方的积极性调动起来,解决问题,化解一些危机。

在现实中,很多外贸公司业务员在出现问题的时候,就是个传声筒,不愿意承担任何责任,不愿意分担任何风险,在处理问题的过程中,不肯吃一点亏。一个合同可能利润 10 万元,结果出了一些小问题,客户要求索赔比如 2 万元,外贸公司一分钱都不想出,想全部让制造厂买单,于是拖着客户那边不回答,逼着制造厂承担这个费用,两边关系都恶化了,两边都觉得他不仗义。与其这样,外贸公司还不如爽快一点,先答应客户的索赔要求,然后再和制造厂商量如何分摊这个索赔,比如各承担一半。有的时候,大家在乎的不仅仅是多少钱,而是看你是否愿意承担责任,有没有合作意识。

因此,笔者建议外贸公司在遇到问题的时候,也能拿出一些诚意,表示出合作的意愿,承担应该承担的风险,吃点小亏,可能换来长远的合作。

问题 67:外贸公司带国外客户考察制造厂或者检验工厂产品时应掌握哪些技巧?

答:外贸公司经营的产品很多,会使用不同的制造厂,也会经常带客户到制造厂处考察工厂、检验产品、洽谈技术或者合作。

如果国外客户第一次到工厂考察,而你之前也没有到过这家制造厂处实地了解过,那么,带客户去之前,你必须先走一趟,亲自看看工厂,了解这家工厂的一些情况,工厂本身是否具备足够的能力,是否能够生产你们需要的产品。如果你没有亲自去过,对工厂也毫不了解,就冒冒失失地带国外客户过去,不太合适。只有自己对这家工厂有信心,你才能带客户参观这家工厂,否则,会浪费客户的时间和精力,也会给客户留下不够专业的印象。

如果你对工厂比较满意,也准备带客户到工厂考察,那么你需要和工厂确认客户的行程,让他们做好相应的准备,比如客户什么时候来比较合适,工厂哪个领导负责接待，一般建议总经理出面寒暄一下，表示对客户的尊重。是否需要工厂派车接送或者帮忙预订宾馆、用餐、客户饮食禁忌等情况，这些细节也需要落实。

笔者曾经带国外客户拜访过很多工厂，有很多愉快和不愉快的经历。有家供应商产品价格竞争力较强，质量也能够满足客户要求，只是去了几次，国外客户都对他们工厂尤其是车间乱糟糟的现状不满，每次都会向这家工厂老板指出，老板的回答总是订单太多，没有办法腾出地方来。客户说了几次，他们也没什么改进。一次，有位欧洲的客户告诉这家工厂老板，这些都是借口，他如果真想把车间搞整洁，就一定能办到，他觉得无所谓，那么永远也不会整洁。在回上海的路上，这位客户很明确地告诉笔者，这家工厂的车间状况实在是太糟糕了，说明这家工厂对管理不重视，也听不进别人的意见，这个订单交货完毕，不要再和这家工厂合作了。

和制造厂合作，不仅仅是给他们一些订单，让他们多得一些利润，还希望能够通过外贸人的努力，提高制造厂的管理水平和整体竞争力。通过合适的沟通方式，在和他们的管理团队沟通中，增强他们的管理意识、质量意识、诚信意识。通过一些建议或者一些订单的执行，让他们按照国际标准要求自己，比如卫生间和会议室的环境以及员工的安全意识，不仅是为了让国外客户感觉舒服，更加满意，也是为了提升企业自身形象，提高企业自身素质。

如果是一些特别重要的产品检验，在国外客户最终检验以前，一般都要求工厂自检一番，提供所有检验数据，外贸公司再检查一次或者抽检部分，全部没有问题或者问题基本解决后，再邀请国外客户过来。这样既让客户放心，也避免国外客户来后货物没有准备好或者发现问题太多，从而对外贸公司选择的工厂和外贸公司产生不信任。

外贸业务人员带着客户在制造厂参观或者检验的时候，要注意说话的场合和说话的分寸，尽量不要有"我就是一个中间商，质量都是你们制造厂把关，出了问题也是你们负责"这样的口气，要让人觉得，这是一个合作项目，大家只有一起努力，通力合作，坦诚相见，才能使合作顺利，才能实现共同利益。

结束时，外贸业务人员应对制造厂配合参观或者检验表示感谢，对他们做的准备工作，表示肯定。如果参观或者检验时发现了一些问题，要提出一些改进意见,当然,态度要诚恳,希望制造厂能够解决或者改进,就事论事,不要胡乱批评制造厂,也不要提出一些不切实际的要求。

问题 68：外贸公司选择出口供应商有哪些技巧和注意点?

答:如果收到一个新产品询价,笔者会先看手头有没有合适的现成的供应商,如果有,那就先向他们询价,如果没有,笔者会向同事或者熟悉的朋友了解一下,看看他们手里有没有合适的供应商推荐,如果他们不能提供笔者需要的信息,笔者会扩大了解信息的渠道。笔者曾经在一家大型企业里做过采购,而现在从事出口,还是同一行业,国内国外使用的最终产品都差不多。这时候,笔者会动用以前的同事关系,让他们帮忙,给笔者提供一些信息,比如,我们国内是否也用这个产品,国内的厂家有哪些,他们现在用的厂家有哪些。有时,会问一些同行,虽然俗话说同行是冤家,其实不然,世界很大,一般不太可能面对同一个客户,所以笔者有时向同行学习,有时候还向客户学习。比如,A 客户询价一个产品,笔者知道 B 客户以前在中国采购过,笔者会向 B 客户了解这个产品的一些情况,包括国内供应商,这样也就了解到笔者需要的信息。

如果通过以上渠道都无法获得需要的信息,那么笔者只能借助 Google、百度,或者 Bing、Alibaba 之类的搜索引擎,网络信息海量,需要筛选。

选择供应商最主要的是可靠,知根知底,风险会小一些,一旦有什么事情,也容易解决。所以要先问熟人,最后再求助网络搜索,就是这个道理。

一般外贸公司习惯在交通方便的地方选择供应商,比如上海周边地区的外贸公司,如果可能,喜欢选择路程在一天以内能够往返的地方的供应商。有铁路的地方更加有优势,铁路比公路安全、快捷,这样出差检验、谈判等工作一般一到两天就能完成。

供应商最好选择已经有过外贸经验的专业制造厂。有些外贸公司开玩笑说,如果一家工厂向日本出口过产品,被日本客户调教过,这样的供应商就比较容易沟通,质量也相对可靠。已经有过出口经验的供应商,质量、服务、交货期管理一般都不会太差,如果从来没有做过外贸,对国外标准、出口包装、材料转化一头雾水,要从头开始,外贸公司需要投入很大的人力、物力,去指导、去监督这家供应商，那样会很累甚至有一些风险。

供应商应该有比较规范的质量体系，比如 ISO 证书、环保证书、TS 证书、3C 认证等，如没有这些证书则很难进入国外市场。

可通过天眼查、启信宝等 App 查询一下该供应商有无经常性诉讼或者违约，如果诉讼较多，笔者建议慎重选择。

笔者一般在正式签订合同和开始生产以前，都会亲自到供应商的工厂看一下，考察一下这家工厂的规模、设备、管理、卫生、环保等，毕竟是外贸订单，谨慎一些没有坏处。自己必须有信心，才能带国外客户来验厂，才能把合同给这样的制造厂生产。

很重要的一点是，要亲自见一下供应商的管理人员特别是老板，如果谈得来，感觉这个人很可靠、很投缘，容易沟通，那么可以合作；如果觉得这个老板什么都喜欢拍胸脯，整天应酬、花天酒地，或者老板和你谈话的时候，不断打进催货的电话或者索赔的电话，这样的老板，笔者一般不敢多交往。人和人合作也看缘分，所以，笔者在和供应商签合同前，一定要到工厂与老板或者项目经理见面，如果感觉不好，无法建立信任，笔者宁可不签合同，避免以后的麻烦。

在寻找供应商的时候，还必须考虑这家供应商是否容易相处，是否愿意和你们公司合作。有些供应商自己有外贸渠道，不太愿意和外贸公司合作，喜欢越过外贸公司直接和客户联系，这样的供应商不太好控制，笔者不太愿意和这样的供应商合作。

 问题 69：外贸公司如何增强对供应商的控制力和影响力，如何与供应商保持良好的合作关系？

答：外贸公司要做大做强，靠好的客户支持，提供订单；也靠好的供应商支持，有了供应商的支持，订单才能顺利执行，才能实现利润。如果供应商不好，外贸公司签了合同，会面临许多不可预测的风险，凶多吉少。

要和供应商建立、保持良好的合作关系，除了给供应商订单以外，还需要业务人员或者领导有较强的人格魅力，让供应商觉得"这家外贸公司及相关工作人员很不错，我们愿意和他们合作，给他们提供最大的方便和支持"。

如何让自己有人格魅力，一下很难说清，但是在商场上，笔者觉得要有诚信，要善解人意。比如，答应什么时候付钱就一定要办到，答应付多少钱也要言而有信，这就是诚信。什么叫善解人意，比如说提醒客户，"我们公司26日封账，您早点开发票吧，这样我还来得及在26日前把钱付给您，晚一天，您就要到下个月才能收到钱"，这就叫善解人意，为别人着想。

要会做人，也要会办事。通过以下方式，可以加强对供应商的控制力和影响力：

（1）帮助供应商提高管理、技术、质量水平。外贸公司见多识广，直接接触很多国际客户，了解国际上一些技术动态和管理经验，可以通过一些订单的执行，通过日常的交流，提高供应商的管理、技术、质量水平，培养他们的质量和管理意识。比如制造厂生产某个产品出了问题，外贸公司派人和制造厂一起想办法，和制造厂一起研究问题、查找原因、改进工艺、流程和操作，解决问题。这样，通过一起解决技术问题，既稳定了订单，也提高了供应商解决技术问题的能力。

（2）通过合适的资金支持，增强工厂的抗风险能力。有些外贸订单，在风险可控的情况下，外贸公司可以提供一些预付款，或者以其他方式对供应商提供一些资金上的支持，提高供应商的抗风险能力，这样，供应商也愿意接这家外贸公司的订单。

（3）股权合作。有些外贸公司和一些供应商有股权合作，虽然入股不多，但也是股东之一，能增强对工厂的影响力，对一些重大事务也有决定权，这样，合作变得多方位、立体化。

（4）搞好和重点供应商各层级的关系。除了搞好和重点供应商老板或者高层的关系外，还要加强和供应商一些重要岗位的联系。比如，老板一般不管具体生产计划，制订生产计划的人，对哪个订单优先生产有决定权，所以，得到他们的支持，你们的订单就会被优先安排。还要考虑到参与你们订单执行的生产、采购、质检人员的一些利益，通过他们的参与和努力，让你们的订单顺利执行。比如，笔者认识的余前辈在一家制造厂有个大项目，需要员工加班赶工，加班工资当然是制造厂自己发放，但是余前辈派了一名退休返聘的工程师在制造厂常驻，除了常规的质量、进度监督外，还给加班员工买加班工作餐，如果遇上一些传统节日，还给这些加班员工赠送一些小礼物。所以，他的项目在这家制造厂是最受重视的，上上下下都很配合。

（5）成立合作联合体，共同参与一些项目，互惠互利。比如，共同参加一些国际项目招投标，共同组团参加国际会展、出国拜访客户等。

> **问题70**：出现质量问题后，直接让客户和制造厂接触解决质量问题，合适吗？

我是外贸公司的业务人员，最近一批货物出口到日本后，出现了一些质量问题，客户提出要我们马上派人解决，我把这个问题反馈给了制造厂，制造厂也愿意派技术人员到日本客户处了解情况，处理问题，如果确认是制造厂的质量问题，他们公司愿意负责维修或者更换产品。我觉得可行，计划让工厂技术人员直接到日本处理问题，因为我不是技术人员，解决不了具体问题，所以我建议客户和制造厂直接谈这个质量问题，但是公司管理层认为，即使制造厂派人到日本处理质量问题，也应该以我们公司的名义，作为我们公司安排的技术人员，而我是合同执行的负责人，必须和制造厂技术人员一起到客户处了解情况，解决问题，并批评我没有商业意识。我有点想不通，您怎么看这件事情？

答：笔者也觉得你的想法欠妥。从贸易关系说，即使产品质量问题是制造厂造成的，但是作为贸易方，其实你和客户的合同是独立签订的，你和制造厂的合同也是独立的，制造厂和客户之间并无直接合同关系，或者说，让客户和制造厂直接接触解决质量问题无可厚非，但是越过你们公司直接接触，很多问题无法谈，因为涉及一些商业问题。比如，你报给客户的价格不是你从制造厂收购的价格，涉及索赔问题的时候可能就无法开诚布公地谈，即使他们可以开诚布公地谈索赔，那你们公司有多少利润就会很清楚，如果利润很高，也许可以消化掉一些索赔的费用，但是客户以后就愿意直接和制造厂成交，不再通过你们公司了，对制造厂来说，越过外贸公司，能够销售给直接客户也没有什么不好。

一般像这类质量问题，即使你是商务人员，也应该一起参与事情的处理，比如带着制造厂的技术人员一起到客户的现场了解问题，和客户技术人员交流，你是合同方，而制造厂的技术人员是作为你方的代表或者你方的相关人员参与处理问题的，真正的索赔或者问题的处理，有时在三方都在场的时候谈，有时你只能和制造厂、客户分别谈，毕竟你和他们签订的是单独的合同。

如果你们公司不派人参与处理这个问题，于情于理都不太合适，一方面显得你方不是很重视这件事情，另一方面也给了客户越过你直接接触制造厂的机会，或者说，是你给他们直接谈合作创造了机会，你把自己边缘化了。如果以后他们直接签订合同，而不再通过你们公司这个渠道，原因也是"不是敌人太狡猾，而是我们太大意"。

对外贸公司来说，给客户提供服务，让客户放心，让客户产生信任，客户有了问题，能够得到处理，这样，客户才愿意和你继续合作；如果出了问题，当事人自己都不出现，很难让客户对你放心。

从这个角度看，笔者觉得你对外贸公司的作用、定位还需要更加深刻的理解和体会，要从一单一单的贸易或者利润里面解放出来，在更高的层面上考虑长期合作以及如何建立和制造厂、客户间互为依存的关系。

第五章 进出口代理
CHAPTER 5

问题 71：进出口贸易中外贸代理业务是怎么操作的，有哪些形式？

答： 进出口贸易代理是外贸行业中一项比较常见的业务。在我国，尤其是外贸经营权没有完全放开之前，国家对外贸经营权管得紧，有些产品实行归口经营，有外贸经营权的企业的数量比较少，基本上都是国企，就是俗称的外贸公司，外贸公司有一批懂外语外贸的人，除了完成国家指定的进出口业务以外，为没有外贸经营权的企业做进出口代理也是他们的主要工作。

即使到了现在，我国外贸经营权也没有完全放开，也不是所有企业都能经营进出口业务，如果没有外贸经营权的企业有涉外业务，必须通过有资质的公司来操作这些业务，并支付一定费用。甚至有些企业有对外经营权，但是因为渠道问题或者别的原因，也会通过外贸公司来代理进出口业务。

比如，一家没有外贸经营权的企业要进口一批材料，他们向外贸公司询价，外贸公司向国外供应商询价，然后外贸公司将国外公司的价格折合成人民币，加上关税、增值税、运费杂费和利润，给这家公司报价，报价有两种。一种报价是固定的价格，那么外贸公司的利润就来自差价。这种模式实质上是外贸公司的买断业务，有时也称之为进口代理，外贸公司独立签订买卖合同，要承担一定汇率风险。另一种报价就是所有成本费用实报实销，由买方承担，外贸公司收取代理费。代理费有按照比率收的，按照合同金额或承担的风险或者资金成本的大小，代理费率从千分之几到15%至20%都有，或者每单一次性收费，或者按年收代理费。在这种情况下，外贸公司承担的风险很少，主要是利用外贸公司的资质支付外汇、报关报检等。还有一种情况，就是国内客户和国外客户都谈好了价格，通过外贸公司过手操作一下，外贸公司收取一些代理费。一般代理业务，外贸公司的主要职责就是沟通协调、收付款、办理进口手续，承担的风险不多。

出口业务也类似，一种情况是外贸公司先花钱买下国内供应商的货物，然后出口给国外客户，这是标准的出口业务，或者称之为买断出口业务。和买断出口相对应的是，国内供应商没有外贸进出口经营权，但是自己找到国外客户，或者国外客户找到供应商，要把货物出口到国外，就需要通过外贸公司代理，把货物销售出去。还有一种情况就是国外客户通过某些公司采购一些东西，供应商可能是国外公司找的，也可能是外贸公司找的，经过国外公司确认的，国外公司按照一定的比率，向外贸公司支付一定的代理费。

外贸代理业务的委托方和受托方（外贸公司）会签订外贸代理合同，明确双方的责权利，在操作的时候，有一些公司习惯上签订购销合同，名义上是买断的，但是最终合同结算金额或者开票金额会根据实际发生金额进行调整，这些合同实质上也是代理合同。

问题 72：外贸公司如何代理国内工厂出口他们的产品？代理合同一般包括哪些内容？

我刚刚进入一家国际贸易公司，公司让我准备一下，有家国内工厂生产一种机械零件，国外客户找到他们工厂，要采购这些产品，工厂自己没有出口经营权，想通过我们公司代理出口。我应该为洽谈做哪些准备工作呢？是否需要事先了解他们的产品或者准备代理合同？

答：谈代理合同之前，笔者建议你先了解一些基本情况，提前熟悉产品（产品材料、使用场合、HS 编码、退税、是否需要法定商检、有无特殊包装要求）和要求代理出口产品的供应商（公司情况、资信、和你们公司有无别的业务来往）的情况。

初步了解产品情况，找到产品对应的 HS 编码，是外贸人应该做的基本功。有了 HS 编码，你就知道产品的成本核算，在具体谈的时候，你能够将他们报价的人民币折合成 FOB 或者 CIF 美元价格（当然要包含你们公司的代理费）。要确认供应商以前有没有做过出口，对出口标准、包装（可能的话还涉及商检）有没有经验，如果以前对这个流程比较熟悉，那么就比较简单，如果对这些不太熟悉，必须花一些时间，向他们介绍外贸出口和国内贸易不一样的地方。

笔者建议你参考有关出口代理的一些协议或者合同模板，对双方的责权利有所了解，对资金流、物流、信息量有个大致的概念，等到国内供应商在谈产品、客户、交货的时候，以他们为主，了解这个代理的基本信息和他们的要求，然后以你们公司为主，向他们介绍代理协议的一些内容，如代理费率、资金支付方式、价格计算、发票单据传递、所涉及的汇率等。并将你了解的产品情况和他们确认一下，看是否完全一致，尽可能根据这些信息初步确认海关报关品名和 HS 编码，确定价格计算公式。在和供应商谈的时候，最好能够确认以谁的名义和国外客户联系，以及签订出口合同的形式，避免最后国外客户弄不清你们之间的关系。

见面谈好以后，如果马上就执行相关代理产品的出口，要将有关内容体现在代理协议里面，并让对方签字盖章确认。

在谈代理的时候，要避免一种情况：有些国内供应商对出口不太了解，他们觉得找了外贸公司做代理，什么事情都由代理去做，他们就不用操心了；而很多代理公司觉得，他们签订代理合同以后，主要工作是发货、准备报关单据、收钱、付钱、核销退税，其他事情，比如和客户联系、发货确认、和客户确认发货单据等是国内供应商自己的事情，不用过多参与。所以，在和供应商第一次谈的时候，就要明确各自的职责、各方的联系人，把基本合作框架理顺，具体操作才能高效。如果外贸公司做的事情多一些，责任重一些，那么相应代理费率也会高一些。

问题 73：如何支付代理费比较合适？

我公司代理国内一家制造厂的出口业务，签订了代理协议，代理协议上规定代理费为 2%，以美元支付，从收到客户的货款中扣除。我不是很明白，我的理解是，我代表制造厂和外商签订合同，合同执行完毕，收到外汇后，直接把全部货款折合成人民币支付给制造厂，然后和制造厂结算代理费，让制造厂支付给我公司。我想请教一下，上述两种方式哪种方式更合理？

答： 在现实中，代理费的支付的确有两种操作方式。

一种就是你说的，外贸公司将收到的全部外汇折合成人民币支付给制造厂（制造厂一般要向外贸公司提供增值税发票），制造厂收到全部汇款后，外贸公司开一张代理费发票，由制造厂支付代理费给外贸公司。

另一种就是比较常见的，外贸公司收到外汇后，先扣除2%的代理费，然后将货款折合成人民币，支付给制造厂。这样做的好处是，外贸公司先把应得的部分代理费拿到自己手里，免得再费周折，有时间差不说，外贸公司还要多开一次发票，代理费万一收不回来也是很麻烦的事情。笔者个人倾向这种操作方式，比较简单。

问题 74：为什么纯代理业务必须了解产品、供应商、客户等信息，代理合同应如何注意和控制风险？

我公司有一部分业务是为没有外贸经营权的公司提供进出口代理服务，按照公司规定，在资金安全的情况下，要求业务员必须了解代理进出口产品，了解代理进出口的供应商和客户资信。我个人感觉代理只要管好资金收付，控制资金风险就可以了，其他不用多参与。我的理解对吗？

答： "小心驶得万年船"，这句话是很有道理的，在外贸进出口代理这个领域同样适用。

社会很复杂，外贸行业也一样，你可能认为代理只要提供报关资料报关、收钱付钱就可以了，别的事情全部按照代理协议，出了问题都是委托方承担。

以上观点在理论上没有错，但是现实中经常有人利用这种心理钻空子。笔者举一个例子。一家外贸公司代理出口一批产品，是一家国内公司通过熟人找到他们的，签订代理协议、发货、收汇一切都很顺利，很快，这家公司开过来增值税发票，外贸公司连同垫付的退税一起都支付了。这件事情对他们来说也就结束了。大约半个月后，外地税务局找到外贸公司，说他们收到的增值税发票有问题，开票的公司涉嫌欺诈、虚开发票等，但这家公司现在连人都找不到了，这些发票的税金损失，只能由收到发票的外贸公司承担。外贸公司对此束手无策，不仅承担了几十万元人民币的损失，而且费尽周折才证明自己也是上当受骗的，不是骗税的同谋。再去找以前联系的人，那些人却好像人间蒸发了一样。再问起当时介绍认识的熟人，他说，"业务是你们自己谈的，合同是你们签订的，有风险也只能由你们自己来承担。"最后，全部损失只能由外贸公司承担。所以，对有些送上门的生意，如果不知道供应商、产品、客户的底细，宁可不做，也不要冒险。

再举一个例子。某外贸公司的货物在港口接受查验，报关单上申报的是家具，结果海关打开集装箱，发现里面是大米，大米出口是国家严格管控的，出口需要配额。这种以办公家具名义报关，实际出运的是大米，属于走私行为，触犯了《中华人民共和国刑法》，是犯罪行为。结果海关首先就查外贸公司，因为是以外贸公司的名义报关的，第一责任人当然是外贸公司，至于外贸公司说不知道到底运的是什么货物，只是做代理之类的解释，也许可以稍微减轻处罚，但是罚款是免不了的，说不定相关责任人还要承担刑事责任，海关企业信用等级也要下调。所以，外贸公司一定要有风险防范意识，对自己做的业务、接触的人、涉及的货物都要清楚。以你公司名义出口的货物，却辩解什么都不知道，这无法自圆其说，只能怪你自己把关不严，管理不规范。

笔者有一个习惯，如果有新的制造厂或者新产品出口。一般会通过中信保了解一下国外客户的情况，通过天眼查、启信宝等 App 了解一下供应商情况，签约前会去供应商公司走访一下，一般都会在发货装箱的时候到现场查看。一方面是了解一下产品，让委托人或者客户觉得虽然笔者只做代理，但还是很负责的；另一方面也是为了安全，让自己放心，笔者公司出运的货物笔者是很清楚的，是和报关单申报一致的。笔者提醒一下大家，在做代理的时候，尽量亲自到装箱现场，查验装到集装箱里的货物到底是不是合同中的货物。如果发现有问题，马上叫停。做代理，就是挣点蝇头小利，不应该承担一些额外风险。宁可不赢利，也不能把公司置于危险的境地。

问题 75：代理进口业务的流程及成本费用计算是怎样的？

我们是北京的一家进出口公司，帮客户从日本进口一批电子元件，客户在黑龙江，货物从哈尔滨国际机场入境。我是新手，以前没有亲自计算过进口的成本费用，应该如何计算呢？还有，报关报检交给谁去做呢？

答： 首先，在做进口代理的时候，外贸公司先要计算成本，主要成本有：货物货款＋进口关税＋进口增值税＋进口货物涉及的杂费。货款就是要支付给卖方的外汇，有了汇率就能够折合成人民币成本了。要了解货物的HS编码，查到货物对应的进口关税税率、增值税税率（一般是13%），以到岸价为基础，计算出关税和增值税，就是应该支付的货物进口的税款。货物在办理进口手续的时候，涉及一些船公司和货代的通知费、单据费、报关费、在中国国内的运输费（比如从船码头到仓库）、商检费、查验费（可能会涉及）等，一般可以向货代了解一下这些费用。此外，客户还要支付给你们代理费，代理费费率或者代理费金额就是你们和客户之间商量的事情了。最后客户支付给你们的钱就应该是：货物货款＋进口关税＋进口增值税＋进口货物涉及的杂费＋代理费（你们需要给客户开出增值税发票，客户根据发票金额支付）。

其次，报关报检问题不用担心，一般货代都会处理这些事情，你们只需给货代提供报关委托书、报检委托书。需要提醒的是，你们需要给货代提供全套的进口单据，如发票、箱单、提单等，要告诉货代你们进口产品的HS编码，这个可以在《中华人民共和国进出口税则》上查到，也可以向国外客户了解一下他们使用什么税则，他们的信息可以作为参考。在洽谈进口代理的时候，一开始就要了解产品的HS编码，尤其是这个HS编码对应的产品进口的监管条件是什么，比如是否需要办许可证，是否需要配额，你们公司能不能办理这个许可证，如果不能办理，你们就无法代理这个业务的进口，需要马上告知客户，让客户另外找合适的外贸公司。报关的时候，货代或者报关行需要一些技术参数，这些大多可以在检验证书或者合同、发票上找到，如果找不到或者拿不准，问一下供应商或者客户，他们一定知道这些技术参数。

问题76：如何理顺代理合同里面的一些关系？

我公司和一家美国公司合作了5年多，以前都是客户询价，我们找供应商，以我们的名义报价，成交后，我们公司分别签订购销合同。最近，美国公司自己找到一些国内工厂，但还是希望通过我们公司代理出口，以我们公司名义报关，并要求工厂给他们的价格里面包含我们的代理费，客户还提出，要求我们的质量检查人员代表他们的公司检查、验收这些产品。在准备和客户签订这个协议的时候，我有点困惑，我们能够既代表国内供应商，代理他们的产品出口，又代表国外买方检验国内供应商的产品质量，进行验收吗？

答：首先说一下你公司和国内供应商之间的关系，你公司作为他们的代理公司，代表他们和国外客户签订合同，这对国外客户来说，你公司和国内供应商可以作为一个联合体或者一个整体，只是各自分工不同罢了，具体的事情还是要和国内供应商洽谈、确认的。你们负责的主要是外贸流程性的事务，利用你们外贸公司的平台报关、收汇、支付货款、退税、核销等，你们可以在和国内供应商签订的代理协议中规定清楚，即使发生纠纷，也可以把所有风险都转移给国内供应商。你们在和国内供应商签订的代理协议里，是不涉及所谓质量问题的，即使涉及质量问题，也是客户提出，你们只是在中间协调沟通处理。

而国外客户委托你们检查国内供应商的产品质量，可以把这件事情和代理协议分开理解，虽然是同一个协议、同一家供应商的货物。分析一下，如果客户委托你们按照某个标准检查货物，你们照做就可以，你们面对的就是要检查的货物，不会因为其他原因而放松检验标准，或者检查的时候故意苛刻，毕竟技术上的检测，很多都是用事实、数据说话的，而不受个人影响。

笔者有个建议：两个不同的业务分开签订协议或者合同，在代理国内供应商出口环节，就按照和国内工厂签订的一般代理协议，然后和国外客户签订出口合同。业务人员要单独和国外客户签订检验委托服务协议，对如何检查、验收标准、如何计费、如何付款都清晰表述在书面文本里，不要两项业务放在一起，如果放在一起谈，的确很复杂。事实上，在你们公司内部，做代理出口和检查验收的人都属于不同部门，就让不同部门的人按照各自的原则办事，做好各自的本分工作就可以。你可能是负责协调和联系客户的，从你的角度出发，最好把这两项业务分开处理，不要搞得太复杂。

问题 77：我公司无外贸经营权，如何在和国外客户已经谈妥的合同中体现出要通过代理商执行合同的信息？

答：一般来说，如果客户和你们公司的合同已经全部谈妥，再取消原来的合同，重新签订合同，工作量很大。笔者提供一个简单的办法，就是你们公司再和客户签订一个补充协议，注明某某外贸公司作为你们公司的出口代理，所有与货物出口相关的操作由某某外贸公司执行，货款请汇入某某外贸公司的账户上。

如果合同已经签订了，客户说不能改，那就只能由你们公司提供一个证明，告知国外客户，证明某某外贸公司是你们公司的出口代理，执行本合同的出口发货等操作，请将货款汇入某某外贸公司账户上。

这样，你们对客户的所有承诺都没有变化，继续有效，同时也告诉客户，报关等由某某外贸公司完成，货款汇入某某外贸公司账户上。

也可以在日后签订合同的时候，在卖方一栏注明两家公司是连在一起的联合体，注明一家是实际的生产者，另一家是办理外贸出口手续的公司，以及各自的职能，这样各方都容易理解。

问题 78：如何做好代理进口合同的服务？

我公司和一个客户签订了一批进口代理的合同，大大小小的合同有几十个，合同执行期为 36 个月，代理费为 2%，是领导定的。现在的问题是，客户事无巨细，什么都让我们参与，比如技术谈判、到货开箱检查等，我觉得有点力不从心了，而客户还不满意，认为我既然做代理，就应该服务到家，扬言要投诉我。我该怎么办？

答： 执行代理合同，服务当然要到位，但是必须有分寸，按照代理协议内容对各方的权利和责任的约定，做协议内规定的工作，否则，你再辛苦，再卖力，也是做无用功，甚至要承担一些不该承担的责任。

不要太在意别人对你的态度，看一下你自己做的事情，是不是按照代理协议的责任要求做的，如果客户提出的要求超过协议规定的责任，你可以婉言拒绝。但是协议约定应该由你公司承担的任务必须完成。如果你没有尽到约定的责任，对方可以认为你违约。对协议规定应该由委托方做的事情，你帮忙做了，可能做得不尽如人意，反而变成了你的问题，这样就变成帮倒忙，吃力不讨好，还不如不帮。帮忙可以，但是绝对不要出问题，不要造成麻烦。

无论代理费率多少，既然已谈妥，那就努力去做，要把事情做好。谈妥的事情，就不要再计较代理费的多少了，尽量让大家满意，对于客户提出的一些超出协议范围的要你们做的额外工作，如果你个人无法做到，就向你的主管领导汇报，让他们决定。

当然，有些工作必须有人做，如果客户放手不管，只能你做，因为工作要进行下去，不能拖着不处理，否则就耽误了大事。遇到这种情况，必须让对方确认一下，必要时需要修改代理协议，要求增加代理费用。必须让你们公司内部也知道你做了这件事情，至于服务费问题，如果你不能决定，还是让领导决定。

一个现实问题是，有些事情，协议没有规定得那么细，这个时候如何把握分寸，需要自己判断。比如，虽然一般商务代理不常涉及开箱验收，但是如果一个重大合同，涉及货款几百万美元，那么你作为合同参与方，参与开箱验货，见证一下，笔者觉得也是应该的。或者技术协议最后谈成，你见证一下，参与签字也可以，但是，详细的技术谈判细节，对每个技术参数的确认，就没有必要都参与了，毕竟这不是你应该做的。有时，合理解释一下，客户也会谅解。更多的时候，我们和客户的利益是一致的，大家齐心协力合作，事情才能做好，尽量不要对抗。互相谅解，互相理解，互相尊重，是让合作顺利进行、合同顺利执行的基础。

如果仅仅是工作量太大的问题，这应该由你们公司领导帮你解决，而不是客户。让你的领导知道，工作已经超出了你的能力范围，力不从心，让公司给你一些支持或者帮助。

问题 79：如何确定合理的代理费？

公司对于代理业务，原则要求是 1.5%～3% 的代理费，但是现实情况复杂一些，有些业务比较小，比如样品发货，只有 500～1000 美元，3% 的代理费太低了；而有些金额比较大，比如 300 万美元，客户总会要求代理费再低一些。请问，一般情况下是怎么确定外贸代理合同的代理费的？

答：纯代理费率一般为 1%～3%，根据实际情况稍微有所差别，代理费率的高低根据实际提供的服务的多少，操作的复杂程度，是否有垫付退税、代理合同金额的大小等因素都有差别，没有绝对的可比性。

比如，某外贸公司基本上按照 15% 的代理费率签订代理合同，发货后，收到外汇和制造商的增值税发票，垫付部分退税。这个代理费事实上是要扣除垫付退税的利息的，实际代理费率没有 15%。

如果代理费率比较低，比如 0.9%，有些外贸公司就不垫付退税，办好退税手续，收到退税款后再支付退税款给制造厂。

如果某制造厂和外贸公司业务比较多，全年总计有 100 万～500 万美元，那么有几种可能。第一种是全部按照一个固定的代理费率，比如 1.5%；第二种就是原则上按照 1.5%，对于一些样品或者金额很小的订单，每笔至少收取 500 元人民币代理费；第三种就是确定代理费率，比如 1.5%，但是一年代理费总额限额为 30 万元人民币，如代理费金额累计到 30 万元后，就不收取代理费。当然，也有不管实际出口多少金额，一年总计支付代理费 30 万元，约定某个时期一次结清或者分几次结清。

实际操作中也有一些变化，如果代理费率比较高，一般外贸公司也就大度一些，比如快递费、产地证费用，就不单独收取了，而是包括在代理费里；如果代理费本来就谈得很低，外贸公司可能会比较较真，除了代理费以外，垫付的任何费用，比如一份产地证 35 元人民币、国内快递费 40 元、国际快递费 230 元，都会留底，最后都需要工厂或者委托人承担。如果单据要求比较高，L/C 操作，那么可能要额外收取一些费用。

一些进口代理有时会让外贸公司开证，承担一定风险，一般都会让委托人单独支付一些额外费用或者提高代理费率。

有一些情况，代理费比较高。比如集团公司内部，所有子公司的业务必须通过母公司外贸机构出口，外贸机构不仅承担代理服务的职能，还有管理监督考核的职能，代理费就比较高了，即使超过 5% 也有可能。或者制造厂对外贸基本不了解，很多工作（翻译、报价、技术确认、接待、检验资料准备、图纸转化、材料转化）都要外贸公司帮忙或者直接参与，外贸公司工作量大，所以代理费高一些也比较合理。

代理合同的代理费率和价格计算方法在实际中比较复杂，很多都取决于双方具体怎么谈判，协议内容怎样签订，没有标准的模式。比如代理出口开票时，汇率是预计的，和实际收汇时的汇率有差异，这时如何处理估计值和实际值的差异，只能由双方商议决定。

问题80：代理费不高的代理业务值得做吗？

新入公司，公司安排我负责一些代理业务的操作，个人感觉这些业务我们公司自己都没有控制权，代理费率也不高，一般也就1.5%~2%，似乎没有什么前途，工作积极性也不太高，想和领导谈，让我把精力放到我自己开拓的业务上去，您觉得这样做合适吗？

答：对公司来说，如果风险不大的业务，哪怕利润不多，也应该争取。不要小看代理业务，也许代理费率才1.5%，如果量大，比如一年400万美元，那么代理费就是6万美元，对公司的贡献也比较可观。对新人来说，在自己没有稳定的业务之前，通过做代理，可以熟悉流程，加深对外贸本身的了解，同时，通过这些代理合同的执行，在风险不太大的情况下，或者不用承担风险的情况下，可以熟悉产品，熟悉供应商、客户，使个人能力得到提高，为什么不做呢？

笔者每年有很大一部分业务就是代理业务，虽然利润率不高，但是很稳定，笔者公司承担的责任也不大，很多风险都是客户或者制造厂承担，笔者公司只是在其中提供一些服务。笔者对这些代理业务也很关心，很愿意多做一些。比如，有一笔笔者自己谈的业务，10万美元，利润率是10%，毛利大约1万美元；笔者公司现在有个代理业务，出口金额是50万美元，代理费是2%，毛利也差不多是1万美元，对公司来说，业务不管大小，都是利润，没有太大的差别。

笔者建议你认真做好手头的代理业务，完成公司交给的任务，实现利润。通过这些代理业务锻炼自己，在有余力的情况下，把精力放到自己想开拓的一些业务上，实现可持续发展。代理也是业务，也能带来利润，如果做好了，供应商和客户都是你的资源或者以后的合作伙伴。

用心做好每件事情，机会也许就潜伏在这些你觉得不起眼的业务里面。实际上，自己开拓业务不是那么容易出成绩的，需要时间的积累，如果一段时间后，你自己的业务比较多了，时间上忙不过来，而你自己开拓的业务也足够你完成公司指标了，你可以和领导沟通一下，让别的同事接手部分代理业务，让你将更多精力放到自己开拓业务上。这个时候谈，时机要成熟得多。

问题 81：如何借助外贸公司的平台和优势，开拓海外市场，把业务做大？

我们是一家在两年前成立的化工公司，注册资金 2000 万元，最近业务发展很快，和一些国际公司也建立了业务联系。在和日本一家著名商社洽谈的过程中，日本客户提出，虽然他们对我们执行合同的能力有信心，但是根据他们公司的制度，我们公司的注册资金达不到和他们交易的最小规模，这次订单的金额比较大，他们不能马上给我们这个从来没有交易记录的公司这么大的订单，但是他们建议，他们和上海一家很大的国际贸易公司有很多业务，这家贸易公司的注册资金雄厚，在日本商社这边已经积累了很好的贸易信用，如果通过他们代理出口，这个交易还有可能成交。我不是很明白其中的一些复杂关系，请解释一下，我们自己可以出口，为什么还要借助其他外贸公司的平台呢？

答：笔者接触过这样的业务，对里面的关系也有所了解。

日本一些大型商社，比如三井、三菱等，他们考虑供应商和合作伙伴时，注重的不仅仅是价格低，对他们来说，长期积累的可靠性也很重要，所以，他们在挑选合作伙伴的时候，一般不太愿意让新的供应商进入他们的体系，但一旦进入他们的体系，合作就会比较长久。他们对企业的资质，比如认证体系、资信情况、注册资金、银行贷款、商业信誉等，都会通过一些中介机构调查，只有完全达到他们的要求，才会选择作为合作伙伴。对于一些大的订单，他们要求对方的注册资金必须远远大于订单金额，以确保安全。而且，对新的供应商的信用，也有一个信用累积的过程，比如第一年供应商订单数量不能超过 300 万美元，要过 2~3 年后，年订单数量才能达到 2000 万美元的额度，通过控制订单的数量和金额来控制风险。

如果他们觉得有些供应商不错，有些商机他们也想争取，但是又不愿意违反公司的一些规定，可能会采取一种折中的办法，引入一家已经和他们合作很久且合作愉快的中间商，通过中间商的平台，把这个贸易做成。当然，对日本商社来说，通过中间商缓冲一下，成本会增加，但是有了这个知根知底、合作多年的中间商参与，日本买方也多一份保证，少一些风险。即使这个合同执行过程中遇到一些困难，这个外贸公司在中国国内规模比较大，很有影响力，他们和直接的货物提供方洽谈，效果可能会比与日本客户直接谈要好。如果通过几次合作,这个新合作方表现不太好,那就没有必要把他纳入正式直接供应商的范围;如果表现很不错,那么慢慢培植,等机会成熟的时候考虑直接成交。

对这个参与进来的外贸公司来说,和日本商社原来就有很多业务,很多共同利益,这次能够增加一些业务也不错。当然,也需承担一些风险,只是尽量把风险转嫁给最后的货物提供者而已。

对国内的最终货物提供者来说,很多技术附件都是和日本客户直接谈的,原来达不到和日本客户成交的资质,一些比如注册资本增加的事情在短期内也不能一步到位,利用外贸公司在日本客户那边的平台和资信获得订单,增加的一些费用也会转嫁到用户那边,相对来说,日本商社选择的国内大型外贸公司在行业内资信好,也是靠得住的,没有增加额外风险。

有时候会出现客户的大订单要通过外贸公司下给最后货物提供者,小一些的订单直接下给货物提供者的情况,这样,既不影响大订单的执行,同时,这个供应商也慢慢在客户那边积累信用,从而有了充足时间办自己营业执照增资的事情,两条腿走路,更加稳妥。

笔者接触过一些代理合同,有些国际公司对直接签约的供应商要求比较苛刻,他们的内部采购体系也比较复杂,一般工厂没有专门的人负责,对这些程序也比较令人头疼,所以,有些国际公司甚至在找好一些供应商后,直接谈好价格,把订单下给笔者公司,在订单上注明最后的制造厂,笔者公司收到订单后,再和制造厂签订出口代理协议。对技术上的很多事情,笔者公司一般不参与,主要是参与一些合同执行、发货、收汇、支付货款等工作。

问题82:制造厂自己有外贸经营权为什么还要通过我公司代理出口?

我公司代理江苏一家机械制造厂的产品出口,最近我无意中得知,这家公司去年也申请了外贸经营权。我不太理解,为什么这家公司自己有外贸经营权,还要通过我们公司出口呢?

答:笔者遇到过类似情况,有些公司明明自己有外贸经营权,有时还是愿意通过笔者公司代理部分出口业务。

有些国外公司，原则上只下单给制造厂，而不通过中间商或者代理商，制造厂如果遇到这样的客户，他们只能自己申请外贸经营权，以制造厂的名义出口，而无法通过外贸公司出口。

在我国，出口退税的退税率全国是相同的，但是在退税的办理上，各省的退税到位时间差异比较大，这个差异对企业来说，影响他们的资金流转速度。因此，在退税比较慢的省份，很多生产企业及贸易企业不以自己的名义出口，而委托一些退税比较快的地区的外贸公司出口，出口后，尽快办理退税手续。不同省市，退税到位的时间有时会差 3~6 个月，所以，很多生产企业宁可付给外贸公司 1%~2% 的代理费，以便早点收到退税款。

现实中还有一个原因，如果一个企业一直通过一家外贸公司代理，甚至在最后客户的供应商信息里，也都是这个抬头，如要修改客户系统里的供应商信息的话，手续比较麻烦。

新申请外贸经营权的公司还面临一个问题，就是海关、商检、外汇核销等的管理和查验会比较严格，而很多新申请外贸经营权的公司，对一些国家规定、海关制度、报关核销等环节的具体规定不够了解，对一些交货期很紧的货物，他们为了避免风险，还是通过原来的外贸公司渠道代理出口，以免误了交货期。

在上海、宁波、天津、厦门、广州等地，外贸代理比较专业化，银行涉外服务能力也比较强，银行对外贸单据的审核专业且高效。如果在一些小地方，银行服务没有那么专业、及时和便捷，有时会带来一些问题。所以，有些公司虽然有外贸经营权，但还是愿意通过一些大城市的外贸公司代理出口，向他们支付一定的代理费（比如 2%），就可以享受一些专业外贸代理服务，企业可以把精力放到其他更重要的事情上。

第六章 安全收款
CHAPTER 6

问题 83：通过信用证收款的合同，难点在什么地方？

公司最近签订一个大合同，向德国一家公司出口一大批货物，合同以 L/C 作为主要结算方式（合同签约后先收 20% 的预收款，其余货款通过 L/C 结算）。虽然我也学习过进出口业务课程，但是这么大的合同通过 L/C 操作，压力比较大，有点害怕，担心这个合同在 L/C 这一环节出问题，希望能够结合我的实际情况谈一下 L/C 操作的难点和重点。

答：从管理的角度看，使用 L/C 作为收款方式的出口商，主要目的是能在出货后根据 L/C 所规定的单据通过银行取得货款，所以就管理的层次来说，提升制作单据的水准，达到零瑕疵的境界，是最主要的目标。如果银行认为你提供的单据有不符点，银行有权拒付。

提交零瑕疵的单据，说起来容易，实际操作很困难。

常见的问题主要有：

（1）L/C 条款中，对单据的有些要求无论你怎样努力都做不到。比如，L/C 要求发货后 7 日内必须交单（虽然 21 日交单比较普遍，但是也有要求 7 日交单的），事实上，货物可能在 9 月 30 日发货，而中国"十一"国庆节假期一般是 7 天，不可能在这个时间拿到提单，更不要说交单，所以说，这个就是现实中无法办到的。

即使没有长假期，有些单据要在一周内准备好也不容易，所以，像 7 日的交单期这样的条款，实际操作不一定做到。

又如，L/C 规定，卖方在提单日期后 3 日内将一套单据副本用 DHL 直接寄给客户，现实是 3 日内不一定能够拿到全部单据副本，如果当地没有 DHL 服务，只有其他快递服务，那么这条就无法做到。

（2）有些单据的主动权不在卖方或者卖方无法控制。比如 L/C 规定，提交的单据里面必须有买方派出的检验人员签署的产品验收证明，主动权就不在卖方，而在买方。换句话说，如果买方不签这个验收证明，那么卖方就无法提供这个证明，无法从银行收款。

或者 FOB 情况下，客户安排运输，但是要求船公司提供一些船只的情况报告，比如船龄、船级社的等级，有时，客户为了省钱找很破旧的船，无法满足信用证要求，这时你可能无法提供合适的船只状况的文件。但这种情况，你也无法控制。

（3）出口商对 L/C 条款本身的理解以及对 L/C 所涉及的惯例可能理解得不够准确、全面和细致。实际上，一般不太可能对 UCP 600 有非常深入的了解，对 L/C 的理解，也主要集中在 46 A（DOCUMENTS REQUIRED）这些地方，就有可能在准备单据的时候，有些单据无法满足 UCP 600 的一些规定或者信用证其他要求，导致拒付。而若对 47 A（ADDITIONAL CONDITIONS）看得不够仔细或者没有吃透一些内容，导致在制作单据时没有留意，最后也无法满足 UCP 600 的规定。

比如等到单据送交单行了，交单行说所有单据根据 47 A 要求，都必须注明 L/C 号码和开证行，为什么你们的提单上没有提到开证行，你这时才发现有这个要求，此时再改提单已经来不及，只能向开证行寄送不符单据。

（4）粗心和遗漏，形成单据间的不一致（INCONSISTENT DATA），导致单据本身或者单据之间相互抵触。这种情况很常见，比如发票时间是 6 月 30 日，而产地证上出现的发票时间是 6 月 25 日，自己检查的时候，可能查不出这个问题。

（5）交单期或者最晚装货期晚于 L/C 规定的日期。有时，你即使提供了表面没有瑕疵的单据，但是还有些想不到的事情。比如花旗银行发现你提供的船只证明里，船籍是利比亚的，而利比亚这个国家已列入美国财政部制裁清单，花旗银行肯定会拒付这个信用证。

笔者以上列举了一些常见的信用证操作遇到的问题，但对比别的支付方式，通过信用证收款还是比较安全的，尤其是你已经收到 20% 的预收款，客户不太可能拒付，所以你所说的情况，用信用证收款风险不大，只是操作时要仔细一些。

问题 84：如何合理选择信用证的开证时间？

我公司签订合同，向美国买方出口一批灯具，约定 L/C 结算（合同规定，买方在合同签订后合理时间开出 L/C）。我公司已经开始备料生产，我应该现在就催客户开证，还是等货物差不多生产完了，快要发货时，让客户开证？

答：国际市场上，货物的价格在涨，客户如果不能从你这里得到货物，而从别的地方得到货物，可能就需支付更多货款；而对卖方来说，如果产品不卖给这个客户，卖给别的客户，可以卖到更高的价格。货物涨价的时候，一般买方开 L/C 都很快，基本上合同谈下来，L/C 就开出了，以免节外生枝。价格看涨的时候，如果买方不能在合理时间内开信用证，有些卖方根本不会催买方开证，而是直接告诉买方，你没有在合理时间开 L/C，已经违约，要求取消合同，或者要求涨价才能继续执行前面的合同。

如果国际市场上价格看跌的话，卖方一般都会催买方开证，尽快发货，如果价格下跌很厉害，卖方承担的风险很大，有些诚信度不高的买方可能不愿意开 L/C，而是通过其他渠道采购，或者要求降价才开 L/C。

因此，对卖方来说，要尽早让买方开出 L/C，以免时间长了有风险，有变故，毕竟 L/C 是银行提供的支付担保，一般情况下要比商业信用可靠一些。

如果买方没有及时开出 L/C，直至最后也没有开出 L/C，哪怕最后卖方没有发货，卖方还是要承担一定风险，遭受一些损失。因为有些产品是专门给这个买方特别制作的，不能用于其他方面，买方不开信用证，就会非常被动。

问题 85：在工作中如何提高 L/C 单据的准确性和有效性？实际中如何操作和管理？

答：就实际操作来说，对 L/C 的管理应该是从合同开始，而不是从 L/C 开立以后，甚至发货后才开始。

业务人员在签订合同时，就应该考虑合同条款和 L/C 的结合，争取对己方有利的开立 L/C 的时间。有时有些公司把收到信用证作为合同生效的条件，也就是说，要收到 L/C 才正式执行合同，在收到 L/C 以前，合同不正式生效。卖方要尽早让买方提供开证行信息，通过卖方的银行查询开证行资信，如果觉得开证行资信不好，尽早要求买方更换开证行。

在买方向银行提交开证申请书之前，卖方最好和买方确认一下有关申请书的内容，其实很多银行都有一些标准的 L/C 申请书，基本上就是打钩或者画圈。客户也都有这些标准格式的 L/C 申请书，让客户把 L/C 申请书的内容发给你，浏览一下这些条款对你来说能否做到，比如交单期是 7 日或者 10 日，是不是太紧，或者提单需要注明 FREIGHT PREPAID，而你签订的是 FOB 条款，这样的要求本来就是错误的。在开证以前，能够审核一下 L/C 申请书的内容，可以避免很多麻烦，尽可能把工作做到位。

有些银行收到申请人开证申请书以后，会出一个 DRAFT L/C，让申请人确认，如果卖方和买方沟通比较顺利的话，尽可能拿到这个草案审核一下，如果必要，可以对内容进行修改，比如说信用证有效期是否太短了，有些单据要求是否合适，有些条款是否可以删除或者修改，避免交单时发生不符。能够在这个时间介入，还不算晚。并把你的意见和建议告诉买方，让他指示银行修改 DRAFT，这个时候的任何修改，不会产生额外费用。

买方银行开出 L/C，卖方收到 L/C 后，及时审核 L/C 的内容，检查有没有与合同矛盾的地方，所有要求是否都能满足，没有问题的话，尽早根据 L/C 要求安排、落实生产等。如果发现有些地方无法满足，必须修改，应马上通知买方，让买方指示银行对信用证进行修改，并将 L/C 修改通过银行渠道通知卖方。这时应注意，最好非常认真审核 L/C 的内容，能够一次性提出要修改的所有内容，因为信用证修改要收费，信用证通知也要收费，如果分几次提出，买方和卖方都要多付一些钱，毫无必要。

收到银行的 L/C 修改通知书以后，需要马上审核内容，如果没有问题，及时告知银行接受修改，如果不接受修改，也及时告知通知行你拒绝接受修改。笔者个人的经验是，如果接受修改，比较好操作，即使没有及时表示接受，但是交单时，提供 L/C 和修改书，以及按照修改书的要求准备单据，也就认为你接受了修改；如果不接受修改，还是需要明确书面告知通知行。对于修改内容不能部分接受、部分拒绝，只有两个选择，接受或者拒绝。这一点要注意，如果部分接受修改，将视为拒绝修改。

信用证的交货期务必保证，货物生产完毕，开始包装、准备出货的时候，要留意唛头、包装、标签等要求是否和 L/C 一致，仔细检查 L/C 重要条款 46 A（DOCUMENTS REQUIRED）及 47 A（ADDITIONAL CONDITIONS）的要求，认真准备、制作单据。这没有什么诀窍，只能一个字母一个字母地核对，检查是否和 L/C 要求一致。此外，笔者建议同事之间交叉校对一下单据，避免粗心或者遗漏。

如果可能，让客户帮忙审核一下你的单据，毕竟最后单据实际使用者是客户，单据也是流转到他们那边。

在所有单据自己审核、公司内部审核、让客户帮忙审核都完成后，尽早将其提交通知行议付，让通知行（寄单行）有足够的时间来帮你审单，一旦通知行（寄单行）发现有单据不符，可以及时通知你，而你还有足够的时间修改这些单据，尽量保证寄单行最后寄出的单据是没有瑕疵的。如果出口商交单太晚，这样留给寄单行审核单据甚至出口商自己修改单据的时间就很少，会出现即使发现单据中有一些问题，这些问题其实也可以修改，但是由于时间不够，来不及修改了，寄单行只能将不符的单据寄给开证行。

出口商应该及时了解寄单行寄单的信息，业务人员有时从寄单行那里拿到 DHL 或者 FedEx 的号码，应及时告知客户，让客户也及时了解单据的流转情况。

开证行收到单据后，一般会尽快审单，如果单据没有问题，开证行必须 5 个工作日安排承付，货款就从开证行账户上支付，寄单行收到货款后，通知出口商，货款收到了。如果开证行发现单据有不符点，就会向寄单行发出拒付通知，寄单行把拒付通知发给出口商，一般会在拒付通知书上写上"洽客赎单"字样，让出口商自己联系进口商解决这个问题。出口商应该马上联系进口商，让进口商接受不符点，同意支付货款。如果进口商同意赎单，那就一切顺利，他拿到单据可以办理进口手续，开证行也会支付货款。但是如果进口商不同意接受不符点，当然也就不会付款，全套单据从开证行退到寄单行，退回给出口商。那么出口商就比较被动，只能自己解决这个问题，他需要尽快联系其他买家，把货物转卖出去，或者将货物运回，有时还要重新和买方谈判，用折扣的价格卖给原来的买方。

一般情况下，买方都会接受不符单据，但是在经济不稳定，或者买方经营不太好，或者市场变化很大的情况下，卖方会处于一个被动的位置，买方可能会要挟卖方，要求降价或者答应一些其他条件。

L/C 操作似乎没有什么诀窍，工作做得早一些、主动一些、踏实一些、细致一些、勤快一些，可以提高 L/C 提交单据的准确性，提高收款速度，降低收款风险。

> **问题 86：L/C 是银行信用，要比商业信用更为可靠，是不是通过 L/C，风险就会小很多？**

答：L/C 是银行信用，相对来说，银行信用要比商业信用更为可靠，L/C 结算，卖方的风险会小一些。不过，世界上没有绝对的事物，如果你觉得绝对安全，那么你就错了，每年还会发生很多即使通过 L/C，出口商也收不到货款的事情。

2008 年金融危机的时候，笔者听一个朋友讲过一件事。2007 年年初，中国北方一家大型装备企业和国外一家大公司签订了一个大合同，国外公司也支付了 30% 的预付款，按照约定，余款 70% 通过 L/C 结算，信用证最晚交货期在 2008 年 9 月，这也是很正常的，因为有些大型设备生产周期很长。到了 2008 年 6 月，装备企业这边设备制作完成，邀请国外买方验收的时候，客户那边拖了很久才派人来验收，当时买方的验收代表还说，他们内部可能工程调整，要拖延交货期，国内装备企业觉得反正是 L/C，不会有风险，到时候银行支付货款，我方按时发货就是。

但是此后还是出了问题。买方代表对产品验收虽然通过了，但是提出，买方暂时不需要货物，一方面经济不景气，买方公司已经暂停了一部分设备运转，设备即使运到买方那边，也不可能使用，因为生产出来的产品卖不出去。卖方有点急了，坚持要尽快发货，这时候才发现他们无法发货，合同规定是 FOB 天津，可是对方不派船，不安排货运，无法出运。卖方货物是生产完了，可是运不出去，就没有提单，也就谈不上所谓的交单。等到 L/C 交货期过了，货物还是没有运出去。

当然，这里面很多事情也不是一句话就能够说清的，因为对供应商来说，他们已经收了 30% 预付款，加上货物没有发出去，所有权还在他们手里，虽然有损失，但是如果货物到了买方那边，买方不付钱，损失会更大。对买方来说，也是无奈，已经支付了 30% 预付款，遇上经济不景气，自己压力很大，新设备即使买进来也不可能使用，还不如先放在供应商那边，等需要的时候再谈。

在 2009 年下半年，上述买方重新派人去谈这件事情，最后卖方在价格上做了让步，业务谈成了，货物也发了，问题解决了。虽然有些事情和 L/C 不一定有直接关系，这里只想说明，L/C 也不是绝对安全的。

2007~2008年经济不景气的时候，有些产品的价格，比如钢材，国际市场上出现一个月跳水200美元的情况，相当于跌了30%多，也就出现了很多钢材合同无法执行的情况。比如签约时600美元/吨，然后每吨支付了120美元的预付款，应该一个月后交货，过了几天，钢材价格跌到了400美元/吨，这个时候，买方直接告诉卖方，不管什么情况，买方都不会要卖方的货了，预付款可以放弃，如果执行合同，还要再支付给你480美元/吨执行，而市场上只要400美元/吨，买方就选择违约了。这个时候，卖方也不会贸然发货，因为即使他根据L/C发货，买方可能会恶意在单据上找借口让银行拒付。而金融危机的时候，银行自身难保，不太可能仅仅为了自身声誉在没有得到买方确认付款的承诺前就先向卖方支付。

这个时候，无论对买方还是卖方来说，不发货都是最好的选择。

在UCP 600刚刚执行的时候，很多人认为进一步保护了出口商利益，不符点会少很多，拒付也会少一些。但是在金融危机后，银行不愿意承担过多责任，如果进口商找借口拒付，银行一般也就拒付，有些拒付的理由非常牵强。甚至有些银行在审单时非常苛刻，动辄给通知行发拒付证书，随后让开证人放弃不符点接受单据，开证行接到开证申请人放弃不符点的通知并同意接受该放弃，对信用证进行支付，这样银行可以免除很多责任。

笔者有过这样的经历，向一个老客户出口货物，L/C交单后，几乎每次都能收到拒付证书，然后客户每次都要放弃不符点，银行才将单据交给客户，再对笔者公司支付货款，开证行收取不符点的费用。这个是小事，关键是银行可以借此免除很多责任。

笔者的结论就是，信用证比较安全，风险要比后T/T和托收小一些，对单证要求相对高，必须认真对待，不能太大意。

问题87：出口货物能不能接受L/C作为支付方式？

我公司产品比较畅销，一般都是收到客户预付款后开始生产，收到客户全部货款后开始发货，相对来说，资金比较安全。但是最近一个大客户不同意全额预付，他们提出采用L/C作为付款方式，或者先支付30%预付款，70%的货款通过信用证支付。我们对信用证了解不多，听说L/C风险比较大，如果银行拒付，收款就很危险，但是，该客户是我们长期合作的客户，我们想和他们继续合作，进而把业务做大，也希望能够满足他们的要求。请教您，我们能不能在业务中使用信用证收款？

答： 和全额收到所有货款后发货相比，L/C 收款要多一些风险，但是相对来说，L/C 还是比较可靠的，如果客户是长期合作的，相互之间合作比较愉快，使用 L/C 收款，风险还是可控的。

从风险角度分析，以下几种情况使用 L/C 是有一定风险的。

（1）对客户不了解，合同金额很大，不可控因素太多，不确定性很大，任何情况都有可能发生，比如买方是骗子，或者发货后恶意寻找不符点拒付，然后要求降价。

（2）产品价格波动比较大，产品有可能跌价，买方有可能违约拒收货物。

（3）卖方不能保证提供 L/C 所需要的单据。

（4）遇到战争或者动乱的时候，很多银行免责。

（5）合同执行中有些环节涉及 OFAC（美国财政部海外资产控制办公室）清单里的一些内容，比如合约方是被制裁清单里的公司，或者是被制裁国家清单里的公司，装货船的船籍是被制裁清单里的国家，或者装货船要挂靠被制裁清单里国家的港口。

如果排除以上因素，信用证对买卖双方都有好处。对买方来说，开证的时候，一般无须支付全额资金，都是银行给开证人一定的授信，要等银行向卖方支付货款后，银行才向开证人要求支付这笔钱，买方可以少一些资金压力；而对卖方来说，在发货前，就有了一个保证，发货后，只要提供 L/C 所需的文件和单据，就能从银行得到货款，毕竟银行信用要比商业信用可靠得多。

你和客户已经有一定的合作基础，双方知根知底，不至于涉及诈骗，风险也就小得多，如果能够让客户先支付 30% 预付款，70% 的货款用 L/C 支付，这样的话，风险更加可控。毕竟客户在没有拿到货以前已经支付了部分货款，如果他指示他的开证行拒付，那么他就无法得到提单等单据，无法提货，对他来说，会损失 30% 预付款，因此，于情于理，即使有问题，买方也会和你们商量解决，不会拒付，所以你们通过信用证收款风险不大。

如你所说的情况，预收部分货款，余额采用信用证结算的办法，更为稳妥。

问题88：L/C 收款，如何简化单据的复杂程度？降低单证不符的技巧有哪些？

我们工厂出口一些美容用品，市场销路很好，一般都是收到全额预付款后才发货。最近一个老客户提出，全额预付款对他们压力很大，他们希望通过下订单后支付30%预付款，70%通过即期信用证支付这样的方式，继续开展我们下一年度的合作。从风险角度看，我们对这个客户很放心，他们是行业内很好的公司之一，但是我们公司以前没有专门的人员操作信用证，对信用证操作没有底，不知道会面临什么麻烦。公司很想满足客户的要求，把业务做大做强。为了避免风险，降低信用证单据复杂程度，客户派出了一名高管到我公司和我们面谈，公司让我准备一下和他的谈判，主要是和客户确认如何在操作中互相配合。具体工作中，我们应该如何和客户一起努力，降低单据不符，保证顺利收汇？

答：第一，信用证操作没有那么复杂，如果对客户信用比较放心，风险是可控的。而你们所谈的业务，客户已经支付了30%货款，因此，拒付L/C的可能几乎没有。当然，具体工作中，要尽量做到单据相符，否则，总是让客户接受不符单据，也不合适。买卖双方如果相互配合，能够大大提高相符交单的概率。

要提高相符交单的概率，首先要对L/C本身的内容和客户进行确认，比如对所需单据、交货期、是否分批交货、有效期等进行确认，买方在提交开证申请书之前，让卖方确认有关L/C内容，确认后再提交开证申请书。

第二，卖方收到信用证后，及时检查信用证条款，是否和开证申请书一致，L/C所有条款是否都能做到，如果不能做到，及时和买方确认，安排改证。

第三，发货前后，卖方及时和买方确认单据，在买方确认单据无误后再向银行递交，避免出现不符。

在具体和客户沟通的时候，可以让客户那边先提供一些单据模板，或者你们尽快提供一些单据模板，让客户确认，双方就以后提交单据的格式达成一致，这样，可以省去很多工作，提高工作效率。

L/C单据的要求没有想象得那么高，做过一两次以后，只要按照模板执行，认真一些就可以，如果让买方预先审核你们向银行递交的单据，那就更加安全。如果你还是不放心，招聘一个有信用证操作经验的员工，或者让有经验的人培训一下你们的单证业务，就可以解决你目前所有的问题和疑惑。

问题 89：提单上有"（发货内容）托运人提供"的文字，这是不清洁提单吗？开证行会拒付吗？

我公司出口货物，通过一家知名船公司运货，船公司提单上有"PARTICULARS FURNISHED BY SHIPPER-CARRIER NOT RESPONSIBLE"的打印文字，是否属于不良批注？信用证交单时，银行会认定这是不符点吗？可以让船公司修改吗？

答：这段文字的意思是：（货物描述）是发货人提供，承运人对此不负责，也有些船公司是这样表达的，SHIPPER'S LOAD AND COUNT（托运人装载和计数），SAID BY SHIPPER TO CONTAIN（内容据托运人报称），根据 UCP 600 第 26 条，这些条款是可以接受的。银行不会认为这是不符点，也不会因为这个原因认为提单是不清洁提单，开证行不会因为这个原因拒付，因此不用让船公司修改。

问题 90：提单上船公司注明对产地做了一个免责声明，属于不良批注吗？会不会被开证行拒付？

客户指定货代，出的提单是船公司的提单，提单上有 Shipper declares the cargo to be Made in China. This declaration, including other cargo details has not been verified by or for the carrier who shall be without any responsibility for its correctness as per clause 14.2 hereof 的批注，这个会不会被开证行认为是不符点，拒付货款呢？

答：笔者接触过几次，马士基的提单上有这样的免责条款，他们公司有这样的规定：

当提单提及"Made in ×××""Manufactured in ×××"等产地信息，有鉴于提单内容与原产地证明常常混淆，船公司在任何情况下均无法证实产地，各国当地进出口相关法令大多数亦无明确规定船公司需要提供或证明原产地，本公司自即日起，在 cargo descriptions 字段会加注免责声明，举例如下："Shipper declares the cargo to be Made in X. This declaration, including other cargo details has not been verified by or for the carrier who shall be without any responsibility for its correctness as per clause 14.2 hereof" 或 "Shipper declares the cargo to be of X Origin. This declaration including other cargo details has not been verified by or for the carrier who shall be without any responsibility for its correctness as per clause 14.2 hereof"。

从道理上说，船公司无法证明你的货物到底是不是这个国家生产的，他们这个免责声明也能够接受。

笔者曾经几次提交类似单据给开证行，他们都没有把这个认为是不符点，我也和银行审单的工作人员沟通过，他们也认为这个不构成不符点，不用担心。

因此，就你所说的情况，提单没有问题，不用担心被拒付。

问题 91：如何在合同里规定合理的开证时间？

我公司向美国客户出口货物，约定用信用证出货，货物一共 800 吨，每次发货 400 吨，分两次发货。合同已经签订，按照合同，买方在签订合同后合理时间内开证。我们第一批货物已经落实了，准备发货，但是客户信用证还没有开出，于是我和客户联系，询问他为什么货物落实了，还没有开证。客户告诉我，他们一般都是收到卖方货物备好的确认后才开证的，所以责任不在他们，是我们没有及时通知他们。我马上书面让客户尽快开证，只是交货期可能要比计划晚几天。一般来说，签约后，什么时候要求买方开证比较合适？

答： 从保护卖方的角度出发，信用证的开证时间，一般越早越好，以防市场变化导致买方变卦，也就是很多外贸人最喜欢的那种，信用证收到后才正式备料，开始生产。

从你的表述看，合同没有规定具体的合理时间，所以也不能说客户违约。在签订合同的时候，应尽量规定信用证的具体开证时间，可以是合同后 7 个工作日内，或者某个具体的日期前，比如 2022 年 7 月 1 日前。当然，也可以等货物差不多准备好了，再让买方开证，只是要及时通知买方开证，以免市场发生波动后客户有变，或者通知太晚，导致交货期因此延后。

但是实际中，买方（卖方）担心太早开 L/C，后面有一些变化，比如要改交货期，或者订单数量发生变化等，他们再通过银行更改信用证，比较麻烦，还涉及一些额外的费用，所以都愿意晚一些开证，一般都是卖方确认货物快准备好了，可以发货了，买方才开证。

如果可能应尽量在合同中规定早一些开信用证，这样可以在收到信用证后，早一些检查条款，时间充裕一些。如果收到信用证太迟，里面的交货期又特别急，万一碰上有些信用证的条款必须改，几件事情凑在一起，会很被动，可能会承担一些额外风险。在交货期的问题上，可以稍微把时间放宽裕一些，避免交货期赶不上，那只能让买方通知开证行改证。

笔者推荐一个折中的办法，尽量让买方早开证，万一因为卖方的原因必须改证，可以由卖方承担改证的费用，这样对买方来说，改证只是麻烦了一些，但是没有多付费用，心理上容易接受。

问题 92：审核客户的开证申请书应注意哪些内容？

我公司出口一批货物到印度尼西亚，客户和我们签订合同以后，马上向我们提供了他们准备向银行提交的 L/C 的开证申请书，让我们确认，里面的内容很多很复杂，我们很少接触信用证，在审核确认这个开证申请书时，应该注意哪些问题？

答：如果货物出口印度尼西亚，对印度尼西亚客户的信用证条款，需要细心一些。亚洲金融危机以后，很多卖方都不敢接受印度尼西亚银行开出的信用证，因为当时印度尼西亚银行经常发拒付通知。所以，洽谈合同的时候，要掌握开证行的信息，然后向你们的外汇银行了解一下这家开证银行的资信，如果发现买方信用证开证申请书上的开证行资信太差，就让买方更换开证行，或者信用证需要保兑。

笔者多次接触过印度尼西亚的信用证，检查他们 46 A 的单据要求，此外，除了一般的单据要求外，47 A 也需特别细心检查。比如有些要求所有单据上都需要注明 L/C 号码、开证行等，或者要求提供船只证明（船龄不超过 15 年等），需要确认一下有些单据（包括正本的份数）能否获得。

另外，有些单据要求，比如议付时单据有一种卖方签发要求买方确认的检验证书，这样的单据尽量不要接受。因为到时如果买方不确认这个检验证书，会很被动。

对印度尼西亚来的信用证，交单日期和有效期要格外注意，一般信用证都是21日内交单，而笔者遇到几次印度尼西亚的信用证都是要求7日交单。有效期也特别短，非常紧张，稍微耽搁一下，信用证就失效了，操作的时候风险很大、压力很大。

尽量争取让你们的客户提供他们的开证申请书或者DRAFT L/C，同时让你们的外汇开户行帮忙审核一下这些开证申请书或者DRAFT L/C，如果到时开户行作为信用证寄单行，对他们来说，帮你们预先审核单据，虽然不是分内工作，但他们也会帮忙做的。银行工作人员对这些还是很专业的，有他们帮助，可以降低不少风险。

问题93：信用证要求发票、箱单手签，用手签章可以代替手签吗？

我公司出口一批货物，采用信用证条款收款，单据要求中，要求所有的发票、箱单、检验证书必须手签，我们公司的章就是那种手签章，这个可以吗？

答：必须手签，一般就在公司章（中英文方章）下面，用钢笔或者签字笔签上个人的名字，不能用手签章代替。

问题94：开证行通知因单证不符拒付，如何处理？

我公司向新加坡出口一批货物，发货前国外客户已经派人检查并验收了货物，船开后，通过我公司的银行向开证行寄单。一周后，我公司得到我们银行的通知，开证行因为单据不符拒付，怎么办？

答：你应马上和客户沟通，告知客户你们收到银行拒付通知，商量解决这件事情，希望客户接受这个不符点，如果客户接受不符点，银行也就不会再向受益方发任何通知，就按照信用证上的约定到期支付货款。除非受益人在银行收到开证申请人接受不符点的通知前，马上通知开证行，让开证行将所有单据寄回寄单行。

从你的表述看，买方已经检查并验收过货物的质量，货物本身没有什么问题，买方应该会接受不符点，安排开证行对你们进行支付。所以不用过分着急，只是要和买方进行合理的沟通和解释。

在信用证收款的操作中，最大的风险就是单据不符，如果单据不符，银行有权拒付。这个时候，最好的办法就是让买方同意接受不符点，事情才能比较顺利地解决，否则非常麻烦。

> **问题 95**：收到开证行的拒付通知，但是客户告诉我，不要着急，他们会付钱，到底是怎么回事？是否还能收到钱？

答：先了解一下一般拒付通知的内容：

```
                                            HS_157
{1:F01BKCHCNBJA3002036042827}{2:O99915111110608CITIDZALATRD12531971311106082211N}{3:{108:10608FEB00266ALG}
}{4:
:20:6971158128
:21:BP4035811002009
:79:ATTN ; DOCUMENTARY CREDIT DEPARTMENT
.
OUR BILL REF : 6971158128
OUR L/C REF  : 5971076120
YOUR REF     : BP4035811002009
BILL AMOUNT  : USD164700.00
.
THIS ADVICE CONSTITUTES OUR REFUSAL OF DOCUMENTS
UNDER THE ABOVE MENTIONED REFERENCE AND IS SENT
IN ACCORDANCE 16 C OF UCP 600. NEVERTHELESS WE
HAVE REFERRED ALL THE DISCREPANCIES TO THE
APPLICANT UPON RECEIPT OF ACCEPTANCE WE WILL
RELEASE THE DOCUMENTS TO THEM WITHOUT ANY
REFERENCE TO YOU UNLESS YOUR INSTRUCTIONS TO THE
CONTRARY ARE RECEIVED BY US BEFORE SUCH
ACCEPTANCE.
.
WE HAVE REFERRED THE FOLLOWING DISCREPANCY:
+CERT OF CONFORMITY EVIDENCE INCORRECT
B/L NUMBER.
.
PLEASE QUOTE OUR REF NUMBER IN ALL FUTURE
CORRESPONDENCES.
.
BEST REGARDS,
TRADE SERVICES,
CITIBANK N.A., ALGERIA.
DATE : 08. JUNE. 2011
-)
```

拒付通知的大致内容就是：某某信用证号、参考号、金额等，注明不符的内容，比如提单号码不对。

有一段文字，"本通知是根据 UCP 600 16 C 发出的，上述号码信用证的拒付通知，我们已经将有关不符递交开证申请人，一收到开证人接受不符点的通知，我们会立即把所有单据交给开证申请人，而无须向受益人做进一步的确认。除非在我们收到开证人接受不符之前,我们收到受益人相反意思的指示。"

更加直接一些的解释就是,开证行已经通知了开证申请人有关不符点的情况,如果开证人接受不符点,开证行就放单,除非受益人有其他指示,不同意放单。

如果银行放单给开证申请人,那么就相当于开证申请人同意支付,银行会按照信用证的要求支付货款。

回到你的问题,如果你的客户告诉你他们同意付钱,那就不用担心,你可以收到汇款,只是要被扣除一些不符点的费用。

问题96:如何理解信用证条款中的WAIVER(放弃)?

收到一份国外银行的信用证,在47A附加条款里面提到了"WAIVER",对此不太理解,能不能解释信用证条款中WAIVER的意思?

答: UCP 600第16条提到了不符单据、放弃及通知(DISCREPANT DOCUMENTS, WAIVER AND NOTICE),我国台湾地区对WAIVER也有翻译成抛弃(瑕疵)的,意思都差不多。

一般信用证都是这样表达的:

In the event that documents presented hereunder are determined to be discrepant, we may seek a waiver of such discrepancies from the applicant. Should such a waiver be obtained, we may release the documents and effect settlement, notwithstanding any prior communication to the presenter that we are holding documents at the presenter's disposal, unless we have been instructed otherwise by the presenter prior to our release of documents. An acceptance of such documents presented with discrepancies will not in any way alter the terms and conditions of the letter of credit.

大致意思是:当开证行确定交单不符时,可以自行联系开证申请人放弃不符点,收到开证申请人的放弃(不符点)后,开证行放单,办理支付结算,尽管之前和交单人联系过,声明开证行持有单据,等待交单人进一步指示,除非在开证行放单前收到交单人的进一步指示。开证申请人对不符单据的接受,不构成对信用证任何条款的改变。

说得直接一些，如果开证人认为单据有不符，但是只要开证申请人同意接受不符，抛弃不符点，那么开证行还是会把单据交给开证申请人，同时按照信用证的规定，执行付款，只是要扣除不符点的费用。

因此，WAIVER（放弃）应该是相对于 DISCREPANCY（不符单据）所做的一个声明，相当于 acceptance of such documents presented with discrepancies（对不符单据的接受），所以，WAIVER 和 ACCEPTANCE 应该放在一起理解。

问题 97：议付行发现我公司提供的单据与信用证要求不符，怎么处理？

我公司出口一批货物，在 L/C 规定的时间内把单据提交给了我公司开户行的柜面，让他们审单、寄单，第二天他们通知我们，单据里有部分单据和 L/C 要求不符，保险单上的发票号码打错了。请问我们该如何处理？

答： 一般来说，寄单行都会帮交单人审单，如果单据在你们自己的寄单行发现有问题，而且离信用证交单截止日期还有几天，相对来讲，比较容易处理，要马上修改单据，尽量消灭不符点。

你要马上拿回单据，让保险公司改一下保险单，这个很快能够解决，也是最安全的。然后把修改后的单据重新交给议付行，让他们尽快寄单给开证行，以便早日收款。或者看一下是否有可能改动发票号码，这样就不用修改保险单了。需提醒的是，如果其他单据里也提及发票号码，修改量大，那还是修改保险单比较方便。

在一些沿海城市，比如上海、宁波、广州、青岛、天津，银行的信用证业务比较多，银行单据人员专业程度很强，很敬业，审单后会马上通知交单人让他们修改或者帮忙提供一些信用证业务的建议，能够为出口商提供很多帮助。有些不太重要的输入错误，银行可能会提醒，然后直接修改，盖个更正章之类。

如果是重要的单据，他们会尽量让交单人修改。因此，尽量不要在截止日前最后 1～2 日交单，这样即使有一些问题，也还有时间修改，如果到了交单截止日期，银行即使想让你修改，也来不及了，而且有些单据比如提单、产地证或者保险单，需要几天才能完成修改。

问题 98：信用证单据无误，交单后一周还没有确认收汇，怎么办？

我公司和一家印度公司签订外贸合同，约定即期信用证 L/C 结算货款，我公司发货后及时将单据通过我方银行寄给开证行，交单到现在，已经 7 天了，还没有确认收到外汇。和客户确认，客户说，L/C 支付方式，如果单据相符，收汇应该没有问题，可是 7 天了还没有收到货款，怎么办？

答： 虽然说即期信用证应该是即期支付，但是也还是需要一定时间货款才能到账，如果你向议付行交单后，能够在 2 周左右收到货款，已经是很快了。按照一般惯例，寄单行收到单据后，3 日内完成审单寄出，一般情况都是通过航空快件（如 DHL）邮寄的，应该是 2～3 日能够到达开证行。开证行审单也比较快，最晚 5 个银行工作日内完成审单，如果单据没有问题，银行应该收到单据 5 个工作日内支付货款（一般情况银行会用足这 5 个工作日，就在第 5 天支付），但是现实中考虑到假期等因素，加上收款的银行入账也需要 1～2 天时间，如果没有不符点，一般情况下，即期信用证下，向寄单行交单后 2 周应该收到货款。若能在交单 10～12 日内收到信用证货款，就属于非常迅速了。有些印度银行比较拖沓，可能要 20 日甚至更长时间才能收到货款。

有时即使货款已经汇出，从开证行汇出货款，到受益人的银行通知受益人收到汇款，也会有几天时间。从你的表述看，如果是相符交单，货款应该马上汇出，或者在途中，只是你还没有收到通知而已。

如果开证行在收到单据的 5 日内，没有向议付行发出拒付通知，就是单据相符，单据相符就能够收到货款，因此，不用紧张，收汇应该没有问题。

问题 99：信用证条款和合同条款不符怎么办？一定要改证吗？

我公司和德国客户签订出口合同后，FOB SHANGHAI 条款成交，客户马上让开证行开出了 L/C，我公司检查 L/C 条款，发现有些 L/C 条款和合同条款矛盾，比如合同上产品的 HS 编码和 L/C 单据要求的 HS 编码不一致，我公司财务请教了我们的开户行，银行建议这个不用修改，按照 L/C 要求准备单据就可以，但是我有点担心，万一发生纠葛，可能比较麻烦。还有，L/C 规定提单后 7 日内必须交单，但是船公司出提单不一定那么快，这个条款我们部门经理坚持让客户修改。我应该怎样和客户联系，让他们修改信用证条款呢？

答：FOB 条款下，货运是客户安排的，货代一般是客户指定的，出口商对货代控制力不强，加上很多 FOB 条款下，都是船开后，货代开出一些人民币港杂费的发票，快递给出口商，出口商收到发票后马上支付，要到第 2 天才能拿到银行水单，然后把水单传真给货代，这个时候，货代才会把提单快递给出口商。这里面会稍微耽搁一下，或者有些船公司签提单本来就比较慢，那么 7 日内交单还是压力很大。所以笔者以为应该修改信用证，把交单时间改为提单后 21 日或者至少 14 日。

关于 HS 编码，正如银行工作人员的建议，这个不改也行，让客户确认一下后再说，如果客户确认 L/C 需要改信用证上的 HS，那就把要修改的 HS 和前面修改交单期一起，让客户通知开证行修改，反正 L/C 修改，修改一项或者几项，费用都一样，不会增加额外费用。

问题 100：信用证交货期和交单期太紧怎么办，一定要改证吗？怎么改？

我公司和一个长期合作的欧洲客户签订出口合同，金额不大，5 万多美元，约定如果信用证能够在 1 月 20 日开出，3 月 20 日前发货，如果 1 月 20 日前无法开出信用证，考虑到春节假期的因素，交货期要延迟到 4 月 5 日。结果我们在 2 月 5 日收到银行的通知，客户的信用证来了，信用证上面显示开证日期为 2 月 2 日，也可能赶得上交货期，但是有点紧张，应该怎样和客户或者银行沟通呢？

答：客户没有按照约定时间开出信用证，如果你们公司预计交货期有点紧张，可以要求客户通过开证行修改信用证。欧洲客户比较通情达理，会同意修改信用证的，毕竟不是你们的原因造成信用证晚开，他们应该能够理解。

在现实中有可能采用一个变通的办法，比如说客户怕麻烦，不太愿意改，哪怕是由你们承担修改费用。对有些合作较好的老客户，你们可以让客户提供一个担保，如果不能在信用证的最后交货期前交货，出现单据和信用证不符，让客户接受不符，保证付款。只是这个方法不稳妥，因为有风险，如果客户资信不好，或者合作时间不长，尽量不要采用。还是不要怕麻烦，让客户尽快修改信用证，对信用证最晚交货期和有效期进行修改。

问题 101：客户最近经营混乱，我们是否可按照已经收到的 L/C 继续执行合同？有风险吗？

我公司和韩国客户签订合同，出口一批冷轧钢板，合同金额是 50 万美元，FOB 青岛，客户随后通过韩国一家不太著名的银行开出 L/C，根据 L/C 要求，最后发货日期为 2019 年 10 月 30 日，我们准备按照信用证和合同要求安排生产。随后我公司从其他渠道得知这个韩国客户最近经营混乱，有几个国内供应商给他们发货后，都没有安全及时地收到货款。现在我公司在重新评估风险，财务部建议我们暂停这个合同的执行，但是我们营销部认为，既然是信用证，收汇是比较安全的，风险应该可控，没有必要过分担忧资金安全，而且这个合同的信用证单据要求比较简单，单据不符应该不会发生。像这种情况，应该如何处理？L/C 不是风险很小吗，为什么还需要那么小心？

答：50 万美元的合同，一旦遇到问题，风险还是很大的，因此笔者建议慎重处理。如果发货后，开证行硬找出几个不符点，甚至恶意拒付，要指望客户救你，估计你自己现在都没有信心。

任何生意，如果对对方的信用表示怀疑，对对方公司不信任，笔者认为这样的生意还是尽量不要做。

一些韩国银行甚至有些知名银行，早在 2007 年经济危机的时候，拒付过不少信用证。在拒绝支付的时候，还理直气壮，甚至直接说，经济不景气，买方不要货物，不能支付，或者说，买方在银行的存款不足，买方不愿支付，因此银行也只能拒付。没办法，毕竟去国外起诉开证行也不太现实。而你们收到的信用证的开证行并不是很大的银行，如果客户存款不足，银行估计也不太可能为了维护自身信用而支付货款，因此风险很大。

笔者的建议是要求客户支付预付款后再发货，或者要求信用证保兑，或者和客户商量中止合同。如果客户坚持执行原合同，那么和中信保确认一下，争取获得他们的支持，如果中信保拒绝为这个客户的业务承担保险，那就明确告诉客户不能按照原合同条款执行。

如果你们真的按期发货，开证行拒付，损失将会非常巨大。因此，如果在发货前没有信心能够收回货款，那就不要发货，否则就是钱物两空。

问题 102：买方国家发生政治动乱，L/C 操作有无风险？

我公司和埃及客户签订一个出口合同，L/C 收款，已经收到客户通过埃及国内银行开出的 L/C，交货期不紧张，比较宽松，我们开始备料，得知最近埃及发生政治动乱，想和客户联系，他们公司电话打不通。像这样的通过 L/C 结算货款的合同，如果执行，发货后，收汇有没有风险？

答： 根据 UCP 600 第 36 条，银行对由于天灾、暴动、骚乱、叛乱、战争、恐怖主义行为或任何罢工、停工或其无法控制的任何其他原因导致的营业中断的后果，概不负责。银行恢复营业时，对于在营业中断期间已逾期的信用证，不再进行承付或议付。

所以要谨慎一些，一旦发货后遇上骚乱，银行就中断营业，到时候连客户也找不到了，收汇风险很大。

如果仍然想执行这个合同，也必须等当地局势稳定，尤其是银行营业稳定及客户营业稳定后再和客户确认，尽量降低风险，不要贸然行事。

问题 103：L/C 上面要求提供一些受益人证明或者声明，应该怎么做？

信用证上有这样的条款："INSURANCE COVERED BY THE OPENER ALL SHIPMENT UNDER THIS CREDIT MUST BE ADVISED BY THE BENEFICIARY WITHIN 07（SEVEN）WORKING DAYS AFTER SHIPMENT DIRECT TO GREENDELTA INSURANCE COMPANY LTD, FAX NO. 880-31-726273 AND APPLICANT MENTIONING COVER NOTE NO. GDI/PBC/07/2010/MAR/P/0897（OPEN）（C-I）DATED 15 07 2010 GIVING FULL DETAILS OF THE SHIPMENT OF SUCH ADVICE MUST BE ACCOMPANIED

WITH THE ORIGINAL SHIPPING DOCUMENTS."求翻译，急用，客户做的是 CFR，请问应该如何处理？怎么制作这个通知？

答：这一条款的大致内容就是发货人发货后发个通知传真给指定的保险公司和客户，注明相关的客户投保的号码、发货明细以及发货金额等，信用证交单时提供这样的通知副本。

一般来说，这类 ADVICE，我们就用公司抬头的文档，上面就是 BENE-FICIARY'S ADVICES，TO ××× AND ××××，FOR INSURANCE COVER NOTE NO. ××××××，把这些内容抄写下来，按照内容要求发传真或者寄 DHL，盖章签字，当然，要注意日期是按照上面的要求，不要写错。有时如果寄 DHL，把底单附在后面，作为依据。

问题 104：OFAC 和信用证拒付有什么关系？

我公司出口一批货物到印度尼西亚，L/C 结算，客户再三告诫，出口海运时，不要使用列入 OFAC 制裁国家清单的船籍，对 OFAC 不太了解，请大致解释一下。

答：OFAC，即美国财政部海外资产控制办公室（The Office of Foreign Assets Control of the US Department of the Treasury），它的使命在于管理和执行所有基于美国国家安全和对外政策的经济和贸易制裁，包括对一切恐怖主义、跨国毒品和麻醉品交易、大规模杀伤性武器扩散行为进行金融领域的制裁。OFAC 直接隶属于美国总统战时和国家紧急情况委员会，经特别立法授权可对美国境内的所有外国资产进行控制和冻结，同时负责在对外经济和贸易制裁事宜上，与美国的欧洲盟国进行紧密合作。

一旦被列入制裁名单，无论是国家还是特定的某个公司，其所有金融行为都面临着被拒绝、全部财产都面临着被限制转移的巨大经济风险。为了避免来自美国政府的政治压力和法律风险，所有美国金融机构在交易时，都被要求必须首先对自己的交易对手进行 OFAC 名单的审查，只有交易对手不在 OFAC 名单之内，才可以与之交易；反之，必须中止交易。

和我们业务实际相关的就是，很多美资银行、英资银行、或者有美资成分的银行等，对这个清单内的一些信息会进行严格审核，一旦涉及，收汇风险很大。

因此,我国进出口企业一定要了解所接触的贸易客户,如交易对手、对方银行、保险公司、运输工具以及货运代理公司是否与 OFAC 清单的被制裁对象相关。如果业务涉及 OFAC 清单里面的内容,应该尽量避免,实在无法避免,也应该非常小心。

笔者曾经手过一笔业务,出口一批产品到印度尼西亚,L/C 收款,在给银行递交单据前,笔者让在印度尼西亚客户合作的一个中介审核了笔者公司要递交的单据,在船只信息上,他注意到船籍国是利比里亚,而那个时间段利比里亚是在 OFAC 清单里面,L/C 开证行一定会执行 OFAC 相关审核,估计会拒付,收回汇款风险很大,但是货已经发了,非常被动,最后几经和客户协商,他们同意这次不通过 L/C 交单,让笔者公司直接寄单给客户,他们通过 T/T 支付货款,但是要笔者公司承担相应的开证费等费用,这个时候也没有办法,这样做已经算是万幸。最后终于收到货款,避免了损失。

国外银行在审核单据时,如果发现任何与 OFAC 相关的信息,比如船籍,发现船籍属于被制裁国家清单,银行就会拒付,这个非常麻烦。如果只是一般电汇,就不会涉及这些信息,相对也容易变通一些。不过,有些国家支付货款几乎都需要 L/C,比如孟加拉国和阿尔及利亚,遇到出口到这些国家的操作,务必格外小心。

需要注意的是,比如笔者收到花旗银行的 L/C 通知书上注明:DOCUMENTS SHOWING SHIPMENT OR THE ORIGIN OF MERCHANDISE RELATED TO THE COUNTRIES COVERED BY US GOVERNMENT RESTRICTIONS ARE NOT ACCEPTABLE BY US FOR NEGOTIATION/PAYMENT. ALL PARTIES TO THIS LETTER OF CREDIT ARE ADVISED THAT THE US GOVERNMENT HAS IN PLACE SANCTIONS AGAINST CERTAIN COUNTRIES, RELATED ENTITIES AND INDIVIDUALS.CITIBANK, N.A., INCLUDING ITS BRANCHES AND, IN CERTAIN CIRCUMSTANCES, ITS SUBSIDIARIES, ARE PROHIBITED FROM ENGAGING IN TRANSACTIONS WITHIN THE SCOPE OF SUCH SANCTIFICATIONS.

大致翻译如下:

文件显示货物或者产品原产地和美国政府限制的国家有任何关系的,我行将不(对这些单据)议付/付款。

我行通知与本信用证有关的各方,美国政府对一些国家、一些地区和个人实施制裁，花旗银行包括分支机构，在一些情况下包括子公司，禁止和制裁范围内的公司、个人、国家、地区等发生任何交易。

又如，All parties to this documentary credit are advised that there are specific sanctions and regulations imposed and enforced by the US, UN, EU and other governmental and /or regulatory authorities against certain countries, entities and/or individuals, Under these measures, the bank and other parties may be unable to process or engage in transactions which involve a breach of the sanctions and the authorities may require disclosure of information. The bank assumes no liability for rejecting any presentation of documents that may violate the aforesaid condition and any loss, damages or delay arising directly or indirectly in connection with the aforesaid matters.

内容也大同小异，不过不仅包括美国，还包括联合国、欧盟以及其他政府和当局所执行的一些制裁，银行与其他方不得违反制裁令和任何制裁清单中的对象发生任何交易，当局可能会要求公布一些信息，银行对可能违反以上情况的单据拒付，或者对任何与此有关的直接或者间接损失、损害、延误不承担任何责任。

问题 105：美国 OFAC 制裁清单里面，对哪些国家实行制裁？

答：到 2022 年 2 月，可查到的源于 OFAC 金融制裁的高风险国家和地区建议清单如下：

（1）Afghanistan 阿富汗

（2）Belarus 白俄罗斯

（3）Bosnia and Herzegovina 波斯尼亚和黑塞哥维那

（4）Myanmar 缅甸

（5）Central African Republic 中非共和国

（6）Cuba 古巴

（7）Democratic Republic of the Congo 刚果民主共和国

（8）Ethiopia 埃塞俄比亚

（9）Iran 伊朗

（10）Iraq 伊拉克

（11）Lebanon 黎巴嫩

（12）Libya 利比亚

（13）Mali 马里

（14）Nicaragua 尼加拉瓜

（15）North Korea 朝鲜

（16）Russia 俄罗斯

（17）Somalia 索马里

（18）Sudan 苏丹

（19）South Sudan 南苏丹

（20）Syria 叙利亚

（21）Ukraine 乌克兰

（22）Venezuela 委内瑞拉

（23）Yemen 也门

（24）Zimbabwe 津巴布韦

（25）Ukraine 乌克兰

> **问题 106**：L/C 通知行和开证行是同一集团的，如果通过这个通知行交单议付，会不会更加安全？

我公司收到非洲客户通过花旗银行上海分行通知的信用证，开证行也是花旗银行集团的，信用证通知书上有这样一段文字：

IN THE EVENT THAT THE ATTACHED LETTER OF CREDIT CALLS FOR DRAFTS TO BE DRAWN PAYABLE AT A FUTURE DATE, AND SUBJECT TO THE TERMS OF THE CREDIT AND PRESENTATION OF CONFORMING DOCUMENTS, WE SHALL BE PLEASED TO CONSIDER NEGOTIATION AND/OR FINANCING DOCUMENTS AND/OR BILLS DRAWN UNDER SUCH CREDITS BY SELECTING CITIGROUP AS THE NEGOTIATING BANK YOU BENEFIT FROM SUPERIOR DOCUMENT EXAMINATION REVIEW AND DISCREPANCY ANALYSIS, WHICH

HELPS TO ACCELERATE YOUR RECEIVABLES. PLEASE CALL US AT THE CONTACT DETAILS MENTIONED IN THE LETTER TO DISCUSS YOUR REQUIREMENTS

我是不是可以理解为：我可以通过花旗银行上海分行交单，能享受优质单据服务和不符点分析？如通过他们交单，是不是和开证行沟通更加方便，要比我们通过国内银行保险一些？

答：一般开证行愿意通过与自己同一集团的银行通知受益人，或者通过与自己同一集团的银行通知受益人的银行，比如客户开信用证给你们，有时是开户行中国银行通知你们收到了国外开证行的一份信用证，有时是某个在上海的外资银行直接通知你们，与他们同一集团的银行或者和他们有经常业务往来的银行给你们开出了一个信用证，要支付比如35美元或者240元人民币，然后把正本的L/C给你们，也有开证行通过上海的某外资银行（也许是与他们同一集团或是有业务往来的银行）通知你们的开户行，然后你们的开户行再通知你公司，收到信用证。

交单时，一般都是41D：(available with...by...) ANY BANK IN CHINA BY NEGOTIATION，笔者一般都是通过外汇开户行中国银行或者交通银行交单，他们一般也帮笔者审单，这样减少一些单据失误，降低了风险。

有时，直接交单到在上海的外资银行，他们也会审单，如果他们和开证行是同一集团，可能他们审单的角度和要求与开证行不会相差太大，毕竟同一集团内部很多管理制度和尺度相似，和开证行的沟通也可能直接一些。如果这些通知行审单没有问题，笔者觉得比较放心一些。有时，一些大的银行内部查询支付比较方便，比如可以看到某个信用证的状态，使用同一集团内部的服务查询更加便捷。

当然，出口商在准备议付单据时，检查都是比较仔细的，尽量避免任何不符点，如果信用证不是特别限定议付行，笔者还是会选择公司的开户行。也许开户行对你提供不了多大帮助，使用在国内的外资银行分支机构作为议付行，让他们帮忙审核单据，可能减少一些风险。如果和客户比较熟悉，可以听听客户的建议，看他有没有什么倾向性的意见。有些比较成熟的客户，相对而言收汇也比较安全。笔者觉得哪个银行议付费用低一些，就考虑用哪个，毕竟议付、审单等服务都需要收费，费用高低也是要考虑的。

问题 107：L/C 条款里面有关于船级证明和船龄的要求，如何操作？

L/C 规定"certificate from shipping company or its agent stating that the carrying vessel is classified with an approved classifications society as per the institute classifications clauses and class maintained equivalent to Lloyds 100 A1 and it is seaworthy and not more than 15 years old"应该如何操作？

答：这就是所谓的船公司或者船公司代理出具的证明，一般船公司都可以提供，一般文件名就是 certificate 或者 certificate from shipping company 或者 certificate from shipping company's agent，内容就照抄 L/C 要求的，the carrying vessel is classified with an approved classifications society as per the institute classifications clauses and class maintained equivalent to Lloyds 100 A1 and it is seaworthy and not more than 15 years old，然后船公司或者代理盖章签字，写上日期就可以。

在订舱的时候，和货代说明要让船公司或者代理提供这个文件，最好把格式也提供给他，提单签出来的时候，让船公司或者代理盖章签字，保证和 L/C 要求一字不差。此外，对运输货物的船，必须留意，船龄不能超过 15 年，否则很麻烦。如果事先没有说明，等到发货后发现船龄超过 15 年，就没有办法改了。笔者建议，如果有这样的条款，货代给你船信息时，自己到网上查一下船的情况，尤其是船龄，发现信息不符，马上让货代换船公司出运。因为有些货代也比较忙，对一些要求无法做到逐条认真看，出口方自己需多留意这些信息，避免不必要的麻烦。

问题 108：合同是 FOB 的，但是 L/C 规定单据要求有船公司声明，这个是软条款吗，需要修改吗？

收到印度客户的 L/C，是 FOB 条款，客户指定货代，但是 L/C 要求提供船公司声明，比如船在船级社注册，船级别相当于劳合社 100A1 等级，船适合航运船龄 15 年以下，但是这个货代是客户指定的，运输是客户安排的，我和船公司没有直接业务联系，船公司能够作出这个声明吗？如果不能保证，一定要让客户修改 L/C 吗？

答： 信用证单据要求里经常涉及船级证明，有的信用证规定提供英国劳合社船级证明，如 "Class certificate certifying that the shipment is made by a seaworthy vessel which are classified 100 A1 issued by Lloyds or equivalent classification society"，劳合社的船级符号为 LR，标志为 100 A1，100 A 表示该船的船体和机器设备是根据劳氏规范和规定建造的，1 表示船舶的装备如船锚、锚链和绳索等处于良好和有效的状态，对这样的要求通常予以满足。国际上著名的船级社有英国劳合社、德国船级社（GL）、挪威船级社（DNV）、法国船级社（BV）、日本海事协会（NK）、美国船级社（ABS）等。

FOB 情况下，买方负责租船订舱，但是最后却要卖方到船公司那边得到一个证明。虽说一般情况下问题不大，但还是事先和客户确认好这些信息，告诉他，他找的货代需要提供这个信息，如果到时候他指定的货代或者船公司提供不了这个船级别证明，就会影响你的议付和收款。因为很多 L/C 开出的时候，都是银行标准模板，一般客户也不会特别仔细审核，如果有些客户要求运费低，他自己找的船公司或者货代，使用的本来就是旧船，等到货已经发了，你要准备议付，需要船公司提供这个证明时，船公司根本无法给你这个证明。

笔者建议收到 L/C 后，马上和客户确认这个信息，让他在安排货运时，事先做一些准备工作，或者你先联系客户指定货代或船公司，先确认能否提供这个证明，如果不能，必须让客户尽早修改 L/C。

问题 109：客户不按时开证或者开证内容与合同规定不同，我公司提出异议与抗议，外商不予理睬，怎么办？

答： 经常听到类似的事情，中国卖方在和国外买方的合同里对信用证条款规定得非常周详，充分保护卖方利益，但是买方迟迟不开信用证或者开出的信用证和合同要求不一样，中国卖方提出抗议和异议，客户装糊涂，或者拖着不修改，有时货都备好了，甚至已经租船订舱，让卖方非常被动。从信用证本身看，如果信用证不符合要求，里面一些单据要求是卖方无法做到或者克服极大困难才能做到的，这个信用证的作用，和买方没有开出信用证一样，甚至更糟糕。

在这种情况下，卖方应该马上了解客户到底要不要这些货物，当时市场价格是涨还是跌，知道自己所处的地位。

给买方明确的指示，比如告知对方必须 3 日内开证或者改证，否则，合同中止，开始提交仲裁，要求对方承担你们的损失（如果有实质损失），给对方一些压力。

同时也表明自己的态度，如果对方不能在一定时间内开证或者改证，你们就不再给这个客户供货了。

对于这类情况，笔者有个建议，在签订合同的时候，尽量定下较早的期限让买方开出信用证，比如合同签字后 5 日内等，这样一来，如果信用证没有准时开或者条款和合同不一致，卖方有时间和客户交涉，或者中止合同，或者让客户 2~3 日内必须开证或修改信用证。

对于一些大宗交易的合同，如果客户不能及时开证或者开证内容不符合合同要求，更需要谨慎处理。绝不能抱着侥幸心理，认为没有问题，客户会付钱的。一定要在信用证收到后或者信用证修改书收到后再安排发货。因为一旦发货，无法提供相符单据导致收不回货款，会非常被动，到时候要么接受客户降价的要求，要么将货物运回或者转卖，无论哪种情形，损失都很大。

> **问题 110：** 货物通过 L/C 结算方式出口印度尼西亚，为什么买方比卖方更急于知道单据的传递情况，每次都急着要寄单的 DHL 号码？

我公司和一个印度尼西亚客户长期合作，通过 L/C 收款，每次发货后，客户对我公司单据制作、单据确认、递交单据、寄单行寄送单据都很关注，几乎每次都急着要我们提供中国银行向印度尼西亚开证行寄送单据的 DHL 号码。我觉得有些奇怪，通过信用证收款，交单后是银行的事情，客户为什么那么着急，甚至比急于收回货款的卖方还急？

答： 你们这个客户是很负责任的，他们积极参与信用证单据准备、单据制作，包括对单据的跟踪，让你们的工作少了很多风险，多了一些保障。

中国到印度尼西亚的船，一般 10 日或者最多 2 周就到了，所以很多时候是货先到印度尼西亚，而你们的单据，发货后一般要1周左右交单，还是比较快的。这边银行2日审单后寄开证行，DHL一般2日内寄到客户开证行，开证行审单1~5日，然后交给客户，需要10日以上，加上印度尼西亚那边工作效率不太高，再耽搁一下或者没有马上处理的话，对客户来说，他拿到单据的时候，货已经到了几日。即使他马上办理进口手续，一旦某个环节出点小问题，他就面临滞报（一般货物到港口后有7日的免费保存的期限，超过7日，所有的保管、储存都会额外收费）的风险，就需要缴纳一些罚金和各种杂费。所以，对你的客户来说，他必须随时掌握单据的流转情况，只要单据一到开证行，客户就会马上联系开证行，第一时间得到单据，马上安排办理进口手续，避免额外费用。有时也有这种情况，单据到了银行，混在一大堆快递中间，如果不是很急的信件，银行可能需要1~2个工作日才会处理。甚至快递公司有时因为天气原因，或者疏忽，晚一天送快递也是有可能的，客户有了快递号码，就可以直接查询和控制这些环节，保证他的单据能够最快送达，最快处理。

现实中，有些开证申请人和银行关系比较密切，甚至可以通知银行，这个单据他们都审核过了，没有问题，他们保证付款，银行收到单据后第一时间交给他们就可以。这样对银行来说，有开证申请人确认付款的承诺，对单据审查也就比较快，比较宽松一些。

此外，印度尼西亚海关近年对单据审查很严格，甚至达到苛刻的程度，经常因为一些小问题收取额外的费用。因此，客户也需要尽早得到单据，和当地报关行确认单据之间是否完全一致，单据是否符合海关要求，避免他们报关时发生一些意外。

换位思考，站在买方的立场，对他们来说，他们同意用L/C支付货款，也愿意和你们合作，一般不太可能拒付。在发货后，他们最关心的就是，货物能否安全准时到港，代表货物物权的单据能否及时到手，及时报关，及时拿到货物，避免产生一些滞保金或者集装箱超期使用费用。

笔者对做进口的外贸人员也有一个提醒，如果有些进口合同通过信用证交易，应该及时和国外卖方沟通，保持联系，尽早、尽快对单据准备、流转进行跟踪和确认，争取主动。

> **问题 111：合同的运输方式是空运，收款通过信用证，这样的操作应该注意哪些细节？**

我们和一个德国客户合作多年，一直是信用证收款，运输方式是海运，也没有遇到什么问题。这次客户急需一批电机配件，需要空运，支付方式还是信用证，金额不大，我们了解后得知，空运单不是物权凭证，信用证支付有风险，但是客户坚持要信用证，怎么办？如果信用证操作空运货物，需要注意哪些问题？

答：空运单不是物权凭证，如果一般的空运发货后，根本不需要正本空运单，只需将空运单复印件发给客户，客户就可以收货了。甚至连空运单复印件都不需要，只需收货人或通知人是你的客户，航空公司或者货代会在通知你的客户时，把空运单复印件通过传真发给他，让客户办理进口手续，支付进口环节的税费后取得货物。所以，空运货物客户无须空运单就可以取得货物。对出口方来说，按照信用证提交相符的单据，就可以从银行得到货款，银行信用要比商业信用可靠一些。德国客户、德国银行还是比较可靠的，客户也和你们合作多年，空运货物通过 L/C 收款，风险要比海运运输 L/C 收款大一些，但还是可控的，务必谨慎，保证相符交单，避免不符点。需要注意的是，对客户来说，他不需要信用证下的任何正本单据就可以收货（一般情况下，需要进口商提供保函，才能提货），如果你们交单有不符点，对客户而言无关紧要，但是你的货物已经被提走了，你就比较被动。

在信用证操作中，一般都需要正本的空运单，因此，你在委托办理空运时，要和你委托的货运代理公司确认一下，发货后，尽快给你正本的空运单。

通过 L/C 操作空运货物，货物已经到目的地机场了，你的单据还没有寄出，因此，要快速处理，尽早让客户拿到相关单据，以免被动和节外生枝。

如果合同金额比较大，或者对买方了解不多，开证行也不是知名银行，那么尽量慎用信用证操作空运货物。因为货物一旦运出，卖方对货物就完全失去控制权。

问题 112：为什么有些国家的客户坚持要用托收而不是 T/T 支付货款？可以接受托收收款的结算方式吗？

我公司和印度一家大型钢铁公司洽谈一笔设备合同，客户提出付款交单（托收）的付款方式，说这是他们印度官方的要求，原则上印度政府不太接受 T/T 支付方式，一般都要通过托收或者 L/C 控制外汇的支付，实行对外汇的管制。有这个说法吗？托收可以用吗？

 答：一些国家对进口货物和支付外汇都实行管制，比如巴基斯坦、印度、孟加拉国等。你的客户说得没错，和这些国家做贸易，单据必须通过银行传递，要么是 L/C，要么是托收，通过银行支付外汇，政府对外汇支付和进口进行管制和监控。

托收方式下，单据流、资金流是怎样的，笔者建议你认真学习国际商会第 522 号出版物《托收统一规则》1995 年修订本，里面对托收涉及的各方的权利、义务、职责都有非常明确的规定。

托收是商业信用，相对信用证来说，风险稍微大一些。如果客户比较规范、客户国家政局比较稳定、产品市场价格相对比较稳定，托收的风险还是可以控制的。

参与托收的银行，职能基本上都是通知、确认，因此，买方是否可靠，这一点是控制托收风险的重中之重。

无论用什么方式收款，买方的资信、可靠度都非常重要，所以，选择合适的买方，选择值得信任的买方，选择适合这个买方的交易金额，是卖方需要掌握的一门艺术。

如果买方公司规模比较大，在行业内口碑比较好，还是比较可靠的，使用托收收款和他们交易，风险还是可控的，可以接受托收的结算方式。

问题 113：CAD 的全称是什么？和印度客户交易时，使用 CAD 收汇应注意哪些问题？

我公司和印度客户签订合同，出口一批物资，价值 30 万美元，客户坚持用 CAD 这种付款方式。客户公司规模很大，在中国有办公室，资信不错，我们很需要这笔业务,希望成交,想了解一下 CAD 的情况。如果通过 CAD 支付,应该注意哪些问题?

🔊 **答**:CAD 是 Cash Against Documents 的简称,从字面上说是"付现交单",就是进口商用付款交换发货单据。实际上与 D/P(Document Against Payment)十分相似,稍有不同的是 D/P 付款方式中,有时卖方需开出汇票向买方收取货款。而 CAD 付款方式仅凭货运单据收取货款,并不开发汇票(Draft)。

CAD 操作,卖方发货后,将单据通过自己的银行,寄送到买方指定的银行。买方指定的银行收到单据后,把单据复印件给买方,买方支付货款后,从银行得到全套单据,凭单据从船公司得到货物。

在这个流程里,银行的主要职能就是通知、确认,收到客户货款后支付等,所有风险都由卖方承担。因此,对卖方来说,第一,需要了解买方的资信,如果买方资信不好,需要慎重再慎重。第二,在和买方签约时,选择资信比较好的进口地银行作为代收银行,有些买方指定的银行是他们自己的开户行,关系比较好。有些国家的银行在买方还没有付款、做出承诺付款或者承兑的情况下,会"借出"单据给买方,买方还没有支付货款就可以提货。尽管银行这种做法严重违背职业道德,但是毕竟起诉国外银行是一件很麻烦的事情,尽量还是选择比较大的、规范的银行,他们一般不会过分违规。在买方拒付货款的时候,卖方应该尽量让代收行寄回所有单据,避免风险。第三,最好选择合适的成交方式,比如 CFR 或者 CIF 的风险要比 FOB 小一些。如果卖方自己办理运输,一般来说,容易控制物权,如果 FOB 成交,运输是买方办理的,买方比较容易控制货物,甚至没有提单都可以得到货物。一旦买方不肯支付货款,若是卖方自己安排货运的,就比较容易控制货物。第四,如果买方没有及时支付货款,卖方应该保持与货运公司和相关银行的有效沟通,保证了解到货物和单据的真实情况,争取主动。

任何时候,有效的预防措施要比事后补救更重要。但是,如果真的发生意外,作为卖方也要冷静处理,尽量采取最合理的办法,减少损失。

就你提出的问题,如果客户可靠,在国内和别的公司业务也比较多,没有什么不良记录,笔者认为可以接受 CAD 方式。只是在市场突变情况下,要注意风险,比如当合同产品的国际市场价格大幅降低,或者买方突然陷入资金困难的时候(比如东南亚危机和 2007 年金融危机),买方可能会违约。

有一种情况要注意，如果一家以前没有成交历史记录的贸易公司，开出很高的采购价格，卖方觉得非常满意，特别想抓住这个机会，成交方式又是FOB，货物出运后根本不可控，或者目的港是国外某个管理非常混乱的港口，不需要正本提单就可以提货，或者进口方指定的代收银行根本查不到任何和国内公司成交的记录。遇到这些不太正规的操作时，一定要三思而后行，看看有没有风险，对方有无诈骗可能，不要做太冒险的事情。

问题114：D/P交单已经20天，印度客户确认支付，货款还没有到，该怎么办？

我和客户合同规定托收（D/P）方式支付货款，发货后，通过银行递交了单据，20天过去了，客户已经确认安排支付，并从银行拿到单据，但是我公司还没有收到货款，怎么办？

答： 从客户支付到你收到货款，有个时间差，有可能客户银行收到客户支付指令后，没有马上安排资金的划拨，比如说，每周一次支付所有外汇，或者银行内部支付需要一定时间，大概会有一天或者几天时间。

也可能客户已经支付，但路径比较长，到达你的银行账户需要几天时间，这种情况不常发生，但是的确发生过。有时，比如银行账户某个数字写得潦草一些，操作人员输错了一个数字，钱提不出来，退回客户银行，只能重新支付。笔者也遇到过这种情况。

即使客户已经付出外汇，或许已经划入你们账户，你们银行从总行、分行、支行到分理处层层通知，有时水单传递或者通知，也需要2~3日。

印度客户D/P收款，笔者遇到过最快的一次是提交单据给托收行后，12天收到货款，最慢的一次是40天收到货款，还有一次是遇到客户不赎单，后来重新再谈，花了3个多月时间才解决。

所以，笔者觉得交单20天应该收到D/P的货款了，如果可能，让你的客户提供支付的水单，以便你查询。也许再等2天，钱也就到账了。

问题 115：D/P 收款，客户确认已经支付货款，还提供了水单，但是我们银行还没有收到货款，怎么办？

我公司出口一批货物到印度，D/P 收款，发货后，我公司及时通过中国银行将单据送交客户的银行，客户通知我们，他们已经支付货款，得到单据。货代也告诉我们，客户已经提货。但是我们还是没有收到货款，和客户确认后，客户提供了支付货款的水单，日期是一周前的。这个客户和我们长期合作，不太可能骗我们，客户说已经支付，并且提供了支付证明，我们银行说没有收到，怎么办？

答：从货款的支付流程看，你的客户已经支付给了他的银行，但是你的银行还没有收到，如果他们所说的话都是真的，笔者觉得只有一种可能，代收行没有及时汇出外汇，或者代收行支付外汇出了状况。

对你来说，应该尽快了解这笔货款的真实情况。虽然客户已经有了水单，但是你们还没有收到货款，那就请客户再和他的银行沟通、确认这笔货款是否支付了以及支付的具体时间，如果没有支付，什么时候可以支付。如果客户觉得麻烦，你可以让客户告知你他的银行处理这项业务的人的电话或者邮件，你自己打电话到印度银行，和相关人员确认货款支付的具体情况。同时，因为 D/P 支付也是通过银行渠道进行的，让你的银行发一个待确认的信息给客户银行，让他们通知这笔 D/P 业务现在的状态，还可以让你的银行提醒对方银行，买方已经支付货款，但卖方还没有收到。

还有一种可能，货款汇错账号或者某个环节出错了，有时也需要几天才能重新支付。当然，也需要再和你们的银行确认一下。

货款不会无缘无故消失，无非就是这几种可能，应该能收到货款，只是费些周折，需要尽早解决。

问题 116：D/P 收款，客户拒绝赎单怎么办？

我公司出口印度一批五金产品，通过 D/P 收款，单据寄出去一个月后，没有收到货款，现在我公司的开户行得到客户银行的通知，客户拒绝赎单，我们的单据还在托收行那边，现在需要我们指示银行，应该如何处理这个单据？

答： 托收或者信用证收款，都会遇到这个问题，货物发了，单据到了开证行或者代收银行，开证行开出不符证书或者买方拒绝赎单，没有人支付货款，单据仍旧在银行，等着卖方进一步指示。在采取任何行动以前，你先指示银行保存单据，如果买方不支付货款，绝对不能给客户放单，马上通知你的货代，没有你的确认，没有正本提单，任何情况下都不能放货。

不管出于何种原因，切勿和买方闹僵，要尽量保持畅通的沟通渠道。卖方需要耐心和买方沟通，了解买方的真实意图和实际情况。如果买方因为经营原因，没有钱支付货款，那么你没有讨价还价的余地，只能想其他办法。要么赶紧找到新的买主，把已经运到的货物卖掉，要么把货物退运回国内。

你必须和买方接触，问清楚他们是否还要货物。如果因为最近国际市场这个产品价格大跌，国外客户不愿意支付那么多货款，选择了抛弃信用，宁可违约也不愿意执行合同，就只能和客户交涉，客户也知道退运或者转卖都非常麻烦。所以，如果卖方没有能制约买方的地方，那么只能让步，尽量减少损失。谈判的时候，还是要注意策略，比如可以回顾一下双方曾经愉快的合作经历，这一次，因为市场波动，买方的做法虽然违反合同，但是卖方表示理解，现在还是希望大家能够重新回到谈判桌上，解决这件事情。如果这个合同最后谈不成了，卖方公司损失过大，可以求助于其他政府部门，比如通过外交途径、贸促会、商务部、中信保等各种渠道，向买方公司追索，或者通过中国官方渠道和买方所在地政府机构联系，帮忙解决。

按照一般思路，如果货物退运，可能价值只有原来的一半，卖方也必须了解，如果退运回中国，这些货物还值多少钱？还需要算清楚，如果退运回来，原来的价格扣除两次运费，在对方国家仓库的保存费，以及一些额外的费用，这些货物还值多少钱？如果在国内卖，能卖多少钱？无论转卖给其他客户还是和原来的客户谈，必须综合比较哪种解决方案损失最小。原则就是一句话，哪种解决方法损失最小，就用哪种。

处理这样的事情，急是没有用的，也没有什么妙招，只能是通过沟通，通过努力，通过协调，通过妥协，尽量减少损失。在时间上，有些国家规定，如果货物到港后超过6个月没有报关，货物就要被海关罚没，海关用拍卖款支付集装箱使用费、仓储费等。因此，无论如何不要拖得太久。在和客户谈判的时候，你一定不要太被动，如果他们不愿意支付货款，也不接受降价或者其他选择，那么尽快决定是转卖或者退运，不要久拖不决，否则卖方会很被动。

有些货物信用证出口到国外，国外银行和买主联合起来，恶意找到一个不符点，拒付货款，然后国内卖方和他们再谈的时候，他们无论如何也不肯退运，拖到6个月了，海关拍卖这些货物，结果是这个买主把这些货物低价买进。这种情况就是买方恶意拒付，但银行一般不愿意承担责任，就会配合买方拒付。

需要提醒的是，在一些国家，海关规定，如果退运货物或者转卖货物，必须得到原来买主的同意和确认，甚至要通过他们和所在国的海关发生很多程序性的接触，因此，在事情完全办妥以前，切勿和客户关系恶化。

问题117：D/P 收款，但是代收行找不到客户，怎么办？

我们向意大利客户出口一批货物，约定5月底前发货，价值5万美元，40%预付款已经到位。我们比计划提前了3周发货，5月上旬就发货了，发货后通过 D/P 流程，将单据通过托收行寄到代收行，准备收取60%货款。单据寄出10天了，代收行通知托收行，说找不到这个客户，让我们指示如何处理单据。我也试图寻找这个客户，结果联系不到，我们和这个客户合作很多年了，以前从来没有遇到过这种情况。我们应该如何处理单据？

答：笔者也遇到过这种情况，货物发了，客户就像人间蒸发一样消失了，甚至怀疑遇到骗子了，彻底失望。过了一段时间，客户又突然出现了，说是前一段时间度假或者结婚，等等，让人疑惑不解：度假就不管工作了吗？但现实就是这样，很多西方人，尤其是法国人、意大利人，在假期的时候，有些是绝对不接触工作的，休假就是休假，老板付再多的钱，也不能占用他们休假时的绝对个人时间。休假期间，工作上哪怕发生天塌下来的事情，也要等休假结束后才处理。

所以，你的客户可能是度假或者忙某些私人事情了，要等假期结束才能回来处理工作上的事情。一般来说，一个公司也不会只有一个人，尽量找到他的同事、助理或者上司，讲明情况，让他们帮忙处理一下。客户已经支付40%货款，没有理由不要货物，如果他们不支付余款，也就拿不到单据，无法得到货物，他们自己也是有损失的。

如果可能，你们通过自己的渠道，了解一下这个客户，有没有经营困难或者其他变故，比如诉讼。了解和掌握对方的动向，非常重要，只有这样才能做出正确的反应和对策。

此外，客户可能认为你的货要到 5 月底发出，根本没有想到你们的货物会早发，所以放心去休假。笔者建议你们通知银行保存单据，暂不寄回国内，等待你们的进一步通知。如果到了 5 月底，还找不到客户，再决定是寄回或是继续等待。

问题 118：汇率变动太快，如何让客户愿意提前支付合同尾款？

我公司出口一批设备到中东，按照合同，货物在上海的工厂内，由客户派人检查，检查合格后，根据检验人员签发的质量验收证书，客户支付 30% 货款，发货后客户收到提单复印件一周内支付 55% 货款，货物到客户所在地，设备安装 6 个月后，若使用正常，客户支付尾款 15%。但是最近人民币升值很快，公司希望在发货后尽早收汇，最好让客户将 70% 余款一次付清。我们向客户提出这个要求，客户拒绝，他们的理由是，一旦全部付清货款，如果产品出现质量问题，他们没有任何保障。我应该如何在保障客户利益的前提下，让客户同意提前支付部分货款？

答： 客户拒绝也是有道理的。如果他们一次将款付清，一旦产品出现质量问题，或者客户安装调试时发生故障，你们不配合，或者不积极解决问题，他们一点办法都没有。所以，工程设备项目，一般都有尾款，从 3 个月到 36 个月不等，万一购买的设备或者产品出现问题，卖方不解决的情况下，买方可以利用这个尾款支付制约卖方。如果卖方的产品质量有问题，买方在当地找公司处理问题需要一些费用，那么买方最后会在未付金额里面扣除这笔维修费用，把余额付给卖方。

由于国内有时对外汇核销有时间限制，加上卖方想早点收款，毕竟 3 个月或者 36 个月以后，会有很多不确定因素，比如汇率、客户的经济状况。为了保护买方的利益，卖方会给买方提供银行保函，保函金额一般是尾款的金额，银行承诺，一旦买方根据保函提出支付要求，银行会无条件支付（金额以不超过保函金额为限）。买方的权益也有了保证，一般在收到保函后，会提前支付尾款。

所以，你们可以试着和客户商量，给客户提供15%合同金额的银行保函，争取早日让客户支付外汇，避免外汇风险。

国际贸易中，很多买方是比较规范、比较有诚信的，即使卖方产品质量有点小问题，一般也会协商解决，很少恶意通过银行保函要求银行偿付。

当然，如果卖方产品质量有严重问题，那么买方不仅有权根据保函向银行要求支付，还可以根据合同向卖方索赔。

问题119：国际汇款中，银行手续费一般是多少，应该由谁承担？

有个墨西哥客户从墨西哥汇款过来，不管汇款金额是多少，每次汇款银行费用都是USD 30.00，有的时候一个合同是分几次支付货款的，所以银行费用会很多。有时合同付款方式是这样的，50% T/T，剩下的D/P，如果采用D/P付款，手续费更高，往往一笔货款的银行费用就有USD 100~200。有些巴基斯坦客户通过阿联酋的离岸公司付款，T/T手续费有时甚至超过USD 100，这样算下来，有些合同银行手续费或者银行扣费非常多。一般情况下，合理的银行手续费是多少？如何减少一些银行手续费的损失呢？能不能让客户支付银行手续费？

答： 如果大家注意的话，在给客户支付外汇的时候，就需要在汇款单上确认由谁承担汇费，比如发票金额1000美元，如由汇款人承担汇费，那么收款人收到的就是1000美元整，如由收款人承担汇费，若汇率是25美元，那么收款人收到的就是1000-25=975美元，有时更多一些，不过每次汇款手续费很少超过40美元。

如果是通过离岸金融市场或者客户先汇款到自己的离岸公司，再通过离岸公司汇出，可能客户汇出的时候是1000美元，等你收到的时候，扣除几道汇费，只有900美元，甚至895美元，中转环节越多，扣除得越多。在报价的时候，对汇费要有所考虑，尤其金额不大的合同，比如订单总额1500美元，也许汇费就要90美元，这个比例有点高。如果合同本来利润很低，这样一来，基本不赚钱。如果扣费非常严重，可以明确告诉客户，你们要求实际收到的金额必须和发票金额一致，让客户自己承担汇款的费用。

如果信用证操作，一般开证费、改证费由买方负责，其他银行之间所提供的任何服务都需要由卖方承担，比如卖方的交单行的审单费（一般为50美元左右）、国际快递费（寄单用的，比如使用UPS或者DHL，一般费用为30美元）、国外扣费一般为100~150美元。如果有不符，不符点扣款每个银行有差异，一般不超过100美元。全部加起来，有时一个信用证扣费要达到100~400美元，这些还都算是正常现象。

有些信用证是开证行先通知与他们有业务往来的银行（第一通知行），再通知卖方银行（第二通知行），多一道手续，也就多一些费用，第一通知行一般收取240元人民币左右的通知费。

对受益人来说，任何收到的银行的通知或者修改，银行都收费，这些费用，除非和客户有约定，或者客户自愿承担，一般都是受益人承担。一些东南亚国家的银行总是习惯找不符点，最后还需承担不符点的费用。单笔T/T汇率，汇费在40美元以下，如果信用证没有不符点，所有费用在200美元左右。笔者很少和客户交涉银行手续费之类，只在报价的时候会考虑一下汇费问题。

不过，也有客户汇款的时候，由他们自己承担汇费，所以卖方收到的是全额发票。

问题120：进口时，通过银行开L/C的流程及开证材料有哪些？确认信用证条款的一些技巧是什么？

我公司代理进口一批阀门，外商要求开信用证，以前没有做过，请指点一下具体流程好吗？我需要向开证行提交哪些材料呢？我知道要交合同、代理协议和信用证申请书。还有，合同发货日期是开证后60天内，请问信用证有效日期该怎么规定？

答：笔者建议先了解国际贸易实务里面关于信用证的一些资料以及信用证操作的具体流程。其实没有那么复杂，一般银行会给你一个开证申请书，都是标准格式，很多都是通过画圈、打钩来选择，有些对你不适用的内容，就不要选了，而有些内容是要加进去的，你填好基本内容（主要是你们公司信息、卖方信息、合同条款、货币金额、币种、产品信息、最后交货期、信用证有效期、信用证交单时间、交付哪些单据以及单据要求、即期信用证还是远期信用证、是否保兑，等等）后和合同复印件一起提交银行，让银行准备信用证草案。银行不需要你的代理协议。银行一般 1~3 个工作日会给你信用证草案让你确认,你认真检查一下是不是和你要求的一样,可以让有经验的同事帮忙检查一下,或者让国外供应商确认一下这个草案,如果要修改,马上指示银行修改,这时候修改是免费的。如果没有什么问题,那么指示银行开出正式信用证,一般来说,供应商会在一周左右收到信用证。如果供应商告诉你收到信用证,条款没有问题,那么你这个信用证就开好了,后面的事情就是等客户发货。

如果供应商收到信用证,发现有的地方必须修改,那么你需要分析一下,是不是必须修改,如果必须修改,马上指示你的银行对信用证继续修改,这个修改也需要通过通知行到达供应商后,供应商确认没有问题,开证这项工作才算完成。

关于信用证里面的几个时间问题,一般来说,最晚装运期要稍微比合同宽松一些。比如,合同约定是 6 月 30 日发货,那么开证的时候,把最后装运日期定为 7 月 15 日,这样,如果供应商能在 6 月 30 日前发货当然好,若晚几天,只要在 7 月 15 日前交货,那就没有问题,买方也不用因为卖方晚交 2 天货物就必须修改信用证,这样工作量太大。一般来说,交单期是提单后的 21 天,如果船期比较短,比如上海到韩国,只要几天,21 天交单期太长了,笔者建议可以缩短到 14 天甚至 7 天,这样卖方也有压力,会提高办事效率。关于信用证有效期,一般来说,稍微比最晚装运期+交单期的日期多几天就可以,比如 2011 年 5 月 1 日为最晚装船期,21 天内交单,那么信用证有效期可以是 5 月 25 日或者是 5 月 22 日,这样,给卖方一些压力,尽早发货,尽早交单,免得信用证失效。信用证的最后一天有效期和最后一天交单期是同一天,如果卖方这天才交单,遇到单据不符,一点回旋的余地都没有,即便能改,也来不及了,对卖方来说压力很大,一般就会选择早一些交单。

问题 121:为什么有些客户要求我们提供的报关发票金额比实际合同金额小,有什么风险吗?

我公司有个巴基斯坦客户,合作很多次了,信用也不错,但是他每次都要求我们提供几套发票,有用于支付的,有用于报关的。他的预付款都是通过其他贸易公司抬头从迪拜汇出，然后50%货款是通过信用证支付，要求我们提供信用证议付所有单据都只能显示这相当于总订单50%的金额，而且每次向银行递交单据前，客户对向银行提交的发票和保险单等单据都会认真检查，感觉比我们卖方还认真，还紧张。我不太明白他这样做的目的，麻烦解释一下。

答： 这应该是"阴阳发票"的把戏。说得直接一些，通过"阴阳发票"，客户可少交关税和增值税，提高产品的竞争力或者直接获取超额利润。比如10000美元的货物，如果正常进口，报关金额是10000美元，假定关税12%，客户至少要交1200美元的关税。如果客户是通过离岸金融市场先汇款5000美元，另外5000美元通过信用证支付给卖方，那么这个客户给银行和本国海关提交的所有文件、单据都只显示5000美元的合同金额，他只需支付$5000 \times 0.12 = 600$美元的关税，关税成本少了很多，如果加上增值税就更加可观。这在一些国家很常见，如果不配合他们，可能会少很多订单。

笔者不建议出口商去配合国外客户提供"阴阳发票"，也不建议出口商接受这样的付款条款，签约前就和客户说，必须按照正规途径收付款，全部货款必须由签合同的公司的账户付出，可以避免很多麻烦。一方面收汇有风险，货款是由不同的账户支付，有些根本就是进口商通过灰色地带的钱庄故意绕开金融监管分多次付的，而现在银行（外汇管理局）对收到的外汇管理很严格，对于来自很多地区的外汇都要提供合同或者对方公司的信息，对敏感地区的收汇会要求收汇公司提供付汇公司的营业执照、法人的身份证明比如护照，以及别的证明，要收汇公司说明为什么签约的公司和支付的公司不一样，手续复杂不说，最后还可能不能入账，外汇还要退回去。另一方面在一些情况下，如果外汇管理部门觉得这个钱和贸易无关，涉嫌洗钱，不仅出口商收不到这些通过离岸市场支付（可能还是地下钱庄）的外汇，银行可能还会因为涉嫌洗钱封了收汇公司的银行账号。出口公司没必要因为这些原因承担风险。

对出口商来说，规范经营是第一位的，对于客户可能的违法行为，不要提供任何方便。

这种情况下，客户要求出口商提供多套发票，目的是满足他们故意降低报关金额逃税。如果是正常的贸易，即使有分批付款，提供给客户的用于报关的发票金额也应该是合同总金额。

> **问题 122：合同美元结算，报关货币美元，但客户美元账户被止付，能够接受客户用欧元支付吗？**

我公司向印度客户出口一批钢结构，通过 D/P 收汇，客户已经拿到单据，也通过银行支付了外汇，并给我们传真了他们支付汇款的水单，但是我们迟迟没有收到美元外汇。通过我们和客户确认，客户告诉我们因为他们公司和一家美国公司有诉讼，他们的美元账户被止付（BLOCKED）了，现在无法支付美元外汇，他也没有办法。他提出，他们可以支付等值的欧元，问我们是否同意接受欧元货款？但是这批货物我是用美元报关的，收欧元核销可能有问题，现在怎么办？

答： 收到货款是第一位的，无论收到的是美元还是欧元，当务之急是想办法早点收到货款。现在是美元止付，说不定几天后，这家公司连欧元也付不出，那就更加麻烦了。至于核销的问题，虽然手续上有点复杂，但总是可以解决的。如果你们公司规模比较大，核销的时候也不是单笔核销，是总量核销，允许每笔核销有一些差异，这样收汇是没问题的。即使是单笔核销，外汇管理局对这种情况也有解决的办法，要提供情况说明，虽然手续麻烦，但终究是可以解决的。

手续问题和资金安全相比，孰轻孰重，你应该分得清。所以，赶紧让客户用欧元支付你们的货款。

> **问题 123：进出口中经常使用不同的银行保函，一般有哪些作用？**

我刚刚进入一家大型钢结构公司，最近接触很多国际项目，经常涉及各种银行保函，但是对各种保函的作用不是很清楚，请大致介绍一下。

答： 工程项目或者出口中经常接触到保函，一般来说有以下类型：

（1）投标保函，是指银行应投标人申请向招标人作出的保证承诺，保证在投标人报价的有效期内投标人遵守其诺言，不撤标、不改标，不更改原报价条件，并且在其一旦中标后，将按照招标文件的规定在一定时间内与招标人签订合同。一般来说，参加正式的投标，都需要提供投标保函，否则就没有资格参与投标。

（2）预付款保函，又称还款保函或定金保函，是指银行应供货方或劳务承包方申请向买方或业主方保证，如申请人未能履约或未能全部按合同规定使用预付款时，则银行负责返还保函规定金额的预付款。现实中，一般是卖方通过银行开出这样的保函，买方收到保函后，才支付和保函等值的预付款。如果卖方违约，买方可以要求开证行偿付保函规定金额的货币，保证买方的利益。如果卖方不按照规定使用预付款，有违约或者预期违约，买方有制约卖方的手段。

（3）履约保函，是指银行应供货方或劳务承包方的请求而向买方或业主方作出的一种履约保证承诺。使用非常广泛，比如产品交货后，买方应该支付全部货款。但是现实中，尤其是工程合同，有些产品要使用后才知道质量，甚至要使用一段时间或是半年后才知道最终的质量，如果买方已经支付了全部货款，卖方承诺的使用寿命是3年，而实际使用了不到半年，发现有部分产品的零件坏了，需要卖方免费提供一些零件，如果有履约保函，一般卖方都会有所顾忌，尽量配合；如果没有履约保函，卖方就不会予以配合，或者推卸责任。如果买方有制约卖方的措施，卖方不得不配合。有些工程涉及一些调试或者安装，通过5%~15%的履约保函，供货方或者劳务承包方在保函有效期内都会尽量配合。如果确实发现卖方或者劳务提供方违约，买方或者业主可以通过要求开证行支付保函项下的金额得到赔偿，弥补一些损失。

关于使用银行保函，笔者有以下几点建议：

（1）合理通过银行保函，早日收汇，避免资金风险和汇率风险。近年人民币升值压力很大，国际经济也充满了不确定和动荡，对出口商来说，无论是预收买方的款，还是工程的尾款，如果能够通过银行保函的合理运用，早日实现收汇，意义还是很大的。尤其是有些工程的尾款，有时长达36个月，这段时间，可能连客户那边经手的人都找不到了，还不知道会发生什么事情。因此要尽早收汇，避免节外生枝。即使出现问题，买方向银行要求支付保函下的资金，这个概率也不是很大。毕竟，一般买方也不会恶意要求银行支付。一旦有问题还是通过协商解决。

（2）在合同谈判期间，尽早了解保函的格式和内容，避免日后的麻烦。一般卖方签订合同不太留意保函的格式，等到让银行开的时候，发现有些内容不合理或者显失公平,但是为时已晚,买方以合同已经签订为由,不愿修改,卖方就会陷入被动。比如有些保函允许转让,可以分割,这个执行起来有一定难度,到时候如果不知道转让或者分割到哪个小公司手里,再来找银行要求支付,非常麻烦。还有一种情况,保函对受益人向银行要求支付没有规定形式,几乎是只要提出就得支付,显然开证行无法接受。如果通过受益人的银行,向开证行提出付款,并确认受益人的身份,这样就比较规范。现实情况很复杂,银行之间相对比较安全,如果受益人身份无法确定,银行会无所适从,虽然这种情况很少发生,但还是要避免。

(3)在中国,银行保函的应用上,尤其是受益人向银行要求付款时,现实和理论有一些差异。严格地说,中国对外汇使用实行管理,所以,如果国外买方根据银行保函要求银行支付,可能没有想象的那么简单,银行不会直接支付给受益人,一定会要求提供种种证据,证明合同另外一方违约,否则就无法支付外汇。银行这个举动无疑是保护国内出口商的,但是似乎和银行保函无条件支付的承诺有点矛盾。随着时间的推移,国内银行业越来越国际化,但是理论和实践还有一些差异,这一点要有所了解。

> **问题 124:从事外贸工作多年,还没有机会接触信用证,是不是一种遗憾?**

我在外贸行业工作 8 年,接触了不少岗位,只是公司基本上是和老客户打交道,很多是 T/T,前 T/T、后 T/T 都有,虽然也有过一些风险或者情况,但是很少采用信用证。在网上看到无数关于信用证的帖子,而我从来没有接触过,感觉自己没有机会接触信用证,似乎少了点什么,是不是一种遗憾,会不会影响我建立对外贸的整体思维和对外贸风险的判断?

答:说到付款方式,网上很多人都讨论信用证,各种信用证、信用证单据、不符交单、信用证拒付等,似乎信用证支付是采用最多的付款方式。其实不然,T/T 才是目前国际贸易中采用最多的付款方式,只是相对来说,T/T 操作没有那么复杂,也就没有那么多话题。

笔者所有的业务里面,差不多 80% 订单是通过 T/T 收款,只有不超过

20%是信用证,即使操作了多年的信用证,也还可能不符交单,收到银行拒付通知。信用证操作需要认真细致,一个字一个字校对,一次一次校对,很烦琐。

相比联系客户、开发产品、了解市场需求、制订产品计划,这些需要各种综合能力,而信用证的操作更多是事务性工作,对综合能力的要求没有那么高。

信用证和T/T相比,流程上复杂一些,但在风险控制、物权控制、物流、资金流等方面的要求,大同小异,甚至在T/T情况下,更需要对客户资信、市场价格、汇率变化有深刻的了解。

流程上的事情,还是比较容易掌握的,再复杂的流程,到后来还是重复工作,没有多少创造性。从这个意义上说,没有接触L/C,似乎没有什么遗憾,也不会影响你建立对外贸的整体思维和对外贸风险的判断。

问题125:可以接受非银行的金融机构开出的保函吗?

我在一家大型集团公司的进出口部工作,公司所有的进出口项目都通过我们部门操作。最近我们参与了一个进口项目,根据合同,我公司收到韩国供应商的预付款保函和预付款发票后,应该马上支付预付款,让供应商购买材料。现在我公司已经收到供应商保函和预付款发票,但是这个保函不是银行开出的,而是一家保险公司开的,格式和我们要求的基本一致。我们的财务人员提出供应商没有提供常规的一流银行开出的保函,我们公司不能支付预付款,而负责项目的经理坚持项目时间进度很紧,必须马上支付预付款,我作为外贸合同执行人员非常为难,如何处理?

答: 一般来说,银行保函都是由银行开立,作为银行的一种承诺,在收到受益人的书面申请后,向受益人进行支付的一种支付保证,如果受益人向开证行提出书面申请要求偿付保函金额,开证行必须支付。以笔者的经验来说,银行的信用要好一些,而从保险公司拿钱要吃力得多。

笔者向一些国内的金融机构了解过,国内保险公司开的这种预付款保函不常见,但是他们告诉笔者,在韩国银行界,这种情况也是有的。如果这个保险公司资信不错,而预付款金额不是特别巨大,虽然不如银行开的保函那么可靠，也还是可以接受的，只是要加强对这家保险机构资信的调查。

如果你在大型集团公司，笔者建议让你们法务部门或者财务部门通过他们对口的律师行或者金融机构马上了解这个保险公司的资信。此外，银行保函作为一种备用的支付工具，一般很少直接向银行要求支付，一旦有了合同纠纷，还是通过合同双方协商解决。银行保函只是作为一种备用的方式，万一发生纠纷才使用，象征性意义大于实际意义。如果供应商和你们公司有长期合作，在保函金额不太大的情况下，笔者觉得问题不大。

当然在一些大型公司，对风险控制得比较严格，如果超过了你能决定的范畴，也可以将这种情况向管理层汇报，提供你的建议，让管理者做决定。

如果可能，在签订合同的时候，尽量规定开立保函的金融机构的性质，避免保函开出来了，才发现开保函的金融机构资质不够或者双方有争议，尽量把事情考虑周全。

需特别注意的是，应该了解一下开出保函的保险公司的一些情况，比如它的注册资本是多少，如果保险公司注册资本200万美元，给你提供的保函金额是3000万美元，这样的保函，实际上没有什么意义，这个时候，告诉你的客户，这个保函无效，让客户提供一流银行的保函，否则，无法支付预付款。

问题126：可以用贝宝进行进出口贸易的收汇吗？什么类型的业务适合用贝宝进行外贸的收付外汇？

答：贝宝在国内开展业务已经很多年了，国内用户数目庞大，很多外贸人通过贝宝从国外客户收汇。贝宝适用有一些限制，比如贝宝主要和个人银行账户进行关联，而个人账户外汇取现是有限制的（每年不超过5万美元），在贝宝的现有规则下，有时收汇取现不顺利，账户莫名其妙被冻结，取不出钱的情况也不少。还有一种情况是，目前贝宝收汇无法出口退税，和贝宝关联的账户是私人银行账户，如果是通过企业公司账户发的货，就可能无法核销发货后的应收账款，有些公司财务制度不接受这些操作。贝宝收汇和取现都要收取手续费，费率偏高。

如果是外贸SOHO，或者公司很多业务是出口产品或小额批发，金额不大，订单量多，产品是通过快递出口的，不用正式报关，或者一些样品的寄送，金额不大，是比较适合贝宝的。很多电商跨境平台就采用贝宝作为支付方式之一，使用起来还是比较方便的。贝宝适合单笔交易金额不大、批次多、客户分散的出口业务，比如电子电器、饰品、五金、服装、手机配件和零售和小量批发等。

如果产品金额比较大，通过正式报关出口的，还是通过公司账户收款比较稳妥，也确保收汇后的出口退税能够顺利办理。

问题127：可以用支付宝/微信收外汇吗？

答：目前来说，支付宝/微信只能用于私人直接的人民币互转。即使对方想给你支付美元或者别的货币，也只能先按照商定的汇率折合成人民币支付给你。如果对方想给你支付人民币，首先这个国外客户要有国内的人民币银行账号和他们支付宝/微信建立关联。

如果是个人SOHO或者为私人老板工作，老板或者公司认可这个操作方法，那么通过支付宝/微信收钱，尤其是一些样品或者小商品之类，金额不大，自己做好对应收款的发货或者合同记录，也是没问题的。

一些在义乌或者广州做小商品外贸或义乌商贸城里面的朋友遇到这种情况比较多，有些国外买家会安排你给他们发货，他们自己有国内的支付宝/微信账号，也有对应的人民币银行账号和支付宝/微信建立了关联，这种情况下，他们可以进行这样的操作。

如果对方在国外，没有人民币银行账号和他们的支付宝/微信建立关联，也不可能做到人民币支付。

如果公司确认员工可以通过支付宝/微信收取客户的货款，也要建立完整的业务台账，便于管理。

常规外贸出口，笔者建议通过公司银行账号收付，不要通过支付宝/微信收款。

> **问题 128：客户收到骗子邮件，让客户将货款付到骗子账户怎么办？**

答： 外贸行业有很多诈骗，这是最典型的一种，就是骗子给客户发邮件，冒充是出口商，告知客户，因为某种原因，公司的收汇账户变了，请将款项汇到某个特定公司的特定账户。甚至会用上你们公司原来的签名或者章（当然是伪造或者从别的文件上复制下来后通过图像处理软件再盖上去）。

一般情况下，客户收到出口商公司要求更改收汇账号的通知后，大都会和出口商确认这件事的真实性，是不是真的收汇账号更改了，这时会发现这只是一场骗局。但是也的确存在客户没仔细确认，就会按照骗子邮件上的新账户支付货款的情况。过了一阵，出口商向客户催款的时候，客户说我已经支付了，这时再重新确认，才发现原来客户把钱付给骗子提供的账号了。

真的发生了这件事怎么办？得知客户收到这样的邮件后，首先肯定是之前当事人中有人的邮箱被木马软件劫持或者邮箱密码被黑客攻击成功了，然后黑客进入发邮件或者收件人的邮箱，看到了你们全部的往来邮件，甚至劫持了部分邮件，知道你们之间有一些发票需要支付，这样他们才能做手脚。第一步，马上打开自己的邮箱，修改邮箱密码，让黑客不能继续再用你原来的密码登录，设置复杂程度高一些的密码；第二步，把所有登录邮箱的电脑、手机或者 iPad 都杀毒，清除电脑或者手机上窥视你操作的程序或一些木马；第三步，通知所有往来客户，告知公司和银行账户都没有变化，如果收到以你们公司名义发出的邮件要求更换公司或者账号付款的，都是骗子，不要轻信。也要提醒客户注意修改邮箱密码，防止木马软件，定期杀毒等。

如果客户已经上当受骗，把钱汇到了骗子账户，一定要报警，同时也要求客户报警，看客户有无可能马上通知银行停止正在进行的操作，或者通过银行间的途径追回货款，如果追不回来，让客户通过银行尝试给骗子的银行施加一些压力，争取通过银行追索。如果骗子公司在境内，要通过各种渠道查到他们的信息，进行追偿；如果骗子公司在境外，也要想办法通过各种线索查到这个公司，施加各种压力，争取追回货款。

如果客户货款打到客户账户，而且骗子很快把款取走，无法追回货款。

除了上面该做的事情之外，还要和客户协商如何处理这个事情，如果货物已发，就比较尴尬，客户是否愿意再次支付，愿意支付多少，这些问题都要一个一个去面对。笔者了解到的情况是，各种可能都有，有客户同意全额支付这部分货款，也有客户表示，他已经支付过货款，虽然你没收到，但是他没法再支付，还有客户愿意承担部分货款，只能是尽力去争取最好的结果。

任何时候，预防是第一重要的，平时加强邮箱安全的关注，设置复杂程度高的密码，定期更换邮箱密码，电脑和手机要安装杀毒软件，定期杀毒、更新病毒库，这些都是日常需要关注的。

问题 129：莫名其妙发现邮箱在异地登录，怎么办？

答：应该是你的邮箱密码被黑客窃取了，现在黑客在登录你的邮箱，你的往来邮件都被黑客看到了。

对你来说，第一，修改密码，让黑客不能再登录你的邮箱。第二，马上让公司 IT 部门检查你的电脑和手机，看有无被木马软件感染。电脑或者手机要安装杀毒软件，定期更新病毒库。第三，马上打电话或者通过别的方式通知往来客户，告知客户，汇款账号不会变更，也提醒客户邮箱的安全操作。如果收到所谓公司修改银行账户相关邮件，一定要直接和你们公司联系，避免发生任何损失。如果出现损失，要马上报警，能否追回损失是一回事，至少让公安机关介入，对骗子起到震慑作用。

平时应该定期进入自己邮箱的 Web 页面，查询自己邮箱登录情况，收发邮件，删除邮件记录，仔细检查一些邮箱设置。比如某个邮箱来的邮件，有没有直接进入垃圾邮件，或者直接转发到某个莫名其妙的邮箱，还要再检查主要往来客户供应商的邮箱是否有变化，如果有变化，要马上确认到底什么情况。

平时你们与国外客户签订合同、支付款项时，除了邮件沟通外，还要通过电话、传真、视频等方式沟通后再操作，提升安全系数。

定期修改邮箱密码，密码设置不要太简单，不要用全数字的或者和登录名一样的密码，避免骗子轻轻松松进入你的邮箱。有些付费邮箱可能比免费邮箱提供的服务稍好，稳定性更高。

遇到莫名其妙的链接或者需要输入邮箱密码的网站谨慎点击或者进入，小心点儿总没坏处。

还有用手机登录邮箱的时候，也需要提高安全意识，很多人对电脑登录邮箱比较小心，而在用手机收发邮件的时候，没意识到手机也会被病毒感染，泄露各种信息。

第七章 外贸文件和单据制作
CHAPTER 7

问题130：如何提高单证工作的效率和准确率？

我在一家外贸公司工作，现在的岗位是协助外贸业务员做单据的工作，感觉这项工作太琐碎，都是数字，容易出错，经常顾此失彼，压力很大，有什么建议可以帮我提高工作效率，减少工作失误，让我成为一名合格的单证员？

答：单证工作要求对 Office 软件使用很熟悉，能够熟练使用 Word、Excel、PowerPoint 等软件，尤其是一些统计、累加、筛选、查询功能要运用自如。网上经常有一些资料，指导如何更好地使用这些功能，还是很有用的，掌握这些技能，可以少做很多重复工作，事半功倍。

虽然单证工作主要是 PAPER WORK，如果对外贸流程非常熟悉，了解每个单据的作用、功能、要求，了解单据和实际业务之间的内在关系，在做单据的时候就能抓住重点。比如出口发票主要作用有两个，即进出口报关和客户支付货款。如果做发票的时候，忽略了一个数字或者符号，后果不堪设想。

尽可能多准备一些单据和文件的模板，很多单据和文件都有固定模式和填制要求，必须按照这个要求做，如果格式不对或者填制不规范，将前功尽弃。

笔者建议你应注意以下几个问题：

（1）单据的编号尽量规范系统，比如发票号，不要重号，如果给同一个客户的发票号重号，对方会觉得这张发票已经支付了，就搁置一旁，等你想起这件事情，催款的时候，看到两张同样编号的发票，你自己也会分不清。

（2）千万注意数字后面一些单位的差异，比如吨和千克，很多时候，我们都是在原有单据上修改，如果单据以前的单位是吨，这次你要做的单据单位是千克，你可能只注意到了数字，没有注意到单位的差异，这样单据上的重量是实际重量的1000倍，会引起很大的误会。比如订舱，要写清楚是大箱还是小箱，是开顶箱还是框架箱,如果订错了,会引起安排上的混乱,严重影响交货等。

(3)单据工作轻重缓急的分寸要合理掌握。比如急着出货,那么第一就是要拿到装箱数据制作货运委托书订舱,这个数据不需要精确到每个箱子,明确大致的总体积、总重、整箱、拼箱就可以,有了这些数据,制作货运委托书,就马上让货代订舱。然后,等你有时间了再仔细做出货用的装箱单、发票、报关单等,尤其是周五的时候,要是耽搁的话就是2天,必须格外抓紧。如果客户在日本,发货后,马上把单据寄出,因为货物2~3天就到了;如果客户在美国,单据稍微晚点寄出也无妨,因为船在海上要航行2周以上,时间上没有那么急。如果信用证交单日是7天,那么出货前基本单据都要准备好,只等提单一收到就马上交单。

(4)单证工作尽量提前做。比如合同签订后,就可以把合同信息中的客户信息、货物信息、港口信息、唛头、提单要求等输入一些发票或者其他单据草案,这样出货之前做单据,压力会小很多,准确率也有所提高。

(5)养成良好的存档、记录、索引习惯,便于查询和事后跟踪。有些单证人员工作很卖力,但是没有养成良好的存档习惯,事情办完以后,资料没有及时归档,时间一长,根本找不到了。有些事情,口头说完或者电话确认以后,书面记录一下,以免事后遗忘。一些重要文件的传递,要有记录,比如DHL底单,过几天查询一下客户是否收到,签收人是谁,尽量做事勤快一些、细致一些,对自己、对别人都有好处。电子文档、电子邮件的保存、分类、查找也要有一定规则,便于自己使用、整理和归档。

(6)单证人员必须具有扎实的外语知识和外贸知识,对一些运输、保险、装箱、财务管理工作有一定了解,只有真正熟悉这些流程,才能做好PAPER WORK。

(7)做单据的时候,细心、耐心一些。自己检查几次以后再发给别人,有问题自己发现后改正比较好,总让别人挑出毛病,或者总是失误很多,会给别人添麻烦,甚至误事。比如,账号输错了一个字母或者数字,客户的钱就可能汇到别的地方,你们公司就无法收到货款。

单据工作属于基础的外贸工作,能够把这项工作做到优秀的程度,也不容易。把自己手头的工作做好,这一点很重要。单据工作比较烦琐、乏味,但是通过单据工作,可以学到很多外贸流程,接触到很多外贸深层次的知识。有些公司,新人必须在这个岗位做半年或一年,才能安排到其他岗位。

工作没有高低之分,任何岗位都能出人才,笔者见过不少外贸达人,就是从单据岗位起步的。

问题 131：Credit Note 的作用和主要使用场合有哪些？

我们给客户出口一批货物，提供了出口发票，但是后来发现货物质量有一些问题，客户找第三方公司对产品进行维修，现在，客户要我们开一张 Credit Note，注明他们维修的费用。这是什么意思？怎么开？

答：正常情况下，卖方出口后，开出商业发票，连同提单、箱单等寄给买方，买方根据发票的金额按照约定支付。如果货物发现质量问题，卖方无法派人修理解决，买方只能自己找人维修，就会产生一些维修费用，这个费用卖方也同意承担。一般来说，不会要求卖方再单独支付这笔费用，但是会让卖方提供一个 Credit Note，这样买方在根据发票支付货款的时候，就会扣除 Credit Note 上的金额，买方有了这个 Credit Note，账务就能做账轧平。有时产品质量有点小问题，买方会要求卖方在价格上做一些让步，也会要求卖方提供 Credit Note，作为少付款的依据。

第 七 章　外贸文件和单据制作 | 161

Credit Note 在格式上和发票差不多，上面的抬头是 Credit Note，一般列明订单号、合同号和产生费用的原因。与发票一样，最后盖章、签字，不过，现在很多公司都接受电子文档，对买方来说，这种方式要求上相对而言没有发票高。

问题 132：什么是 Debit Note？一般在什么场合下使用？

我公司出口货物到美国，货款已经全部支付。客户收到货物后，发现有 3% 的产品加工精度不够，客户只能自己再对产品进行加工，和我们已经确认，费用为 2500 美元。我们公司同意在下一个马上发货的合同里面扣除这笔费用，客户给我们电邮了一张 Debit Note，金额是 2500 美元。请解释一下 Debit Note 的意思。

```
                                                    TOAS A/S
                                                    Ns Juel21 s Vej 15
                                                    990250 Frederikshavn Denmark
TO : SHANGHAI ××× TRADING CO.,LTD
Room ×, Building 2, NO ×× Tianya Road ,
Pudong New District, Shanghai,China, 200×××
Tel: +86 21 51561703   Fax:+86 2151561703


                                          Datum:         14 December 2009

                    Debit Note 805/12/2009

Our order no. 450007467 – 2 ingot moulds type P501
Claim no. 63/12/2009 – Reason: cracks

Dear Sirs,

We refer to our e-mail sent to Nelson on 8 September 2009 informing you that the 2 ingot
moulds type P501 had to be repaired due to cracks. It was necessary to put tyres around the
cracked areas. We have now received the final costs and debit your account as follows:

| Invoice no.    | Company          | Invoice amount net without taxes |
| 8 10 091       | Müller Schweitzer| 5.640,00 €                       |
| Dez 08 page 5  | Repair welding   | 2.303,13 €                       |
| Total amount to be debited:               | 7.943,13 €                       |

You will find enclosed photocopies of the relevant invoices.

Sincerely yours,
TOAS A/S
Ns Juel21 s Vej 15
990250 Frederikshavn Denmark
```

答：在实际使用中，Debit Note 相当于发票或者账单，在一些场合下，要对方支付货款，也使用 Debit Note，在一些运费、佣金、杂费的支付申请中，用 Debit Note 的抬头也是常见的。

从你的情况看，相当于客户给你开了一张发票，然后和你给客户的发票金额发生对冲，余额就是要给你支付的货款。说得再直接一些，你可能应该收到客户的货款 50000 美元，你理应支付 2500 美元给客户，只是现在你不用支付了，客户在他给你的货款里面扣除 2500 美元，给你支付 47500 美元，那么他的账就清了；如果这次货款已经付清，那客户在他下一次合同执行的时候，从给你的支付中扣除 2500 美元，这笔账目就结清了。

从你公司角度来说，你最后少收 2500 美元，也需要一个正式的文件才能把账做平。所以，你需要把这个 Debit Note 交给你们的财务人员，作为少收款的凭证和依据。

问题 133：美国客户是中间商，要求我们把货物直接发到第三国，如何制作规范的单据？

我公司和美国客户签订合同，美国客户要求我们将合同货物发到泰国，要求提单的发货人是美国公司，提单收货人是泰国的某个公司。这样的贸易方式，我们做发票、装箱单以及确认提单时有什么技巧？

答： 对你公司来说，你只面对美国客户，所以，发票、箱单上面按照一般情况做就可以了，只是注意运货的目的港是泰国港口，如果你能够在发票、箱单里面体现出运到第三国的客户指定的公司，可以注明 SHIP TO 或者注明 CONSIGNEE，因为所有单据都是提交给你的客户，和泰国公司没有任何关系，所以发票和箱单制作问题都不大，不用紧张。

提单确认，就按照客户要求，SHIPPER 变成美国客户，CONSIGNEE 是泰国公司，船公司可以办到，没有任何问题。在正式提单签发前，最好和客户确认一下，免得正式提单签发后再改，涉及额外费用。笔者建议在发货前收汇，因为提单上不出现你们公司的名字，一旦有什么情况，你很难维权。

稍微注意一下，出货后，你把全部单据寄给你的美国客户，美国客户需要制作一套以他们公司抬头的单据、发票、箱单等，这个和你没有关系，但是美国客户给他泰国客户单据的数据是根据你的单据为基础制作的。因此，你需要抓紧时间，尽快把单据寄给客户，客户收到提单等单据后，加上他们制作一些单据，再寄到泰国，而中国到泰国海运只要12天就够了。

你的客户可能不想让最后用户知道实际生产商是谁，所以提单上出现的是他们自己公司的名称。

问题134：合同有预付款，发货后客户要求提供两套发票，分别用于报关和支付，应该如何制作这些发票？

我公司和英国客户签订合同，出口一批化工产品，合同签订后，客户要求我们提供ADVANCE INVOICE，然后给我们支付30%的预付款。货物发出后，客户要求我们提供两套发票，一套用于他们货款支付，另一套用于报关。我们不太明白应该怎么做，请解释。

答：对客户来说，发票有两个作用：一是报关，发票金额是整个订单的金额，客户以这个金额为基础缴纳关税也许还有增值税；二是客户用于支付的凭证，比如前面已经支付的30%预付款，那么后面客户就需要70%的合同金额的发票用于支付。

在制作发票的时候，可以在发票右上角用小一些的字体显示，FOR CUSTOMS USE（报关用）或者 FOR PAYMENT USE（付款用），这样，客户收到你的发票后，马上就知道不同发票的用处。

制作发票的时候，一开始都先列出全部订单金额，如果是预付款发票，名称就是ADVANCE INVOICE 或者 DOWN PAYMENT REQUEST，然后在总金额下面注明，比如，Amount for this invoice: 30% of the total value for advance... 或者 Amount for this invoice: 30%×前面的总金额=××××，如果发货后开给客户用于支付余款的发票，一般就是商业发票COMMERCIAL INVOICE 或者最后发票 FINAL INVOICE，前面也是列出总价值后：Amount for this invoice: 70%×前面的总金额=××××。

注意，给客户的发票不要使用重复号码，避免对方以为已经支付过了。

有些客户对用于支付的发票要求比较特殊，需要专门格式，如果这样，让客户提供一个模板作为参照，基本按照他的格式比较保险，免得寄过去以后对方不满意，再反复修改，影响收款时间。

问题135：什么是全式装箱单，如何制作？

我公司出口一批五金产品，种类很多、很杂，FOB SHANGHAI 条款，按照要求，发货前，我们将装箱单发给客户，也就是说，包括共多少个包装，每个包装的长宽高，每个包装的净重毛重，总体积，总重量等，但是客户回复我们，认为我们的装箱单不够清晰完整，要求我们提供全式的装箱单，以便到货后他们的仓库人员可以验收货物。什么是全式的装箱单？全式的装箱单应该包括哪些内容？

答：如果出口货物比较单一，比如250件产品装在5个包装里，每个包装装50件产品，每个包装尺寸 1.5m×1.5m×1m，毛重2.5吨，净重2.4吨，总体积就是 1.5m×1.5m×1m×5CASES = 11.25m³，总毛重12.5吨，总净重12吨，这样很清晰，装箱单也很容易做。比如有时我们就这样表达：7 pcs of 9 1/8" Cast Steel Wheel packed in 1 package，total 336 pcs packed into 48 packages，net weight 67680 kg，gross weight 68880 kg（每7件铸钢轮子装在1个包装里，共336件装在48个包装里，总净重67680千克，总毛重68880千克），信息表达得清楚完整。

但是有时货物很杂，品种很多，装了很多包装，一个包装里面可能装了3个A产品，4个B产品，7个C产品，那么除了提供用于报关的简式装箱单（就是一共多少个包装，每个包装的长宽高、净重、毛重、总体积、总净重、总毛重）这些最基本的数据外，还必须提供详细的装箱清单，表明每个箱子里面到底装了多少货物，装了哪些货物，或者说，发货的几百件货物甚至上千件货物，通过查这个全式装箱单，能知道某个货物装在哪个包装里面，这个包装的唛头是什么。这样，货物到了客户那边，客户只要根据这个装箱单就可以清点货物，每个包装里面装了多少货物，分别是哪些，如果同一订单，涉及客户不同的部门，各部门需要不同的货物，那么尽可能把同一部门的货物装在一起，不同部门的货物不要装进同一个包装，免得到货后拆装包装不方便。

不同订单货物，笔者建议不要放在同一包装，因为到了客户仓库，为了管理便利化，很多都会贴条形码，有些条形码管理是以订单为基础，不同订单的货物尽量单独放，不要放在同一包装。

有些大型工程项目，涉及的货物从设备到零件几千甚至几万种，尤其是零件，有些只要几个，有些很大，有些很小。因此，卖方必须按照买方要求制作唛头，制作统一格式的装箱单或者装箱明细，否则，如果标示不清，或者不能提供每个包装的明细，买方根本不可能逐个对照图纸确认。对买方来说，看到一个包装，通过唛头知道大致信息，通过包装上的装箱明细知道里面的货物，如果客户急需某个零件，他也能够马上定位到某个包装，很快找到。

如果货物在卖方的工厂或者仓库进行集装箱内装箱，卖方在制作全式装箱单的时候，根据集装箱号作为依据，制作装箱单。比如，一共 5 个集装箱，2 个 20 尺标准箱，3 个 40 尺开顶箱，各个集装箱分别有多少个包装，每个包装里面是什么货物，各自的长宽高、体积、重量等。如果可能，最好在集装箱的门内把手挂上这个集装箱内的装箱明细，以及每个包装的明细，让买方很容易就知道装了什么货物，装了多少件。

有时，做这些装箱资料、统计、标示、唛头等需要很长时间，但这是必须的，一些工程项目，如果不提供这些详细的全式装箱单，客户可能会拒收货物。

问题 136：为什么国外客户收到优惠产地证，却反馈在他们的海关系统中无法查到对应的证书号？

我公司向印度尼西亚客户发货并寄送了全套货运单据（提单、发票、箱单、保险单、优惠产地证 FORM E），客户反馈他们的报关行在当地海关系统中查不到这张产地证书号，无法享受关税减免，让我们尽快解决问题。我们的产地证是通过我国海关系统申请并获得批准通过的，为什么客户那边查不到呢？该如何解决这个问题？

答：进口商进口时提交优惠产地证可以享受优惠进口关税，但是如果在进口国海关系统查询不到这张产地证，则无法享受关税减免。如果已经在"单一窗口"认证通过并打印出来的优惠产地证的号码在进口国海关系统里查不到，一般有两种可能：

（1）字符输入不准确，如数字 1 和字母 I 搞错，数字 0 和字母 O 混淆，告知客户正确的字符，让客户试着输入正确字符或者数字就解决了。

（2）正本产地证打印顺利完成后，操作人员没有及时在"单一窗口"产地证打印页面上确认打印成功。

对于能够自助打印的产地证在本地完成产地证正本打印后，系统提示是否打印成功，应当选择"是"。海关自动对当天打印成功的产地证进行自动归档（页面上产地证状态是"已归档，已打印"）。这样相关产地证信息才能从我国海关系统自动传输到进口国海关系统。能根据产地证号码在进口国海关系统中查到这张产地证内容，才能在进口时候享受关税减免。如果产地证正本打印后当时没有及时确认打印成功，页面一直没处理，或者直接就关掉页面，系统就默认这张产地证没打印，这张产地证状态就是未归档待打印状态，数据无法发送到进口国海关系统，进口方就无法查到这张产地证的信息。可以通过以下方法解决：

（1）在"单一窗口"海关产地证打印页面通过"异常打印再次打印证书"，正确打印产地证后，在页面上确认打印成功，当天晚上产地证会自动变成"已归档，已打印"状态。

（2）通过联系辖区海关产地证工作人员，到柜面要求人工归档，人工归档时需要提供产地证复印件、情况说明（盖章）、"单一窗口"产地证状态截屏等相关资料。

（3）拨打12360海关服务热线，说明情况得到工单号，并将相关内容截屏并注明工单号发邮件给12360指定邮箱，发送邮件成功后再打电话确认，工作人员会通过邮箱或者短信反馈处理结果。

通过以上方法，这张产地证就能变成"已归档，已打印"状态，客户就能够查询到这张产地证信息并申请关税减免。

问题137：什么是 CERTIFICATE OF CONFORMITY？如何制作？

我公司和南美客户签订出口合同，在提交的单据清单里面，有一个 CERTIFICATE OF CONFORMITY，查了很多资料，都不明白这个意思，麻烦介绍一下如何制作这个文件。

答：一般我们称呼这个文件为符合性证书或者相符性证书，可以由出口方自己制作，有些客户要求第三方检验机构提供，比如 SGS、BV，所以要和你的客户确认一下到底需要哪一种。

可以让客户提供一个模板，因为每个国家或者客户要求稍微有些差异。

```
SHANGHAI ×××  TRADING CO.,LTD
Room×××, Building 2, NO××× Tianya Road , Pudong New District, Shanghai,China, 200122
```

Date of Issue: JULY.08.2011

CERTIFICATE OF CONFORMITY

CONSIGNEE:

WE HEREBY CERTIFY THE GOODS ARE SUPPLIED BY US THROUGH BILL OF LADING NUMBER MSCUN3484101   3*OT CONTAINERS XXXXX TO THE INTERNATIONAL QUALITY STANDARDS.

PROFORMA INVOICE NO.: 2011AG601
PORT OF ARRIVAL: ALGIERS
L/C NO.: LC401/2789/10IR

CONTINER NO: MSCU9000000   MSCU5623200   MSCU856231234

EMBALLAGE: WELL PACKED IN CARTON FOR ABOVE GOODS.

Any further clarifications to the above please contact the undersigned.

COMPANY STAMP ....

问题 138：报关时，为什么报关行要求我们在报关单上使用海关税则上 HS 编码对应的单位，而不是合同规定的自然单位？

我公司出口一批机械零件，合同上的单位是件，但是我们制作报关单时，货代和报关行每次都要求我们按照千克报关，并要求我们在发票上也注明产品的重量。我不太明白报关时，为什么一定要以千克作为零件的单位，而不是产品的自然状态单位件呢？难道我们报关用和给客户用的资料要做几套，满足不同需要？

答：出口货物报关时，都有一个对应的 HS 编码，每个 HS 编码都有一个对应的法定单位，有些是台，有些是套，有些是件，有些是千克，在单一窗口报关系统里面，只能识别这个对应的法定单位。笔者的建议是，发票上可以按照你和客户合同的自然单位，比如件/个，但是，也要在发票上注明 HS 编码对应法定单位及按照这个法定单位计算的数量，而报关单必须按照 HS 编码对应的法定单位。如果你不是按照这个法定单位填制，报关行或者货代一定会再和你确认，你还是需要提供的。

如果是以外贸公司名义出口，在安排供应商开增值税发票时，也必须按照产品 HS 编码对应的法定单位开，否则，退税系统无法进行匹配，无法顺利退税。后续还是会退回供应商原发票，让供应商重新按照法定单位开票。

海关既然这样规定，那就按照这个规定执行，按制度办，不会有什么问题。养成遵守规则的习惯，尤其和一些管理部门接口的地方，比如海关、商检、税务、外汇管理部门，按照规则要求办事，会让你减少很多麻烦。

笔者还有一个建议，有些公司报关单上的品名有时使用英语，会被报关行要求修改，按照中文品名提交后报关，在中国，官方语言是汉语，只能输入中文汉字，务必注意。

问题 139：发货后，客户要求提单上注明"CLEAN ON BOARD"，但船公司没有这个章，只盖了 SHIPPED ON BOARD，现在怎么办？

答：清洁提单（Clean B/L）是指货物交运时表面状况良好，承运人在签发提单时未加任何货损、包装不良或其他不良批注的提单。所以，只要没有不良批注，船公司签发的 ON BOARD 提单，就是"CLEAN ON BOARD"，所以你的提单没有问题，完全符合客户的要求。

问题 140：出口货物给中间商时，在确认提单信息时应该掌握哪些技巧？

日本客户和我们签订了一个出口合同，要求我们将货物出口到日本，合同条款是 CIF 横滨，但是在合同中注明收货人不是客户，是另一家日本公司，还再三要求我们货物包装上不能有任何关于我们公司的信息，不能有随附货物的资料和文件，提单上也不能用我们公司的名称，要求用日本客户在上海办事处的地址和联系方式。这样可以吗？他们这样做的目的是什么？

答：中间商有时为了保护自己的利益，不让最终用户知道产品实际生产者，会尽量不让出口商的信息出现在任何单据上。比如，提单的发货人可能要变成中间商自己或者他们的子公司，包装上不得出现任何厂家的信息和联系方式，从而能够长期控制渠道。

就提单发货人、收货人信息来说，没有什么问题，完全可以按照合同要求去做，在确认提单的时候，签发正式提单以前，让你的客户确认，让他们自己把关。

只是提单发货人显示的不是你们公司，而是日本客户的上海办事处，可能有一点不妥，就是在发生一些纠纷的时候，虽然你是实际发货人，但不是提单上显示的发货人，你们公司无法掌握货权，也无法向船公司索赔，会比较被动。

笔者建议你和日本客户协商一下这件事，争取早一些收汇，最好是发货前收汇。或者让客户提供一些担保，保护你的合法利益，把风险控制在最小范围。

问题 141：出口货物到非洲前，如何办理出口货物的第三方质检证明？

我公司在上海，和非洲客户签订了一个出口货物合同，出口一批机械零件，我们查了海关税则，不是法定商检范围的，CFR 条款，L/C 收款。L/C 条款上，要求我们提供第三方的检验证书，但供应商在浙江西部，公司较小，他们没有办过商检，也不愿意办理，而出口商检的原则应该是在工厂所在地的商检局办理。这种情况，我该怎么办？

答：出口产品的法定商检，必须由生产方在当地商检局办理，这是对的。但是第三方检验机构和法定商检不是一回事，第三方检验机构（如 SGS、BV）对出口货物检验，没有这个要求，一般都是在出口港的仓库或者堆场进行的。

一般信用证是这样描述的："由独立的认证机构在船运日期之前签署的质检证明，应说明在船运日期之前货物的检验/检查日期，必须带有信用证序号或发票号。"对货物检查的地点没有什么限制，除非客户要求，一般都是符合性检查，出口方先和第三方检验机构，比如 SGS/BV 等联系，出口方提供信用证、合同、图纸、出口方或者制造厂已经检验过的参数（比如尺寸、机械性能、化学成分等），提供货物的包装情况、重量情况，和这些机构确认检验的时间、地点，一般都在出口地的仓库或者堆场，检验机构到时派人随机打开一个包装，检查出口的货物是不是信用证描述的，包装件数对不对，包装坚固不坚固，然后问一些问题，基本就放行了。在缴纳相关的费用后，这些机构会出具你需要的质量检测证明。

这些机构都是商业营利性质的，服务态度也不错，一般出口的时候，就安排在货代的仓库或者堆场检查，根本不用到外地工厂检查。笔者和他们接触过几次，由于准备比较充分，都比较顺利。

问题 142：如何制作委托收款证明？

我公司代理一家工厂出口设备到西班牙，所有的报价、技术确认都是工厂自己和西班牙客户谈妥的，我们的主要工作就是标准代理所描述的，完成一些外贸手续，以我们的名义报关，给客户提供相关单据，收汇，支付人民币给工厂，核销收汇等。但是客户表示，订单是他们直接下给工厂的，发票是我们提供的，最后货款也要划入我们公司的账号上。他们财务部门需要工厂提供一个声明，表示可以将货款支付给我们公司，工厂说他们不懂这些，需要我们准备格式，他们盖章签字就可以。这个声明怎么做，有什么格式吗？需要注意哪些内容？

答：委托收款证明没有什么标准的格式，一般用工厂的信纸抬头格式，发给买方，主要内容是：工厂证明某外贸公司作为工厂的外贸代理，负责处理什么合同，什么产品的出口代理，主要职责是什么，比如发货，收汇后支付给工厂以及其他出口所需手续，请买方把货款支付到这个外贸公司账户上，工厂盖章签字就可以了。

如果加上外贸公司的账户、列明买方需要支付的金额也可以。可能的话，先让客户确认一下草稿，毕竟是他们需要，因此，无论是什么格式、什么内容，被他们接受才是最重要的。

江苏××制造有限公司
JIANGSU ×× MANUFACTURING CO.,LTD

To: DCN INDIA LTD   2/23/2011

WE HEREBY CERTIFY
 SHANGHAI ×× TRADING CO.,LTD
AS OUR EXPORT AGENT TO DEAL WITH THE EXPORT ISSUE
FOR THE **EXPORT OF** BASE FRAME
(PO#MD-IN/GP_IN_27/38_CKD-0003) OF 1 PCS
MAINS TASKS INCLUDE BUT NOT LIMITED TO

1) EXPORTING THE GOODS TO CUSTOMERS FOR
   JIANGSU FEIDA MANUFACTURING CO.,LTD

2) RECEIVING THE PAYMENT FOR AND TRANSFER TO
   JIANGSU FEIDA MANUFACTURING CO.,LTD

3) OTHER EXPORT FORMALITIES REQUIRED

   IN THIS CASE, PAYMENT TO BE RELEASED ON SHANGHAI TIANYA TRADING CO.,LTD
   ACCOUNT.

THANKS FOR YOUR COOPERATION

江苏××制造有限公司
JIANGSU ×× MANUFACTURING CO.,LTD

问题 143：什么是《货物运输条件鉴定书/货物危险性鉴定书》，如何办理？

我公司要在上海港出口一批化工产品，产品不挥发、不燃烧、无毒，要达到1300摄氏度才会发生变化，在办理货运的时候，船公司要求我们提供《货物运输条件鉴定书/货物危险性鉴定书》。这是什么类型的鉴定书？如何办理这个鉴定书？

答：当货物在进行航空运输、水上运输、公路运输、铁路运输时，为了保证运输的安全，必须了解货物的运输危险性。货物运输条件鉴定就是依据国内外有关危险货物运输的法规、标准，对货物的运输安全性作出鉴定和建议。有了这个鉴定书，船公司在接货（尤其是化工品）时，就比较放心，对不同危险程度的产品也会采取不同安全程度的运输手段和安全防护措施，当然价格也是不同的。

上海化工研究院检测中心提供这样的服务，你可以到他们网站看一下，手续一点也不复杂，笔者一共在那里检测过3次，没有感觉任何不方便。

先到网上（网址为http://www.ghs.cn/）下载鉴定书申请书，填写完毕，盖好章，连同准备好的样品一起送到检测中心，工作人员会帮忙了解，办手续，收好样品,安排你付费,然后一般2天后来取鉴定书。

得到鉴定书以后,把复印件交给货代或者船公司,自己保留正本(有些船公司要看一下正本,然后再返还给你)。常有些货代说《货物运输条件鉴定书/货物危险性鉴定书》的办理很复杂,很麻烦。其实鉴定很简单,办理这个证书远比笔者原来想象的顺利。出口商自己办,也很简单。

会者不难,难者不会。多接触、多了解一些新事物,对自己有好处,否则很容易受制于人。

问题144:国外客户要求唛头上只有他们公司的名称,产品或者包装唛头上不能出现任何关于我公司或者MADE IN CHINA 字样,为什么?

答:先分析客户这样要求的原因。

客户可能是中间商,你们的产品到目的港后不拆包装直接就转卖出去或者分销出去,所以客户不希望他的买家越过他找到你们公司,通过让信息不对称,客户可以控制渠道,控制商权。

客户要求包装和唛头不能出现你们公司的信息,不能出现实际制造厂和MADE IN CHINA 的字样的另一个可能是,客户自己也生产这个产品。只不过,随着一些产业的变化,很多行业比如机械制造、铸造,西方国家国内生产量很小,原来一些公司是自己生产的,现在他们转从中国采购产品,然后以他们自己的名义卖给原来的使用者。或者说,他的最终客户向他订购货物,他没有明确告诉客户,这产品是中国生产的,只是说这个产品是他提供的,他保证质量,至于真正的生产者或者原产地,只要最终用户不刨根问底,就会一直隐瞒下去。

笔者曾经和一个欧洲中间商探讨过这个问题,他们公司是一个贸易公司,有很多产品,尤其是工业品。他们也不在产品或者内包装上注明 MADE IN CHINA 的字样。但是他们外包装或者唛头有 MADE IN CHINA 字样,到了目的港按照他们的要求重新对产品进行包装。

常规情况下,产品和包装贴原产地标签是常识,正常外贸的产品都要注明原产地。我们出口产品包装和唛头都应该有 MADE IN CHINA 字样的,稍微注意一下,有些工业品不直接进入市场,或者需要进一步加工再进入市场,产品或者包装可以不注明原产地，唛头还是应该标注 MADE IN CHINA 字样。海关有时会抽查进口货物的原产地情况，就会查唛头和外包装，所以除非是客户要求，一般外包装和唛头都标注 MADE IN CHINA 字样。

用于零售的产品要求产品和内外包装上必须注明原产地，否则无法入境。比如，韩国对原产地的要求就非常严格，所有消费品入境的时候产品和包装上必须有原产地的信息，否则报关时就无法入境，还要征收罚款。海关会要求在产品上贴上原产地的标签后才允许报关，当然需要进口商支付这笔额外的费用，而进口商一般会让卖方承担这笔额外费用。

需要特别提醒的是，对于出口美国的产品，无论是海运、空运、快递，产品、产品包装和唛头都必须打上 MADE IN CHINA 字样，2020 年，美国海关严查来自中国货物的 MADE IN CHINA 标签，如果查出没有 MADE IN CHINA 标签，货物无法入关，可能会被退运或者销毁。近年欧洲各国海关对原产地标签查的也比以前严格了。

就你客户提出的包装和唛头的制作要求，请再次和客户确认 MADE IN CHINA 字样是不是一定不能出现，如果客户坚持，告知他可能产生的后果（进口国海关遇到查验可能会导致的结果）。如果客户还是坚持，笔者建议你们在收到货款后再按照客户要求制作唛头安排发货，并告知客户，如果进口国海关查验包装唛头原产地标签情况，你们不承担任何责任。

> **问题 145：出口货物品种多，比较杂，提单上的品名栏如何填写，是否要和出口发票一致？**

最近印度尼西亚客户提出，由于印度尼西亚海关加大了管理力度，要求他们进口时，发票、箱单、提单等信息严格一致，但是客户订单的东西很杂、很多，在发票、箱单上把所有明细列上去是没有问题的，而我们的货代建议提单上内容不要这么复杂，应该怎么办？

答： 从出口的角度看，一般报关单列明不同 HS 编码的产品名称（如果很杂，品名比较多，那就归类后用统称），发票箱单上列出明细，提单上可以使用一些概括性文字。一般船公司也不会要求把产品都列明，他们比较注重一共有几个包装，毛重，包装是不是完好，产品本身和实际大致相符（比如出口钢铁，不要写成设备）。为了工作简便，你用一些统称之类，也都能够接受。

做单据，一定要考虑到客户进口报关的方便，不能给他们造成麻烦。据笔者所知，有些国家的海关要求，如果进口产品发票品名有几项，在提单上也要列明几项，这种情况，有时候可以合并同类项，使用统称，但是如果HS编码不一样，就必须在提单上标明不同品名。这种做法其实也有合理之处，发票、箱单、提单上内容一致，容易解释，办理进口报关的时候就方便多了。有时品名信息太多，提单上无法一一列明，可以先打印好这些内容，提供给船公司或者货代，到时贴在提单上，在与提单连接的地方盖骑缝章。

不同国家和地区，对报关文件的要求不一样，为了不给客户进关时造成麻烦，外贸人员在做PAPER WORK的时候要主动沟通，提前和客户确认。在准备出口文件的时候，把进口报关的必需文件发给客户确认，比如发票、箱单、提单确认件（或者提单主要内容的确认件，比如发货人、收货人、通知人、唛头、品名数量等），让客户和他们的报关人员、报关行、货代早点确认，至少他们对其本国海关工作人员的要求熟悉得多，是否合适、正确，由他们审核比较好。在正式文件（提单、产地证等文件）拿到后，第一时间把复印件发给客户，让他确认，如果没有问题，马上寄出，如果对方提出哪里不合适，你立即配合修改。不要等货物到港，客户准备报关时，发现单据有误，这个时候再修改就非常麻烦。很多时候，提单修改还要先把正本提单寄回给你，你拿到提单后寄回给货代，货代再寄回给船公司，这个过程大概需要一周时间，等你修改好提单，再寄给客户，估计滞报已经不可避免。

对进出口实施严格管理的国家（比如印度尼西亚、孟加拉国、巴基斯坦、印度），单据的制作、确认工作要特别仔细，做到发货前让客户确认，寄单前再确认。信用证收款情况下，向银行交单前也需要和客户先确认单据。工作做得早一些、细一些，可以避免后续的麻烦。

问题146：**货物出口后，客户要求修改一些文件，比如提单、产地证等，涉及一些额外费用怎么办**？

答：笔者的建议是，如果是老客户，关系很好，修改文件费用不高，那就由出口方承担这些费用。如果修改的费用比较高，而问题又不是你们引起的，或者事先你和客户确认过，但是他当时没有及时回复，或者当时确认过，但是后来又几次三番修改，还是要和客户交涉一下，要求他们承担一些费用，以此来规范客户的行为。

修改文件本身费用不是很高，比如200元人民币或者几十元人民币，但是有时手续复杂，尤其是修改一些提单之类的文件。有时船公司要求发货人提供保函之类的文件才修改，如果事后出现一些问题，可能会让发货人处于一种比较难以维权的境地。因此，要尽量避免这种情况，更要有所警惕，有自我保护的意识。

问题147：通过我国香港中间商将货物转售到欧洲，能不能以我国香港中间商名义申请FORM A产地证？

我公司和香港客户签订了一个出口合同，合同规定，货物要运到德国，提单的发货人是香港客户的名称，合同规定我们提供FORM A产地证，在这种情况下能不能以客户的名义申请产地证呢？

答：不可以。我国香港中间商不是我国境内注册的公司，不是中国出口商，因此出口方（产地证第一栏）不能显示香港公司，只能显示我国境内的公司，但是可以在产地证的选择项，第三方发票栏加上中间商的名称和地址。

问题148：我国和哪些国家或者经济组织签订了优惠贸易协定，怎么了解具体的减税清单？

答：截至2022年1月，中国已经签署了19个自贸协定，共涉及26个国家和地区。还有一个优惠贸易安排（亚太贸易协定），自贸伙伴遍及亚洲、南美洲、大洋洲、欧洲和非洲。

具体可以查阅中国自由贸易区服务网 http://fta.mofcom.gov.cn/，有最新的所有自贸区的法规制度和实施细则，包括比最惠国更加优惠的关税政策及如何申领优惠产地证书。

每年一月出版的税则可以查到当年优惠贸易协定下的关税，进口时，来自这些优惠贸易协定的成员方的货物可以享受比最惠国更加优惠的进口税率。对进口商来说,是有现实意义的,可以少交不少关税。

协定专题			
已签协议的自贸区		正在谈判的自贸区	正在研究的自贸区
• 《区域全面经济伙伴关系协定》	• 中国—柬埔寨	中国—海合会	中国—哥伦比亚
• 中国—毛里求斯	• 中国—马尔代夫	中日韩	中国—斐济
• 中国—格鲁吉亚	• 中国—澳大利亚	中国—斯里兰卡	中国—尼泊尔
• 中国—韩国	• 中国—瑞士	中国—以色列	中国—巴新
• 中国—冰岛	• 中国—哥斯达黎加	中国—挪威	中国—加拿大
• 中国—秘鲁	• 中国—新西兰(含升级)	中国—摩尔多瓦	中国—孟加拉国
• 中国—新加坡	• 中国—新加坡升级	中国—巴拿马	中国—蒙古国
• 中国—智利	• 中国—智利升级	中国—韩国自贸协定第二阶段谈判	中国—瑞士自贸协定升级联合研究
• 中国—巴基斯坦	• 中国—巴基斯坦第二阶段	中国—巴勒斯坦	
• 中国—东盟	• 中国—东盟("10+1")升级	中国—秘鲁自贸协定升级谈判	
• 内地与港澳更紧密经贸关系安排			

 问题149:现在接触到一些产地证,比较复杂,一般有哪些产地证?

答: 按照出证机构不同,产地证可以简单分为海关签发的(原)产地证和贸促会签发的产地证,我们外贸一般提到的产地证CO,就是这种第三方签发的产地证。有时如果合同或者LC许可,也可以用出口商自己签发的产地证。

按照产地证本身的特点,产地证主要分为以下三种:

第一种,非优惠原产地证书。

一般原产地证书或普通原产地证书,英文名称为 Certificate of Origin,简称 C/O 或 CO,是证明货物原产于某一特定国家或地区,享受进口国家正常关税(最惠国)待遇的证明文件。

第二种,优惠原产地证书。

(1)互惠产地证证书(各个自贸协定优惠产地证证书),在别的章节有详细介绍。

(2)单惠产地证证书(单向给予)。比如普惠制原产地证书 FORM A。自1978年普惠制实施以来,先后有40个国家(地区)给予我国普惠制关税优惠,其中大多是我国的重要贸易伙伴,如欧盟成员及英国、俄罗斯、加拿大、日本等。随着我国经济的飞速发展,欧盟等多个普惠制给惠国在近几年陆续宣布取消给予我国普惠制待遇。截至2022年1月,仍然保留给予我国普惠制待遇的国家有挪威、新西兰、澳大利亚 3 国，对出口至这 3 个国家的货物，企业仍可以申领普惠制证书。

第三种，专用原产地证书。

（1）金伯利进程证书，是指在实施金伯利进程证书制度成员方之间使用的，用于证明进出口毛坯钻石合法来源地的证明书；

（2）输欧盟非优惠进口特别安排项下产品原产地书（M）（如输欧盟奶酪制品证、农产品证）；

（3）加工装配证；

（4）转口证明书；

（5）各国烟草真实性证书（T）；

（6）输往墨西哥瓷砖价格承诺原产地证书（AD）；

（7）输往巴基斯坦瓷砖价格承诺原产地证书（AP）。

在优惠原产地规则中，收发货人提交原产地证明是申报的基本要求，即进出口货物必须提交指定机构签发的原产地证明，并申报适用相应协定项下的优惠税率，否则不能享受相应的税收优惠。

而非优惠原产地规则中，收发货人仅在海关要求的情况下提交原产地证书，其余情况下均无须提交。在目前的管理措施中，非优惠原产地规则下需要提交原产地证书的情形主要为"两反一保"，即实施反倾销、反补贴及保障措施的进出口货物需要提交原产地证书。

问题 150：产地证的出证机构有哪些？不同出证机构签发的产地证有哪些？

答：目前海关签发的原产地证书有：

（1）一般原产地证（C）；

（2）普惠制原产地证（G）；

（3）中国—韩国自贸区原产地证（K）；

（4）中国—东盟自贸区原产地证（E）；

（5）亚太贸易协定证（B）；

（6）中国—智利贸易区原产地证（F）；

（7）中国—巴基斯坦贸易区原产地证（P）；

（8）中国—秘鲁贸易区原产地证（R）；

（9）海峡两岸原产地证（H）；

（10）中国—澳大利亚自贸区原产地证（A）；

（11）中国—哥斯达黎加自贸区原产地证（L）；

（12）中国—新加坡贸易区原产地证（X）；

（13）中国—新西兰贸易区原产地证（N）；

（14）中国—冰岛自贸区原产地证（I）；

（15）中国—瑞士自贸区原产地证（S）；

（16）输欧盟非优惠进口特别安排项下产品原产地证书（M）；

（17）各国烟草真实性证书（T）；

（18）转口证明书（TR）；

（19）加工装配证书（PR）；

（20）输往墨西哥瓷砖价格承诺原产地证书（AD）；

（21）输往巴基斯坦瓷砖价格承诺原产地证书（AP）；

（22）中国—格鲁吉亚自贸协定原产地证书（GE）；

（23）中国—毛里求斯自贸协定原产地证书（MU）；

（24）东盟证书流动证明（MC）；

（25）RCEP原产地证书（RC）；

（26）RCEP背对背原产地证书（BR）；

（27）中国—柬埔寨自贸协定原产地证（CA）。

简单地说，基本上海关能够提供所有的产地证。具体可以查阅海关"单一窗口"海关原产地证申请。

贸促会可以签发的原产地证书有：

（1）一般原产地证（C）；

（2）亚太贸易协定优惠原产地证书（B）；

（3）中国—新西兰自贸协定原产地证书（N）；

（4）中国—新加坡自贸协定原产地证书（X）；

（5）中国—秘鲁自贸协定原产地证书（R）；

（6）海峡两岸经济合作框架协议原产地证书（H）；

（7）中国—哥斯达黎加自贸协定原产地证书（L）；

（8）内地与香港、澳门紧密贸易关系安排产地证（HM）；

（9）中国—冰岛自贸协定原产地证（I）；

（10）中国—瑞士自贸协定原产地证（S）；

（11）中国—澳大利亚自贸协定原产地证（A）；

（12）中国—韩国自贸协定原产地证（K）；

（13）中国—东盟自贸协定原产地证（E）；

（14）中国—格鲁吉亚自贸协定原产地证（GE）；

（15）中国—智利自贸协定原产地证（F）；

（16）中国—毛里求斯自贸协定原产地证书（MU）；

（17）中国—巴基斯坦自贸协定原产地证（P）；

（18）区域全面经济伙伴关系协定原产地证（RC）；

（19）中国—柬埔寨自贸协定原产地证（CA）。

具体可以查阅海关"单一窗口"贸促会原产地证申请。

在具体业务中，客户要求出口商提供产地证，如客户单据要求中没有明确是由贸促会还是海关签发原产地证，海关或贸促会签发的产地证都可以，可酌情处理。如果L/C支付，单据要求商会签发的证书，在申请证书时，需要贸促会加盖贸促会（商会）的章。

一般理解，国外客户如果要求政府机构签发的原产地证，那就申请海关的原产地证，如果要求民间机构的产地证，那就申请贸促会的原产地证。

问题151：如何制作规范的出口发票？

答：外贸所用的出口商业发票，主要有三个作用：
（1）自己公司出口报关用；
（2）客户进口报关用；
（3）客户支付时使用。

无论什么场合，一般商业发票都应该包含以下内容：

（1）发票的抬头（即谁开的发票）。这个就是出口商自己的公司，一般都要有公司中英文名称、地址、联系方式（电话、传真、电子邮件等），笔者建议留下详细联系方式，以便在任何时候都能找到联系人，解决任何问题。有时需要税号信息（比如在墨西哥，给卖方汇款时，卖方需要向他们有关税务或者银行当局提供受益人的税号）。

（2）发票类别。使人一目了然，一般就是指商业发票，可能在特定情况下，有形式发票、预付款发票等，也有的名称不叫发票，但是作用和发票差不多，比如DOWN PAYMENT REQUEST（定金申请书）、DEBIT NOTE（账单）等。有些付款人在安排付款时，对发票的名称有特定要求，可先和付款人确认一下。

（3）发票的时间、地点。这一般都是指出口地，出口当日或者之前的某个日期。

（4）发票号。发票号一般用数字比较多，也有用数字和字母的组合，稍微留意一下，有些客户的系统可能不支持比如"-""/"（横杠、斜杠）之类的符号，尽量还是用数字，少用符号。发票号可以用客户订单对应的一些号码，也可以用出口商自己公司的发票序列号，但是注意要有唯一性，不能重号，发票编号不要太长。

（5）发票对应的合同或者订单号。这一点很重要，一定要在发票上显示客户的订单号，以便客户查询。当然，也应该有自己公司的合同号，便于自己公司存档或者查询。

（6）发票的对象（即开给谁）。这个非常重要，谁给你付款，就开给谁，要求显示对方公司名称、地址、联系人、电话、传真、电子邮件等，有时也需要把对方税号写上，对方报关时需要这个信息。

（7）货物从启运港到目的港。一般格式就是 FROM...TO...BY SEA（BY VESSEL），或者 BY AIR，或者 BY CARRIER。

（8）支付方式。T/T、D/P 或者 L/C，如果是 L/C，需要开证行名称和 L/C 号码。

（9）唛头。

（10）数量和品名。尽量与订单一致，注意不要写错单位。比如件、套、吨、千克。

（11）分项单价及币种（注意货币单位，千万不要写错）。

（12）分项总价及币种。

（13）贸易条款（比如 FOB、CIF 等）及价格汇总的金额。书写规范一些，有时候把数字大写。汇总一下信息，比如 3 项 5 件，共多少千克，多少钱，这样更加清晰。

（14）如果是总金额的一定百分比作为预付款或者余额支付，一般就是 30% of total amount for this invoice as advance /as balance，然后是具体金额。

（15）如果发票金额不是前面计算的总额，而是百分比，一般还需要写清总额，相当于再确认一下。比如 AMOUNT FOR THIS INVOICE: USD12563.00，这就是这种发票的总额。

（16）最后也是最重要的：受益人，开户银行（地址、联系方式）账号，SWIFT 信息，有时加上 TAX ID，如果没有这个信息，客户无法给你付款，SWIFT 信息是对方银行给卖方银行支付货款的路径，如果初次交易，一定要写上，否则支付会遇到麻烦。

（17）发票最后一般要盖章、签字。

需要注意以下几点：

一是有些国家进口时，需要发票体现原产地信息，出口发票要加上"COUNTRY OF ORIGIN：CHINA"，而有些国家，发票中要求注明海运费。

二是不同货币有时银行账号不一样，要留意一下，不要写错，否则无法收汇。

三是如果一批货物，已经有过预付款，那么要注意给客户的发票，一套是用于海关报关的，全额的发票；另一套发票是给客户支付时使用，需要把全额发票减去已经支付的金额的余额作为这张发票的金额。有时，在发票一角上注明，FOR PAYMENT USE，或者 FOR CUSTOMS USE。

问题 152：如何保证重要单据不丢失？

我公司搬家，忙中出错有一张增值税发票找不到了，3000多元人民币，结果被领导批评。同事告诉我，外贸行业里一些单据需要特别注意，绝对不能丢，否则麻烦大了。哪些单据特别需要注意，绝对不能丢？应该如何管理重要单据？

答：外贸行业，有些重要单据绝对不能丢，否则真的很麻烦，有些单据丢了，还不是能用钱解决那么简单，涉及一些你们的资质等级问题，一些大的公司对重要外贸单据实施严格的管理，避免发生单据丢失或者遗漏。外贸行业重要单据有：

（1）增值税发票。大家都知道，开增值税发票是要交税的，基本上是13%。如果只是为了支付，那么复印件问题也不大，但是外贸出口退税，必须有增值税发票的正本才能办理，否则无法办退税。当然，你可以要求供应商再开增值税发票，但问题是多交的税应由谁承担。

（2）管理当局（海关、外汇管理局、商务部、林业部、机电办）签发的重要文件。比如，海关签发的加工贸易的一些备案或者许可文件，海关关于进口免税的批准文件，海关保证金的凭证、林业部签发的林木证（进口木材时使用）。

（3）海运提单或者码头仓库的提货单。海运提单是物权证明，尤其是一些指示提单，谁得到提单就可以提货。因此必须谨慎保管，避免隐患。即使没有安全隐患，要让船公司重新签发提单，一般手续比较复杂，需要提供担保、登报等，耗时耗力。

大一些的外贸公司对增值税发票、管理当局的重要文件和提单等，都有专门的管理制度，比如要求业务员或者单证工作人员在收到发票，尤其是增值税发票后必须自己检验发票的准确性，留下复印件，将原件交给财务验票保存。

老练一些的外贸人员或者管理比较严格的外贸公司，对这些重要单据的传递和交接都比较用心，要求收到单据的人签字确认，避免发生问题后互相扯皮或者互相推诿。

平时在工作中要以预防为主，尽量仔细一些，多确认，不要怕麻烦。有时真的找不到了,要尽快处理,不要拖着不解决,事情拖得越久越难处理。

问题 153:客户指定某船公司运货,让我们自己找货代和船公司接洽,该如何安排?

我公司出口一批货物,由美国客户安排运输,客户给我们的邮件是"Please ship with ONE(through any forwarder),our booking code is",这种情况,该如何安排?

答: 出口的时候,FOB 条款下,国外客户安排货运,一般都是指定货代,到时连同报关、内装、集装箱拖箱送到码头一起做,只是这部分费用由出口方承担。但是有时,国外客户和船公司已经有约定或者合约号,海运这一环节安排好了,不具体指定货代,由出口方自己指定货代,让货代和船公司联系。货代一般报上客户的公司名称、客户在船公司系统里面预订的号码(合约号)或者客户在船公司的客户代码,船公司从系统里面查到这个预订信息,就可以安排货物的运输,对上船前的一些工作,都是由出口方自己指定的货代完成,比如报关、内装、换证(如果有的话)、码头、文件费,都是由出口方和货代自己协调、确认。

所以你说的这种情况也比较好处理,找个熟悉的货代和船公司接洽,由货代来做你们和船公司的中间桥梁,很多事情让货代去做,你到时候只要付钱就可以。笔者比较喜欢这种 FOB 的操作方法,相对来说,熟悉的货代,港杂费、包干费比较合理,要比客户指定货代的价格公道一些,和自己公司业务联系也比较多,容易沟通和控制。

问题 154:怎样向客户提供合格、规范的质量检验证书?

公司以前主要做内贸,有时通过外贸公司做一些间接的国际贸易,最近我们自己也开始直接对外接外贸订单,但是客户几次抱怨我们的检验证书不规范,不够专业,或者总觉得我们的单据有很多问题。请教一下,国际贸易中,制作专业、规范的质量检验证书有哪些要求和实用技巧?

答： 不同行业对检验证书有不同的格式，一般都有模板，参照模板根据实际情况做一些改动，这是一个比较简单的办法。

如果可能，可以让客户提供他们经常使用的产品检验报告的模板，或者把你自己设计的产品检验证书格式发给客户确认，这样，基本上双方在检验以前就能对检验标准、检验表格达成共识。

在实际准备检验证书的时候，先要获得一些模板，检验方式不同，模板是不一样的，比如化工产品和机械产品检验证书内容差异就很大。

撇开内容的差别，有一些共性，需要在检验证书上体现。

（1）制作检验证书的公司名称、联系方式、检验人、审核人。

（2）检验证书是发给谁的（一般是客户）。

（3）合同号、订单号、品名、规格、图号、批次、订单数量和检查数量。

（4）检验方法、检验设备、检验的依据（一些标准和参考数据）与实际测出的值。

（5）检测的结论，比如检测通过，验收合格。

（6）时间一般包括生产时间和检测时间（注意，有时很多公司都是发货后再整理检验报告，报告上显示的日期就是最后整理报告的日期，这不太合适，检验日期应该是发货前实际检验的日期，而不是发货后整理报告的日期）。

（7）如果需要，还有一些说明、备注之类。

对于不同的产品，检验的标准不一样，比如机械零件的检验证书（基本上铸件产品、锻件产品，包括机械加工产品都采用类似的报告），一般检验报告上需要有以下信息：

（1）合同号、订单号、批次、品名、生产厂家、数量、净重、毛重、生产日期。

（2）材料名称、化学成分（有时包括炉号或者热处理批次号）、机械性能（抗拉强度、延伸率、收缩率、硬度）等，有时包括热处理曲线。

（3）尺寸报告（附原图纸及标上检验位置标号的图纸）。

（4）一些专项检测报告（MT、PT、UT、X-RAY）。

（5）有时还需要一个声明。比如，We hereby certify that ×××× products are made of good quality material...Sound art, can meet the customer's requirement in the drawing or in the order... 相当于声明货物质量合格，工艺成熟，可以满足用户在订单或者合同里的要求。其作用相当于国内所称的质保书。

需要注意的是，外贸人员不是翻译，很多时候，在有了原始数据以后，所做的工作不仅是翻译，还需要对一些内容进行重新整理，从格式到内容，还有标准，比如美国客户要求基本上都是英制单位。因此，在制作检验证书的时候，要看检验得到的原始数据是不是英制，如果是英制，那就不需要转化，如果是公制，则需要在原来检验证书上把这些公制数据换算成英制，便于客户查询和理解。

制作检验证书要尽量避免这种情况：已经规定了产品的公差，比如化学成分是 Ni 0.4%~1.0%，实际测出的值是 0.397%，但是检验证书的结论是合格。这是最尴尬的，如果严格按照标注，实际测出的这个数值是 0.397%，小于标准的下限 0.4%，就是不合格了。但是和标准差异又很小，如果取整的话就变成合格，这个微小的差异供应商如果自己判断不会影响产品质量和性能，那就索性四舍五入，把实际值变为 0.4%，这样的话，从表面上看，这项也就合格了。最忌讳的是，有些数据显示为不符合公差，但是最后的结论又是合格的。

如果数据不合格，出口方应实事求是地把数据提供给买方，让买方自己判断到底是判废重做，还是接受超过公差的货物（也许客户在价格上会要求一些折扣），不要提供虚假检验报告。

还有一个细节是，国内很多检验证书上比较多的是盖章，即使签名也是汉字，而国外客户一般习惯签字，所以笔者建议签字时尽量使用名字的拼音，或者汉字签名后用拼音也签一下，因为国外客户看不懂汉字，既然检验证书是给客户用的，必须考虑他们的需求，给他们提供方便。

问题 155：如何办理样品通过 DHL 或者 FedEx 的出口手续？

答： 一般来说，如果样品金额较小（金额在 5000 元人民币以下），不需要收汇，也不需要出口退税的，可按照 C 类快件申报。一般出口商可在线制作一个出口发票，发票上有发货人、收货人的详细地址，打印后将发票盖章连同货物、快递运单一起交给快递公司。

在做发票的时候，注明 "FOR SAMPLE USE, NO COMMERCIAL USE"，或者发票上注明 "FOR CUSTOMS USE"，金额也要与实际情况差不多，不能太离谱。

最近，即使是寄送不用报关的样品，也需要出口商提供报关委托书，这只是一些快递公司的流程问题，按照他们的要求提供报关委托书，没有什么影响。

如果超过这个金额，就必须走正常货物类（正式报关）出口申报。

问题 156：给客户的发票计算有误，发票已经给客户了，怎么办？

我们最近出运到德国的一批货物，总价应该是 35075 欧元，实际做发票的时候，有一列数据没有加进去，发票显示金额是 34995 欧元，我们就按照这个金额报关出口和给客户提供单据，单据是上周寄出的，刚才检查发现了这个错误，两个数值之间相差 80 欧元，这样影响客户清关吗？

答：不用过分惊慌，先把正确金额的发票做好，扫描后发给客户，告诉客户前面你们计算的时候出了差错，非常抱歉，以前的发票不再有效，报关和支付都以后做的发票金额为准。如果客户需要，你可以马上寄正本的正确的发票给他。

如果是海运，货物到德国要 20 多天，你现在通知客户，不影响客户报关。如果是空运，正本单据可能没到，你现在通知客户，也不解决什么问题。即使正本单据已经到客户手里，客户可能也拿之前的发票金额报关，这个金额差异很小，且不存在恶意修改发票金额的动机，而且客户在报关的时候也会重新计算，得到正确的金额，或者有些国家的海关检查非常仔细，如果报关行工作人员或海关工作人员发现计算错误，会向进口商指出，要求重新提供正确发票，应该不会有太大麻烦或造成严重后果，也不用过分着急。

发生类似事情的时候，第一时间和客户沟通，告知客户真实情况，不要隐瞒，出现问题不可怕，但要及时通知对方，马上处理。

问题 157：空运出口货物时单据制作有哪些技巧，可以提高单据正确率？

我公司出口一批货物到德国，发货后我们将单据电子邮件给客户，客户马上提出空运单和装箱单的重量不一致，要我们修改，仔细检查了一下，的确如此。我又看了一下预录报关单，重量也不是我提供给货代报关单的重量，有点奇怪，海运的时候，提单和报关单的重量都是按照出口商提供的数据，为什么空运出口时，航空公司（或者货代）、报关行没有采用我们提供的数据呢？空运出口时，制单有哪些技巧？

答： 如果你到过空运的收货仓库，你就会理解这种情况，空运的收货仓库有比较精确的电子称量装置，所有货物进入仓库前，都会过磅，最后空运单和预录报关单上的重量就以这个过磅重量为准，而不是以出口商装箱单和报关单上申报的重量为准。航空公司或者货代收费也是以这个过磅重量为准，可能是因为空运的运费高，都是按照千克计价的，航空公司必须使用自己的称量系统实际称重，保证计费的准确性。实际上，出口商的装箱单数据很少是实际称重得来的，一般都是估计的重量或者理论计算的值，相对来说，还是空运单上的重量更加准确。

出口商要注意单据的数据是否有更改，及时更新数据，或者对一些变化有清晰的书面记录（及时让货代提供空运单和预录报关单），以便查询。

因此，出口空运制作单据时，要留意重量的数据栏，笔者建议拿到空运单复印件后，更新装箱单的数据，尤其是毛重的数据。争取尽早拿到预录报关单的复印件，这样修改更加准确。

如果出口商一开始提供的数据里面，净重200千克，毛重210千克，实际称的重量是毛重215千克，空运单显示的毛重就是215千克，预录报关单显示的毛重是215千克，净重是200千克。那么拿到空运单和预录报关单后，修改一下装箱单，把毛重改为与空运单和预录报关单一致就可以，净重不用修改。

如果出口商一开始提供的数据里面，净重200千克，毛重210千克，实际称的重量是毛重195千克，空运单显示的毛重就是195千克，预录报关单显示的毛重是195千克，净重就可能是报关行或者货代给的一个估计值，比如净重190千克（因为净重不可能超过毛重）。你就按照毛重195千克，净重190千克修改单据。特别注意的是，如果货物的HS编码对应的单位是千克，最后开增值税发票时，数量必须按照预录报关单的190千克净重开发票，绝对不能按照出口商一开始提供的200千克净重开发票，否则数量不对，无法退税。

回到你的问题，按照空运单和预录报关单的数据修改装箱单及其他涉及重量的单据，然后给客户发过去。

问题158：进出口货物包装上的唛头有什么作用？包装上一定要有唛头吗？

我公司拼箱出口一些体育用品，每个产品都是单独包装，每20个产品装入一个纸箱，然后每8个纸箱装到一个托盘，在小包装上都有具体的产品名称、标示、警示符号等。请问，最后的大包装还需要唛头吗？唛头一般包括哪些内容？

答： 一般情况下，除非客户有明确指示不需要唛头，笔者建议一般包装产品要有唛头，很多国家对进口产品的包装和唛头都有一定的要求。比如，出口到孟加拉国的产品，一般要求唛头里包括进口商的名称及地址。

业务人员在发货前，要和客户确认唛头的格式、内容和大小。唛头的内容一般包括客户名称，客户订单号，包装里面的品名和数量，货物的一些运输细节（比如 FROM SHANGHAI TO CHICAGO BY SEA），包装的尺寸（长宽高），包装的毛重、净重，以及总共多少箱，这是第几箱等〔一般用类似 C/N: 12-（1～12），表明一共有 12 个包装，这是其中的某一个包装〕。如果采用信用证支付方式，有些信用证还要求唛头里有信用证号码和信用证开证日期。当然实际唛头的内容根据需要而定，没有必要过分麻烦，如果唛头内容过多，提单上写不全，需要单独打印作为附件。

唛头的作用是，在拼箱或者空运时，让你的货物和别人的货物能够很快分开，便于操作和提货。能够让人马上知道，一共有多少个箱子或者包装，如果缺失了一个或者几个，相关操作人员马上能够知道，可以避免很多麻烦。

唛头的另一个作用是可以给客户提供很大方便，到货以后，客户能够通过唛头很快知道这个包装里面是什么货物。有些货物到达以后，客户不是马上使用，而是作为备用的产品在仓库里放一段时间，有些是被客户转售，有些把整批或者部分货物分给不同的部门，如果有清晰的唛头配套完整的全式装箱单，客户会方便地找到他们需要的货物。

如果出货的时候，包装没有唛头，货物本身也没有编号，就不知道是哪个产品发生质量问题。如果不同品种的货物杂乱地装到箱子里面，箱子没有唛头，没有编号，收货的人会一头雾水，根本不知道箱子里面装了什么。

大部分国家规定，唛头或者包装上必须出现原产地信息，这一点也需要加以考虑。

就你所说的情况，拼箱货物，应该贴唛头比较好。

第八章 风险控制和外贸诈骗预防
CHAPTER 8

问题159：供货周期比较长时，报价如何控制风险？

长期合作的客户向我们询价，这次询价产品发货周期很长，共12个月，每个月发一批货，最近材料价格上涨，汇率变动，这样的长期供货的报价应该注意哪些问题？如何控制风险？

答：长期供货的报价的确很难。卖方面临以下变数：

（1）人民币汇率近期波动频繁，幅度很大，12个月后的汇率很难预测。

（2）出口退税率，在长达一年的时间内会不会调整，无法准确预测，尤其是一些高能耗、高污染、资源性的产品，说不定国家会下调这个产品的出口退税率。一般每年1月1日，海关税则有调整，退税率也会有一些变动，有时国家甚至会突然在某个时间根据需要调整出口退税。有些货物没有出口退税，还要征收出口税。长期来看，出口退税率是降低趋势，而一些征收出口税的产品，出口税的税率有提高趋势。

（3）材料价格的变化，引起产品本身的成本变化和价格变化。近一两年，价格好像很少会跌，涨价的概率比较大，人工成本上涨也比较厉害。

（4）运费成本。

（5）两国政治、贸易关系等有无可能发生一些大的变动。

以上因素都会影响产品成本，出口方需要在报价中把这些因素考虑进去。

如何报合适的价格？太高了客户不接受，太低了自己公司没有利润甚至可能亏本。能否建立一个合理的价格调整机制，让双方都接受？以下是笔者了解到的，或者曾经谈过、试验过的一些长期供货合同的报价方法。

（1）2004～2005年废钢价格波动，用废钢作为材料的一些产品价格涨跌比较严重，笔者也有一个年度订单报价，当时是这样谈的：建立产品价格和原料价格的一个算术关系。产品的主要原料是废钢，比如废钢涨跌幅度在 5% 以内，价格不做调整，如果超过 5%，废钢每涨跌 200 元，成品价格涨跌 100 元，相当于各承担 50% 的原材料涨跌风险。为什么要说是涨跌？这是一种姿态，如果材料价格真的跌很多，客户一定会和你协商的。主要是涨的时候，卖方如何消化上涨的成本。这个变动的价格需要一个参照，比如以华东钢铁市场每月 20 日的价格作为双方计算的基础。

可在基本价格基础上，根据材料价格变动调整价格，这个合同，有几个批次的货物根据实际情况调整过价格。

（2）有过一个合同，合同签订的时候，要求连续供应 1 年，因为签约时海运价格波动特别大，这时笔者接受了订单，但是有附加条件：合同期间，海运费在每个箱子多少美元以下时，笔者严格执行合同，但是一旦海运费涨价幅度超过 30%，笔者要求调价，让买方在运费上补偿笔者一些，比如买方承担 75% 的运费上涨部分，弥补笔者一些损失。这个合同执行期间，最后运费没有涨得那么高，价格一直没有变化，直到执行结束。

笔者建议你也可以参照上述方法，如果某一种原材料的价格或者运费，或你们产品的国际市场价格参照价变化到一个程度，你有权调整价格，当然调整的价格需要再确认，或者报价的时候就确定调整的比率。出口退税率和汇率的变化也可以放到价格调整机制中来，比如说出口退税率在合同期间出现调整，调整幅度在 2% 以内，那就不调整销售价格，如果调整幅度超过 2%，对价格的影响买卖双方各承担一半。

（3）支付预付款是一个比较好的办法，一般大的合同，如果周期特别长，需要预付款也是合理的，预付款比率要考虑对方的承受能力，比如 30%～50%，如果买方不接受，再沟通或者考虑其他办法。有些工厂，收到预付款后，专款专用，就购买这个合同的原材料，这样也可以防止意外风险和原材料价格大波动，还可以降低汇率风险。

（4）利润率是一个需要慎重考虑的问题，笔者感觉合同周期这么长，利润率非常低，比如 2% 或者更少，风险还是比较大的。笔者一般倾向于，合同执行期一半到三分之二时间是挣钱的，最后一段时间可以不挣钱，当然，最好也不要亏。即使最后一段时间个别批次亏一点，平衡一下，总体上还是要保持盈利。一个长期合同，如果开始时就几乎没有利润，那风险太大，无法经受时间考验。

（5）如果担心人民币汇率波动太大，可以采用人民币价格计算合同金额，外汇支付。客户支付时采用实际汇率计算外汇支付的金额，保证卖方收到的人民币总额不变，这样卖方也就将汇率风险控制住了。

在基础价格上可以做一些价格调整，最好建立一个涨跌机制，不仅要考虑你自己的利益，也要考虑客户的利益，比较合理，比如国际价格下跌的时候，你主动提出降价，这样，客户会很愿意和你合作。

签订长期供应的合同，一定要选择值得信任的买方，否则风险很大。当然，这不是报价技巧问题，属于策略范畴。

问题160：长期供货合同签订后，因出口退税政策发生变化，导致出口价格低于成本，应如何处理？

我们是一家贸易公司，和美国客户签订了一个长期供货合同，每个月发货200吨，连续12个月，合同执行到第5个月的时候，由于国家对出口退税调整，这个产品的退税从原来退税13%降到退税为0，导致成本上升，最后成本大于销售的FOB价格，公司希望能够中止这个合同，我们应该如何和客户谈，尽量减少我们的损失？

答： 从商业角度看，在合同期间，卖方应该遵守合同，严格按照合同的要求供货，否则就是违约。但是长期做亏本生意，显然也是不合适的，甚至就像一个无底洞，因此，尽早和客户沟通，争取不发货，少发货，减小损失。

对客户来说，一些长期供货合同，他可能有一个以上的供应商，所以，让客户减少对你的货物的需求，增加对其他供应商的需求，这对你来说，少发货也就意味着少亏损。对客户来说，不用增加额外成本，还能够保持对这个产品稳定的供应。

对卖方来说，如果买方坚持执行合同，而合同金额比较大，产品比较敏感的话，还可能面临一些其他问题。出口换汇成本的问题，一般来说，出口货物的成本应该小于出口的销售价格，如果这个产品取消退税后，出口货物的成本上升了，而价格没有上升，会出现利润倒挂，也就是亏损，单笔亏损或者亏损金额不大，税务局至多要求写个说明，如果连续亏损甚至亏损巨大，计算出口换汇成本的时候，账务出现倒挂，一般税务局会干涉的，会叫停的。当然，这种情况是有原因的,卖方可以解释,比如必须遵守合同规定,税务局也许会放行。但是,低于成本价、亏本销售涉及一个非常敏感的问题:倾销。

倾销,是指一国(地区)的生产商或出口商以低于其国内市场价格或低于成本价格将其商品抛售到另一国(地区)市场的行为。倾销被视为一种不正当的竞争手段,为WTO所禁止,因此,反倾销也成为各国保护本国市场,扶持本国企业强有力的借口和理由。如果按照后面的价格执行,量还比较大,真有可能被美国企业投诉你倾销,而且你们企业的确是在以低于国内市场价或者成本价销售。中国政府从来不支持中国企业低于成本价在海外市场倾销,因为很容易引起国家间的贸易纠纷。

如果客户说他们没有其他供应商,你们不供货,客户可能会有大麻烦。那么你们在谈判的时候就处于主动地位,客户只能依赖你们,这时,你说你们可以不挣钱,但是价格必须调整,不能亏损,和客户商量新的价格后再执行合同。

做生意没有必要硬撑,做不下来就和客户商量,毕竟是长期合作,双方都希望能够继续做下去,要客户马上找到其他供应商也没那么容易,质量、交货期也未必都靠得住,所以,和客户好好谈,努力争取,一切都有可能。

问题161:给国外中间商或者代理商支付佣金应掌握哪些技巧?

我们通过一个海外华人公司的联络和帮助,和马来西亚的公司签订了一个合同,最终买方直接支付货款给我公司,但是需要支付一些佣金给那个提供帮助的海外华人公司,这种做法符合国家有关规定吗?应该如何操作?

答: 根据目前国家的一些规定,支付佣金是合理合法的,一般情况下,单笔佣金支付不超过10万美元或者佣金比率不超过收汇金额的10%,都能顺利支付。

支付佣金的手续也不复杂,一般是在收到主合同的货款后,向银行提供和中介签订的佣金协议、中介的佣金发票、收汇的水单复印件、出口时的发票和报关单、原来的贸易合同,让银行安排支付佣金,可以咨询一下银行,他们对流程更清楚。

支付佣金后,对之前和中介的佣金协议、发票等都要妥善保存,公司内部审批佣金合同和审批佣金支付的手续要齐全,避免以后审计时说不清,保护好你自己。

需要注意的是,一般情况下,要等合同执行完毕,全部收汇后再给中介或者代理商支付佣金。有时遇见一些商人,口气很大,声称认识某某非洲或某个岛国总统或者总督或者省长之类,还有和这些人的合影,然后告诉你有个政府项目,但是要先支付佣金,比如诚意金1万美元,才能介绍生意给你们。这种人基本都是不太靠谱的,谨慎与之合作。

有些中介公司喜欢让卖方收到每一笔款时都支付佣金,笔者不太赞成这样,有些中介收钱后其他的事情就不管了,这样会有风险。卖方还是尽量坚持到合同执行完毕,收到全部货款后再支付佣金,这样风险小一些。当然,承诺给中介的佣金,也不要打折扣,按时到位,不要过河拆桥。

向国外公司支付佣金有一个税收问题,支付佣金的公司应该主动向税务局缴纳税金,很多公司都没有意识到向国外公司支付佣金还需要纳税,也没有主动申报,然后税务局专项检查的时候才意识到之前几年支付佣金都没有缴纳税金,要补缴所有税金,公司要一下子支付一大笔税金。

业务人员在洽谈合同、签佣金协议、计算合同成本的时候,就要确认谁承担税金,即确认合同上的佣金是含税的佣金金额,还是客户需要实际收到的佣金金额,避免后续发生争执。

> **问题 162:商务联系中,为什么重要联络尽量要通过邮件、合同、协议等正式书面的方式,即使是即时通信,也需要整理后存档?**

现在即时通信很发达,微信、QQ使用很多,也很方便。但是公司管理文件规定,对重要文件的交接和一些涉及合同执行、报价的谈判协商,需要用规范的书面文件记录,必须通过签字等方式要求双方确认,而尽量少用即时通信,贯标部门还对这个提出了明确要求,增加了很多不必要的工作量,有点小题大做,似乎没有必要。应该如何解决便利性和公司规范性之间的矛盾呢?

答:没有遇到麻烦的时候,认为任何制度、任何规定都烦琐,似乎没有必要,但是真的遇到困难,有损失了,就会发现,有记录、有书面证据多么重要。否则很多事情，最后就说不清是谁的责任了。

在工作中要养成重要文件让对方签收的习惯，这样，万一对方丢了文件，你也能够拿出签收单，证明是谁的过错。比如用 DHL 寄国际快件，一般应保留底单，寄出 2~3 天后，先查一下，是否到了客户那里，然后发邮件确认，这样这件事情才算是做完了。

比如给货代的委托书，和客户的报价、支付方式、合同条款、合同修改、一些单据的确认，都尽量以邮件或者传真形式，这样有记录，可以查询。有时，微信、QQ 的记录保存不如邮件安全，可以每隔一段时间就将邮件归档一次。

保存记录，同时要养成归类的好习惯，这样，在你需要的时候，能很快查到。

例如，2016 年的时候，笔者遇到过一个合同质量争议，当时客户提出笔者方的一个产品部分材料不对，说笔者方没有完全按照合同供货，要求笔者方补偿。笔者当时很紧张，先向客户了解这种材料能否使用，客户说可以，对质量不会有影响，但是不管怎么样，也是与合同不符。这个合同其实是 3 年前签订的，中间笔者公司经历了 2 次搬家，很多文件笔者也找不到了，再和当时的制造厂确认，制造厂也记不清了，但是制造厂说如果有材料替代，应该有书面确认记录。工厂有比较完备的质量文件记录，于是笔者专门到工厂和他们在资料室里找了很久，找到了当时合同的执行记录，在全部合同的技术确认里，找到了当时客户一个项目经理签字确认同意使用替代材料的手写记录，还有当时的签字和日期，扫描好这个文件，交给了客户，客户收到后心服口服，再也不提索赔了。

在一些合同里面，一些重要的通知都要求邮件发出甚至快递寄出，现在很多人为了便利都用微信联系确认，的确及时方便，但是一旦出现问题，出现纠纷，追究责任的时候一方可以以没有收到正式通知为由进行抗辩，所以要严格按照合同要求去做事，不要怕麻烦，避免被动。

问题 163：影响出口价格的主要因素有哪些？如何把握控制报价风险和提高成交率的矛盾？

我刚刚进入一家工厂从事外贸工作，一切都在起步阶段，现在已经了解了出口报价的基本计算方法，但是对如何控制报价中的一些风险，没有什么概念，希望您能介绍一下如何控制出口报价的风险。

🔊 **答：** 要了解影响出口报价的因素，要先了解出口报价的组成。一般出口报价时我们需要知道的几个变量有：国内交货价（或者国内成交价）、出口退税率（出口关税率）、出口货物人民币港杂费、海运费、利润率以及人民币汇率。

人民币有一个预期升值的过程，报价的时候必须清楚。比如 2020 年 9 月 20 日汇率大约是 1 美元折合人民币 6.75 元，那么你 9 月 20 日报价时，就要看一下，客户大约是什么时候下订单，客户一般的支付周期是多久，如果预计从报价、成交、生产到发货、收汇的周期大约为半年，那么报价不能用 6.75 的汇率计算，否则收汇时，同样的外汇，你换不了那么多的人民币。你需要预估一个人民币汇率，比如 6.7 或者 6.65 甚至 6.6，虽然不是很准确，但是大致可以体现出人民币汇率的趋势，减少波动。在合同签约后，如果合同金额很大，大致确定收汇时间后，可以和银行签订一个远期外汇的协议，将远期的外汇收汇的成本固定下来。

退税率或者出口关税率也是一个重要因素，每年我国都会对一部分 HS 的退税率或者出口关税率进行调整，有时调整幅度比较大，可能会出现退税率从 13% 马上调整到 0，对产品的成本影响很大。一个大的趋势是，那些资源性的产品（比如铁合金、矿产资源）不仅不退税，出口还需要缴纳出口税；一些能耗大的产品，退税率有下降趋势，而一些机电产品，出口退税还是比较高的。

生铁、钢锭之类的产品需要缴纳出口税，热轧产品部分缴纳出口税，而一些冷轧产品就有一些退税，这可以看出国家的产业政策导向，加工程度越高，国家越支持。有时，国家出口退税或者出口关税的调整对产品影响要比汇率变动更直接、更明显。因为汇率调整是渐进的、可预期的，而有时出口退税或者出口税率的调整很突然，不仅有每年一次的税则变化的变动，国家有时还会根据进出口需要，对部分产品不定期地调整。所以，对这个调整也尽量有一些预期，否则，政策变动的时候，非常被动。对跨年执行的合同，更要小心。

人民币港杂费金额没有那么多，占货价比率也不高，但是如果对一些价值、附加值低的产品，港杂费稍微变动一些，可能直接就把本来不高的利润给消化掉了。比如钢结构产品，利润不高，而钢结构一般体积较大，装船前需要在码头或者仓库保存，费用比较高，有时一吨需要（一个立方）

150~200元人民币，对这些费用，要做到心里有数、有底。

海运费占总货价比重不是很高，尤其是一些比较近的航线，比如上海到日本。但是有时运费波动很大，比如上海到美国，2020年9月运费就比6月运费涨了50%都不止。如果是集装箱运输，报价时笔者习惯在当前运费的基础上高报10%~20%，避免合同成交后，安排运输的时候运费涨价，挤压利润空间。

对于一些超大、超重、无法用集装箱运输的货物，必须多了解一些这条航线上的散货运输的可行性和价格，避免货物准备好了，找不到合适的船运出去或者运价暴涨。到一些偏远的国家和地区或者偏港，班轮很少，集装箱运输都不能保证，散货船更少，要包船运输一些散货，必须事先了解价格行情。绝对不能有"先报价等合同下来再说"的想法。15年前，有个公司出口巴西一批设备，合同金额很大，报价时对运费估计不足，到了发货的时候，运费暴涨，这还不是最麻烦的，因为设备体积特别大，一般的船根本运不了，只能找特种船运输，包船的价格忽然提高，而且没有选择，最后，货物是运出去了，运费比预计多支出了70万美元，亏损严重。据笔者了解，当时出口商亏了400多万元人民币。

最重要的一个因素，是货物人民币价格（如果是外贸公司，就是供应商人民币价格）。一般来说，如果人民币价格本来有竞争力，那么成交可能性就大一些，如果人民币价格本来竞争力不强，那么获得订单的可能就很小。如果是周期短的合同，一般人民币价格或者成本不会有太大变化；如果是长期供货合同，这个货物的人民币采购价格也是会变动的。

最后要考虑的就是利润率，如果前面在计算一些其他因素的时候，余量较大，那么利润率可以稍微降低一些。如果前面一些因素计算的时候很严格，那么笔者建议利润率不能太低，比如1%~2%就有点危险。因为只要其他因素稍微变动一下，这个利润就消化掉了。同样，如果利润率为15%，那么一些因素（如港杂费）在考虑的时候，就不用放很多余量了，即使有些因素发生变化，也不会影响大局。

报价的艺术，就是在利润率和成交率之间取得平衡，我们希望高利润，降低风险，但是价格太高，可能得不到订单。我们希望成交，所以有时候会把价格报低一些，让价格有竞争力。但是，价格太低，风险太大，可能没有利润，一旦某个因素变动一下，比如运费涨了，合同就可能亏本。怎样把握具体分寸，只能用心体会，自己在实践中摸索提高。

> **问题 164**：最近在谈一个中东项目，金额巨大，我们对中东不太熟悉，有单不敢接，有什么办法能够在控制风险的情况下尽量达成交易？

答：中东政局一直有点混乱，政治风险较大，即使是通过 L/C 收款，在政局动荡的情况下，也很难保证资金安全。能够降低、控制项目风险，对出口商来说非常重要。

就大型项目来说，一方面，必须了解买方或者业主的资信，如果对方是一些石油公司，资信还好一些。

对出口企业来说，如果风险很大，必须对项目进行保险，包括货物本身的保险，更重要的是，必须考虑买方原因和政治原因引起的出口收汇风险。在洽谈合同的时候，就可以和中国出口信用保险公司接触咨询，了解相关规定和具体保险费率。

争取通过预付款、银行保函、备用信用证、信用证保兑等办法，早点收汇，并争取让一些知名银行（比如花旗银行）在当地的一些机构作为银行保函、信用证、备用信用证的开证行或者保兑行，降低资金风险。

在交易的时候，选择合适的贸易方式，比如 CIF 而不是 FOB，这样，即使在出现问题的时候，对货物多一些控制权，避免出现钱货两空的局面。尽量选择可靠的物流公司，在出现危机的时候，这一点很重要。

大型项目金额大、时间长、涉及面广、风险大，去办理出口信用保险，虽然会增加一些费用，但是一旦出现商业风险或者政治风险，能够保障出口方的利益。中国出口信用保险公司代表的是国家（是我国唯一承办政策性出口信用保险业务的金融机构），有时外贸公司和客户发生纠纷后，他们也会参与和协调，他们的特殊身份，可以给客户一些压力和震慑力。

据笔者所知，当年利比亚出现危机，一些通过中国出口信用保险公司办理过保险业务的中资机构，很快得到了赔偿，毕竟是政策性保险机构，要比一些商业机构可靠得多，而很多没有投保的中资公司，损失惨重。

问题 165：运费波动频繁，对供货周期很长的产品，如何报 CIF 的价格？

我在工厂里做外贸，一直做的都是 FOB 的，现在有个新客户要我报 CIF 价，交货期比较长，最后的交货期要到明年下半年，我问了几个货代，说海运费价格经常变动，他们也没有确定的价格，只能报最近成交的价格作为参考。既然不能确定，如果报给客户一个价格，有效期是一年，假如这一年中海运价格上涨很多，我岂不是亏了？有什么好的建议吗？还有，保险怎么办？

答： 生意都是谈出来的，你有困难、有问题，别人一样会有。只是看你能不能找到有效的解决方案，让客户选择，或者想出一个你和客户都能接受的办法来解决这个运输问题。

如果你对运费实在没有把握，那么只能报 FOB 价格，让客户自己解决运输问题，只是这个运费上涨风险由客户承担了。

还有一个办法，FOB 和 CIF 价格都报，如果你对运费没有把握，运费稍微报高一些，这样，让客户自己选择 FOB。

如果客户坚持要你报 CIF，在运费方面，运费报高了，价格可能没有竞争力，报低了，没有利润。笔者建议你按照每个集装箱整箱 1000 美元的运费（例如实际运费可能是 850 美元，稍微报高一些）报，然后对价格进行说明，你的价格是按照每个集装箱 1000 美元，如果运费调整幅度在 20% 以内，价格不做调整，如果运费调整幅度超过 20%，后面没有发货的产品价格将根据某个比率进行调整，双方重新确认价格。这样的话，一旦运费变化太大，双方都有权调整价格，不会让一方承担过多责任。

出现问题不可怕，关键是要提出多套解决方案，让对方有选择的余地，而不是坐等别人来解决问题。

保险费比较容易解决，一般没有书上讲得那么复杂，可以在 CFR 价格（FOB 价格 + 运费）的基础上加 0.5% 作为 CIF 价格，因为一般保险费率都在 0.3% 左右，加上一些投保加成，CFR 价格 ×1.005% 应该够了。

问题166：有人说外贸行业也有很多骗子，听起来有些耸人听闻，能不能大致介绍一下与外贸相关的骗局？外贸诈骗主要有哪些情况？

答：任何行业都有骗子出没，外贸行业也不例外，很多骗子还是高手，因此外贸业务人员平时在外贸交往时，要有防范意识，了解一些典型行骗伎俩，以预防为主。毕竟任何时候，预防胜于治疗，一旦身陷骗局，无论怎样努力，都会有不同程度的损失。

有一种最蹩脚但是现在还在使用的行骗手法，就是以非洲或者某个发生政变的前国家元首的子女或者遗孀名义发来电子邮件，说家人在政变中身亡，他有一大笔钱，需要提现，但不能通过他自己的名义去取，需要通过转账得到，如果你能够帮忙，他可以给你总额70%甚至更多的钱。如果你回复邮件了，他会告诉你如何操作。

还有一种骗局，说你的一个银行账号上多了几万甚至更多美元在途支票的金额，但是注意，不是实际收到外汇（而是在途支票），让你感觉似乎真的有钱汇入，于是按照他的要求支付收到金额20%的钱，你的钱是汇出去了，但是前面在途支票的金额没有实际到账，只要对方撤票，这笔交易就作废，你账上的钱就没有了，空欢喜一场还损失很大。虽然这个骗局没有新意，但笔者一个美国客户的合伙人，就中招损失了几万美元。天上不会掉馅饼，平白无故地怎么可能有人给你送钱呢？

前几年流行一种骗局。一些工厂收到所谓国外公司办事处询价，数量巨大，你报价以后也不还价，但是会邀请你到深圳或者海南等地，说他们公司负责采购的老总来了，要见见你。到了目的地，骗子帮你预订宾馆，然后暗示你，他们准备给你订单，价格可以比你们的报价高出10%，甚至订单都帮你准备好了，但是要你把多出来的10%利润的一半给他们领导作为回扣。你希望得到大订单，请他们吃喝玩乐，甚至还送现金、送洋酒，希望搞好关系，等你发觉不对，钱送出手后，会发现所有人都仿佛人间蒸发，所谓的公司根本就不存在，之前所有电话都打不通了。所以一般情况下，如果遇到询价的人对你报价的情况根本不问，质量不问，交货期不问，你们公司资质不问，质量管理不问，甚至还暗示你们价格不高，他们很有兴趣，请到某地方来，他们领导过来敲定合同的情况，你要小心了，也许一张"网"正在等着你。

最常见的是那种冒充所谓外商代表，到供应商处吃吃喝喝，大话连篇，其实就是骗子。据说现在还有一些外国人设置这样的骗局，合伙骗中国人。

国际贸易中经常听到的一种情况是，骗子一般先成立一个皮包公司（甚至虚构一个公司），然后他们与你签订合同，向你购货，用几个小订单做诱饵，一开始都能严格按照约定支付。等你放松警惕后，最后一次要上一大批货后便人间蒸发，或是付少量定金拿走大批货物后消失了。这样的骗局，有时从开始到结束，要几个月时间，发生的地方从国内到国外。国内外相勾结的情况也不少。

此外，一定要注意收汇安全。收汇的问题上，有两种情况可以作假。一是通过支票到账，然后骗子撤销支票，就会出现公司银行账上显示多了外汇，是通过在途支票汇入的，但是过几天，骗子撤销支票了，钱就没有了，骗子利用这个时间差，可以做很多坏事。二是水单作假，前几次水单传真发给你，钱一般两天后到你银行账户，你也就寄出提单或者提单电放，但是这次，客户发你的银行水单（银行汇款凭证）可能不是严格意义的水单。严格意义的水单应该是银行支付后发给汇款人的回单，表示汇款已经支付，有汇款人、收款人、账号、流水号、汇款时间等信息，一般是打印的，最后落款是银行（有些有盖章或者电子回单章之类）。但是有些国家银行水单的部分内容比如付款人、收款人、金额、账号，是汇款人自己手工填写或者输入后打印出来，汇款人签字或者盖章确认后将这个填写了部分内容的汇款申请交给银行，银行汇款后，会完成银行水单（银行支付凭证）其他部分，如交易时间、交易流水号、交易类型。一般情况下，客户填写汇款信息后银行都会按照要求汇款，大家一般看水单时候，看的比较仔细的是金额、币种，不大会仔细看水单银行填写的那部分内容。如果客户提供给你们的水单只有他们自己填写的内容，而没有银行支付后填写的完整内容，则这个所谓的水单充其量只是一个填写好没有安排银行支付的汇款申请书。如果客户没有将其交给银行，那这个汇款申请书就没用；或者即使交给银行，如果客户账户没钱，银行也不会支付。甚至，传真的很多文件都可以作假，所以，对水单也不要迷信，要和自己银行确认，外汇是否实际到账。

一些外贸人觉得比较可靠的 L/C，也经常会遇到一些诈骗，因此在对外经济交往中，必须有"防人之心不可无"的心态，不放走一个坏人，当然也尽量不冤枉好人。

还有一类就是发邮件给客户，冒充出口商说公司账户需要修改，让客户付款到某个公司或者账号，这类骗局在别的问题里面有涉及，这里不详细介绍。

问题167：如何降低风险，预防外贸诈骗？

答：外贸诈骗每年都会发生，中国出口商每年都有不少中招，损失还是不小的。

对外贸人来说，被骗的原因，主要是水平低、对很多信息缺乏分析的能力，甚至有悖常理的情况也会相信。比如，国际市场上，热轧钢材平均价格在600美元CIF价格的时候，有买家联系你，说他可以出价每吨850美元，或者说有卖家联系你，说他只要每吨400美元，那么这个里面肯定有问题，天下没有那么美的事情。这些稍微分析一下就能知道。

或者，和你联系的买方公司在任何网站都查不到，也许就是一个用一美元注册的小公司，地址都是在居民区，连固定电话都没有，从来都是一个人和你联系，却要和你做几百万美元的大生意。

在签订合同的时候，有些人缺乏风险意识，对一些涉外法律、风险缺乏深刻的了解。一些企业领导喜欢凭直觉，喜欢喝酒后爽气同意，有时承诺了不该承诺的事情。

比如和一个陌生公司用信用证交易，交易后1/3正本提单直接寄给买方，2/3提单按照L/C流程提交开证行，开证行马上拒付，因为单据不符，但是客户早得到了正本提单，也就不用到银行接受不符单据，到底付不付钱，什么时候付钱，付多少钱，都是他说了算，你根本没有任何制约措施。你认为他违约，想起诉他，但国际官司很难打，如果他有意诈骗的话，把钱转移，然后宣布公司破产，即使你打赢官司，也可能钱货两空。还有一种情况，交易的时候，对运输和货物失去控制，比如出口商出口的时候买方和他商量，说这个产品买方要转卖，提单上不要显示他们公司，直接把买方公司作为发货人是否可以。出口商认为这似乎问题不大，结果一旦出事，提单上根本没有出口商公司的名称，出口商找船公司，船公司不会理出口商，出口商无法主张任何权利。

在出现隐患的时候，有侥幸心理，拖拖拉拉，行动越晚越失去主动。如果联系的客户出现违约，不要抱着"可能客户会按照合同约定支付货款"的心理，拖到后面，会完全失去控制。比如客户 L/C 拒付，第一个想到的就是把握货物主动权，尽量不让客户提货，马上确认单据的下落。出现问题，马上补救，马上行动。

外贸业务人员平时应该如何预防诈骗呢？

（1）任何时候，预防的效果最好。小心谨慎，对每个环节都严谨一些、规范一些，不要怕麻烦。等到出现问题再采取措施，就已经晚了，损失不可避免了。

（2）不要贪便宜，感觉这个生意不太正常的时候，要小心了，可能陷阱已经挖好等你跳了。

（3）熟悉、了解国际惯例，了解运输、保险、货物索赔、货款支付、诉讼、仲裁的一些基本流程和常识。不懂才会被骗，如果你对整个外贸流程都很了解，对方有什么漏洞，能钻什么空子，你不会一无所知，对方稍微有表现异常的情况，你便能很快察觉。

（4）选择可靠的贸易伙伴很重要，尽量和一些知名度好、资信良好的公司做生意，如果和一个公司在小合同执行的时候就很不顺利，那么马上做大合同，会更危险。对于一些装神弄鬼、故弄玄虚、号称能够通天的买方，一定要警惕，不要轻信。西方人有句话很实用，"永远和你信任的人做生意"。

（5）金额比较大的业务，可以利用中国出口信用保险公司的一些服务，投保买方风险和政治风险。在有些情况下，出口商很难了解到对方的资信，但是中国出口信用保险公司有自己的网络可以了解客户资信，如果他们无法了解这个客户的信息，他不会承接这笔业务，那么对你来说，这个业务风险可能过大，必须慎重。

（6）骗子做了坏事，毕竟理亏，所以，外贸业务人员一旦发现对方有违约行为，或有预期违约迹象，当机立断，马上行动，防止损失扩大。比如，马上指示船公司不放货，或者指示银行拒付。已经有一些劣迹的公司，本来就会心虚，一旦他骗不到了，也不会真的去告银行、告船公司。

（7）电脑、手机安装杀毒软件，定期更新病毒库，杀毒，对来历不明的邮件（尤其是附件要小心），定期修改邮箱和一些电商账户的密码。重要文件尤其是支付相关的发票等邮件或者文件通过即时工具发出后，要记得和客户确认。

没有什么锦囊妙计，只能警钟长鸣，小心行事，随机应变，见招拆招。

第九章 投诉和异议处理、谈判技巧
CHAPTER 9

> **问题 168：出口产品在目的港发现包装损坏，重新包装后产生额外费用，如何处理？**

我公司出口一批货物到英国，2 个立方，FOB 宁波 18000 美元，纸箱包装后，装在托盘上，拼箱运输，货已经到英国港口，客户反馈说货物包装不坚固，托盘下面的胶合板垫脚散了，现在他们委托仓库重新修补包装，产生了 180 欧元的费用，要求我们支付。这个要求合理吗，应该怎么办？

答：拼箱的货物因为集装箱要装不同的货物，有时包装容易被碰坏、压坏、撞坏。似乎我们有一个印象，按照 FOB 条款，你在发货的时候包装完好，你也拿到了清洁提单，而根据 FOB 风险划分，发货以后，所有权和风险都已经转移到买方，你好像对此不用负责，风险由买方自己承担，买方可以和船公司或者保险公司交涉，当然，这只是理论上的，实际上海运保险主要是对外来风险承保，而你说的这种情况应该不是外来风险，保险公司不会赔付。首先要确认卖方的包装是否足够坚固，能否承受长时间的运输。

实际中，几层胶合板黏合在一起或者钉在一起，作为托盘的脚，短途运输问题不大，如果是长途海运，加上雨季或者空气潮湿的话，胶合板强度很差，在搬运或者移动的时候，胶合板被水或者潮湿空气侵蚀，很容易变形或者散架，硬纸板材料也经常会出现这个问题。所以在出口的时候，要充分考虑到长途海运尤其是雨季时节潮气对包装材料（尤其是底部可能接触到水或者潮气的地方）的侵蚀，尽量使用坚固的包装材料，避免后续可能发生的隐患。比如，硬纸箱外面要缠绕透明的塑料膜来避免纸箱受潮，选用强度稍高的胶合板、胶合板连接可以用金属捆带进行加固，确保货物在储运中的安全和保护。

笔者曾经遇到过类似的情况，纸箱外面没有做好防水，装箱时受潮（可能淋雨或者空气湿度大），下层的纸箱部分塌了，不过产品不受影响，客户只是有些抱怨，没有扣款。

考虑到可能是你方原因引起的包装问题，客户提出的费用也不大，笔者觉得这个要求合理，你们公司承担由此产生的费用。在下次出运时，应充分考虑到包装材料的选择，优化包装方案，确保包装质量适合长途海运，避免类似事件再次发生。

这些由于卖方包装不到位引起的任何损失或者费用，保险公司不赔也不会承担，笔者再次提醒外贸业务人员，卖方必须确保货物包装足够结实，能够适应长途运输。

问题169：发货前检验，验收合格的产品只有合同规定的93%，应如何处理？

美国客户订购了2000件货物零件，要求1月30日前交货。我们工厂也按照2000件下料生产，1月20日最后交货前检验，只有1860件产品合格，现在赶140件的工期不可能，怎么和客户沟通？

答： 首先要了解客户是中间商还是最终用户，如果是中间商，要了解一下他那边有没有存货，或者其他供货渠道，会不会最后影响他的交货。如果是最终客户，要了解这2000件货物是分批使用，还是一次使用，如果是一次使用，那么最晚的到货日期是哪年哪月。如果是分批使用，问题不大。

立刻把你这边的情况告诉客户，在和客户确认之前，自己要对以下事情做一个判断，如果赶做这140件产品，需要多少时间。如果实在急，做好产品后空运，运到客户那边需要多少时间。

了解这些情况后，和客户确认，看客户能不能接受只交货1860件产品，就按照1860件产品结算，这个结果是最好的。你们也不用特别再赶做140件产品。甚至你们可以主动要求降价2%~3%，作为一种补偿。有时，客户订购会留一些余地和分寸，不会影响客户的生产安排。同时，你们随时备好一些料，以防万一。

如果客户那边说这 2000 件产品基本上一次性都能用上,对你来说,问一下客户允许你最晚交货的时间,如果时间来得及,那么全部产品生产出来,一起海运运输。如果时间来不及,先运已经做好的产品,和客户确认最早可以提供另外 140 件产品的交货期,对于这 140 件产品,你们要竭尽全力赶出来,做好以后,马上空运、DHL、FedEx 或者 UPS 给客户,用最快的方式发过去,尽量不影响客户生产安排。

也有一种情况,无论你怎么做都来不及,那么只能和客户商量如何解决,是不是可以让其他供应商提供,或者延迟原来产品更换的时间,甚至按照合同约定给客户一定的补偿。

笔者以前也遇到过类似的情况,一般都是提供多种补救方法让客户选择,最后顺利解决,客户也比较宽容,很少有客户会过分计较,不依不饶。

问题 170:如何办理出口货物的退运或者返修?

我公司出口一批货物到日本,货物到了客户使用场所,发现产品的硬度不够,虽然合同没有明确规定产品的硬度,但是规定了产品应该符合材料的标准。我们查了材料的标准,实际硬度没有达到要求,和客户交涉如何处理这个问题,客户决定拒收这批货物,同时要我们承担退运的费用,而我们的技术人员认为,产品通过修理可以使用,不影响质量。像这样的情况有哪些可能且可行的处理方法?如果退运或者返修,海关手续方面可行吗?

答: 把货物退运或者返修(退运回来返修后再出运)都可以,海关手续方面都能办。笔者一般都是委托把货运出去的公司运回来,如果是返修件,维修以后找这个公司把货物再运出去,这样的好处是,前后的流程货代都清楚,不用反复解释。

在让客户安排退运前,必须全部确认好,到底是退运回来后,不再出运,还是退运回来的货物经过维修后再运出去,如果是按照返修的货物进入中国海关,在半年内必须运出去,不能按照返修的程序,把出口的货物重新入关后,最后又不运出去了,这是不可以的。

对你们来说,首先要和客户确认,货物经过维修后能否达到使用的要求,如果能达到使用的要求,客户同意接受返修后的产品,那么就按照返修的手续办理进口。如果客户不能接受返修的产品，只能接受新产品，那么，你们退运的产品只能按照退运的手续办，不能按照返修来办理。

需要注意的是，在办理退运或者返修以前，和你们的货代或者报关行沟通一下，尤其是报关行，他们经常操作这个业务，让他们帮忙给你一个清单，把办理退运或者返修的所有文件要求和手续要求给你。比如，你和客户双方同意返修或者退运的记录，为什么要退运，出现了什么质量问题，有什么记录表示你们的产品没有达标，这些都需要书面记录。再比如，产品应该达到的硬度，你们需要退运或者返修产品的实际硬度是多少，没有达到要求，因此需要退运，这些都需要有比较清晰的表达，海关才会让你办理退运或者返修。否则，就只能按照一般程序，缴纳关税和增值税后才能进口。从日本到中国船运2~3天就到了，这些资料应该事先准备好，让报关行看一下是否可行，是否大致符合海关的要求，确定没有问题后，再安排货物从日本运回中国。

无论选择哪种方式运回国内，海关都会开箱实地查验。因此，务必保证货物和单据的完全一致，不要出现货物和单据不一致的情况。如果是返修件方式进关，货物进关的时候，不用缴纳关税，但是要提供海关保证金，存到海关账户，一旦最后货物不能如期运出，海关会没收保证金。如果货物修理后再次报关出运，出运后给海关提供一些必要证明文件，海关会退回保证金。

手续似乎有点复杂，但是准备充分一些，仔细一些，都能够做到。

问题171：对客户不太实质性，甚至吹毛求疵的投诉应该如何处理？

我们有个印度客户非常难搞，货物每次发过去，他总能挑出毛病，如装箱单不规范、货物包装不够坚固、唛头不够醒目等，但是一般也没有什么大问题。对客户这种不太实质性的投诉应该如何应对？

答： 对于客户的投诉要耐心听取，有些投诉可能反映了你们现在的产品或者服务上的一些不足、不到位。如果不重视，不了解原因，不改进，以后可能酿成大问题。有些投诉，也许这次客户没有和你计较，没有要求索赔，但是如果下次还这样，说不定就不能容忍，要求索赔了。对卖方来说，了解抱怨或者投诉的真实情况、产生的原因，思考以后如何避免，对已经发生的问题，如何解决，有无补救办法，若涉及索赔，更应该解决现在的问题，避免以后的问题。不要认为这些不是大问题，客户没有向你索赔就是客户无理取闹，还是尽量把工作做仔细些、稳妥些，避免客户的投诉或者抱怨。

外贸业务人员一般对这些不要求索赔的抱怨或者投诉，应该在2～3个工作日内予以回复，表示你们已经收到了投诉，和当时生产、检验、包装的人进行了确认，也查了当时的记录，是有这么一件事情，当时由于某种原因，你们对这个地方控制得不是很好。你们保证，这种情况不会影响产品的使用和性能，请客户放心使用。当然，对于客户说的问题，你们以后在生产和检验的时候要特别注意，避免再次出现。

总之，就是你们要向客户传达两个信息：一是确有其事，你们有不足，但是不用担心，不影响使用，出了问题你们负责；二是你们会改进，请客户放心，并告知他们你们具体的改进和预防措施。

对客户的投诉和抱怨，要积极应对，认真处理，但是如果不明确原因和责任，不要轻易承认自己的过错或者承担不必要的责任。有时，所谓客户投诉的事情不是因为产品质量有问题，而是客户使用不当，比如野蛮操作引起的，产品使用者不愿承担自己责任，就把责任推给产品的卖方。这种情况下，卖方不要直接说客户那边操作有问题，只强调出现这个问题和你们产品本身质量无关，只要证明你们的产品没有问题就可以了。有时客户投诉是想争取一些比如价格折让或者赔偿，要了解客户的真实意图，然后厘清思路，有针对性地回答问题。

> **问题172**：目的港部分包装破损，客户无法及时清关并产生额外费用，怎么处理？以后如何避免？

和印度客户签订长期合同，每月发货，一直是用吨袋装的，就是那种蛇皮袋，每个袋子装一吨，已经供货一年多了，没有什么问题。前一段时间，客户邮件投诉说，有包装破了，希望下次改正，我也没有注意。到了上个月发货的时候，我还交代了一下货代，让他们装箱时注意一些。结果昨天晚上，客户打电话说，货到港口发现包装损坏严重，有2个袋子散了，集装箱里到处都是散落的货物，必须派人在集装箱堆场重新包装后才能把货物从集装箱里取出。这样做会产生额外费用，客户让我马上处理这件事情，应该怎么办？

答： 客户让你马上处理这件事情，是要你确认包装损坏严重是你们的责任，如果客户那边因为这个原因发生滞报或者产生一些额外费用，需要你们承担。因为客户那边的海关或者集装箱堆场能找到的就是你的客户，对客户来说，为了拿到货，他必须处理这件事情，但这是你们的失误造成的，需要你确认责任，事后才能和你交涉，让你承担这个费用。

如果确实是你们的责任，包装不够结实，部分袋子散了，这样集装箱打开，叉车无法很快卸货，需要有人把货物整理后装入新的袋子，还要有人把集装箱打扫干净，这里涉及的费用，尽快让客户提供，你确认后，让他在下一次给你支付的货款里扣除就可以了。

你的过失，你自己承担责任，没有必要过多纠缠，应尽快处理这件事情。除非客户提供了一个天价的费用，不过一般客户还是比较规矩的，不会无理取闹。

此外，考虑长途运输和装卸安全，尽量选择坚固的适合长期运输的袋子（蛇皮袋或者吨袋）。袋子结实一些，在出货港仓库内装箱时，最后派人监装，让仓库的人操作时注意一下，尤其是放和吊的时候不要太猛，否则袋子会因突然受力而裂开或者吊绳断开。笔者建议内装箱时多准备几个袋子，如果发现有袋子不坚固，重新把货物换装进新袋子，以免即使发现袋子有破损，也不能换，勉强装入集装箱，运输途中箱子一动袋子就坏了。毕竟仓库内装箱的人不会为卖方考虑太多，关键还是要出口商自己考虑周全。如果监装内装箱有难度，那尽量让装箱仓库提供一些装箱后的照片，至少保证装箱的时候，货物包装是完好的。自己尽量考虑周全，做到位，虽然不能保证绝对不出问题，但是可以减少一些麻烦。

问题 173：国外买方投诉质量问题，责任有待确认，应该如何处理？

我们工厂面临比较大的考验，长期和我们合作的客户因为我方产品质量原因可能停止合作。我们出口的产品是木制品，这一单，国外客户收到货物更换包装后出口到热带地区。我们初步分析是气候问题引发的部分产品表面开裂，不仅我们的产品出现了问题，客户那边来自其他供应商的产品也出现了同样问题，其实对实际使用影响不大。现在客户要求 100% 赔偿，我老板认为无法现场确认问题产品的数量，不同意索赔，借口去国外的商务签证不好办理，没有派人和国外客户见面谈解决方案，拖到现在大概 3 个月了，没有结果。未来能否继续合作还是未知数，这个客户算是比较大的了。

工厂只有我一个外贸业务新手，我入职一年多了，其间开发了两个客户，合作还算顺利，有一个客户有重复订单，但订单量不大，除此以外，公司并无稳定的外贸客户源。现在工厂面临停产，我感到压力很大，之前都是做电子商务，付费平台也就是阿里巴巴，也使用一些免费平台，但是好像效果也一般，现在怎么开发新客户心里没有底，不知道该怎么办了。

答： 首先必须记住，我们不是救世主，不是万能的，很多时候，努力去做，希望有好的结果，希望能够改变一些东西。但是，现实很残酷，和你的希望往往相违背，我们必须坦然面对现实。

回到你具体遇到的产品质量问题引起的索赔：

第一，了解使用情况，尽可能找到原因，找到解决方法，你觉得是气候引起的，还需要了解一些更具体的情况，比如是不是要考虑到高温或者湿度，过分干燥或者湿度过大都可能引起一些问题，是不是室外使用，对方的天气情况，等等。通过这些信息来分析原因，哪怕这个客户以后不再合作，这个信息对于你们类似的订单，还是有一些借鉴意义的。把遇到的每个技术问题都作为专题想办法解决，积累多了，也是一种财富。

第二，关于索赔，笔者建议还是回顾一下当初的交流或者订单，有没有对这个产品的使用场所有特定的描述，如果以前的产品要求都是一般情况下使用，对这个产品的质量也是双方认可的，客户没有专门提到特定场合使用，那么你们给他提供的常规质量的产品也没有什么过错。只能说，你们的客户没有明示这些产品的特定使用场合和要求。这些问题在《联合国货物贸易销售合同公约》里都有涉及，你可以学习一下这个公约，虽然未必适用于你们之间的纠纷解决，但可以给你一些思路。

第三，对于产品质量问题，应该有一些解决办法，或者预防办法。即使和这个客户以后不再合作做，你们还是应该提出一些可行性解决办法。比如是否可以修理，或者对没有使用的，是不是可以再处理一下，预防这个问题，总是需要提出一些建议、方案，不能不做任何努力。虽然不一定是你的责任，但还是需要提供一些必要的帮助、建议或者指导等。这才是负责的态度，也是想继续合作的态度。你们公司和这个客户合作多年,其实也只是这一单出问题,解决好了这个问题,还是可以合作的,所以,让老板尽快理性处理这单的争议,继续回到合作的轨道。

做生意,出现问题或者出现质量索赔也是很常见的,很多时候,要通过协商心平气和地解决问题。不过,从你的描述看,你们公司似乎不太想采取补救或者挽回措施。有时,通过解决一些具体问题,帮客户克服一些困难,虽然比较麻烦,但是会获得一个新的合作机会,甚至是新的业务增长点。

笔者觉得你是一个很敬业的外贸人,对工厂、对工人有一种责任心,也希望能够解决问题,为公司创造价值。但是有些事情急不得,还是要从小事做起,一步一步向前走。比如对异议的处理,也要据理力争,即使你不愿意赔,那也需要说出你的理由,而不是找借口不理对方。如果真的是你们的责任,那么该赔就赔,该免费补供就补供,一切都需要放在台面上谈,这才是一种负责的态度。你说的质量问题,有无可能价格上做一些让步,让客户接受。同时你们要告知客户以后在非洲使用的产品在技术上有什么改进,可以预防这个问题。

此外,市场开拓需要多元化,不要过多依靠某一个客户,或者把希望全放在单一客户上。

问题174:代理公司如何处理代理出口合同中出现的质量纠纷?

我公司代理国内一个公司出口一批机械零件,所有的质量谈判都是客户和制造厂直接洽谈,价格也是他们谈的,合同是以我们公司名义和外商签订的,我们主要具有执行报关、收汇、付款、退税等职能。现在这笔代理业务发生质量纠纷,客户要求索赔,客户现在不直接找制造厂,而是找我们公司,要求我们尽快处理纠纷,我们应该如何处理呢?

答:合同是以你们公司名义签订的,所以,有了问题,客户直接找你们,于情于理也说得过去的。

对你们来说,既然出了问题,那就和这个制造厂作为一个整体,一起和客户商量,看如何解决。

一般来说，外贸公司做代理，主要职能是发货、收钱、支付给工厂、核销。现在客户找你，你也不能承诺任何事情，需要做的就是及时通知你所代理的制造厂马上处理这件事情，让他们尽快回复、解决。如果你们直接同客户讲，你们不管这件事情，这种做法也是不对的。但如果制造厂和客户讲，让客户直接找制造厂，不要找你们，也许说得过去，毕竟真正做决定的是制造厂。对具体事情，如果他们之间谈妥了解决方案，还是需要你配合执行的，所以，作为合同方，你还是需要关注这件事情的进展，做好沟通。

需要注意的是，外贸公司在签订外贸代理协议时，对客户的所有承诺、风险，要全部转移到你所代理的制造厂那边，或者要他们确认。否则，到时出了问题，客户按照合同，找你们解决，而这个时候，制造厂查过合同，说代理协议里面没有涉及这个内容，是你们自己向客户承诺的，这个内容超过了他们代理协议的范围，让你们自己承担，这就很麻烦了。

做代理业务，也需要选择合适的合作方。如果制造厂本来产品质量和信誉就一般，在代理他们产品出口的时候，也还是有风险的，可能卷入一些质量索赔等贸易纠纷，麻烦很多。那么对这样的代理业务，务必慎重。

问题175：国外客户要求我们补供或者让我们派人到国外修理产品，应该怎样处理比较合适？

国外客户投诉我们提供的产品有5%不合格，让我们补供5%的合格产品或者派人到现场修理5%的产品，保证客户能够正常使用就可以。我们公司确认不合格产品是由于我方原因造成的，也同意承担责任，但是具体怎么操作，到底是补供好还是修理好呢？

答：先举一个例子，对客户来说，订购了1000件货物，他需要收到1000件合格产品，如果5%有问题，对他来说，有几种可能的做法：

（1）让供应商补交5%的货物，这样合格产品就是1000件。

（2）如果客户还没有支付货款，就按照收到的合格产品的数量支付货款，即支付原合同金额的95%，供应商也不用补供了，但是如果客户已经支付100%的货款，这个方法不适用。

（3）如果瑕疵产品稍做简单修理就可以使用，不需要报废，那么让卖方派人过来修理或者在当地找人修理，成本由卖方承担。

从你客户的表述看，估计瑕疵产品稍微修理就可以使用，那么对你来说，要确认派人的可行性（机票的费用、住宿、到客户处的翻译沟通、护照签证准备时间），如果派人现场修理的成本大于新生产5%的产品加上运费的成本，笔者建议马上安排生产，尽快发货给客户，补齐这5%的货物。

其实还有一些可能，只是需要和客户确认是否行得通，比如让客户安排当地的工厂对你们的产品进行修理，由你们支付费用，或者把产品运回中国，返修后再发给客户，只是这两件事情都需要客户帮忙协调，同时也需要了解费用的高低。

对你们公司来说，了解各种可能的解决方案，在不影响客户使用的情况下，尽量用最经济的办法来解决问题。

在和客户谈之前，要了解公司的管理制度，比如有些国企，赔钱是可以的，补供也可以，但是派人到国外去修理，要提前一年或半年报计划，手续办下来可能要很久，那么公司自己派人维修这种做法，只能放弃。要么赶紧生产产品补供给客户或者委托客户找当地公司维修，或者安排退运部分瑕疵产品返修后再运出去。

问题176：货到目的港，发现产品包装破损，客户要求索赔，怎么办？

我公司通过一家知名物流公司出口一批货物到德国，货值20000欧元，CIF汉堡，对这批货物已投保，是拼箱货物，我们及时将提单等单据寄给了客户。这几天客户向我们公司索赔，也给我们发来照片，照片显示，货物包装严重损坏，产品被压得有点变形，现在客户把货物简单修理了一下，不影响使用，客户向我们索赔1000欧元，理由是价格里包含运费，运输是我们安排的，问题发生在途中，出了问题由我们负责。我应该如何处理？

答： 这里面涉及理论和实践的差异。一般人认为，CIF条款下，货物越过船舷后，所有的风险和责任由买方承担，卖方只是代买方办理运输和保险业务。如果买方收到货发现有问题，他可以向保险公司、运输公司索赔。

但是事实要比理论复杂得多，了解保险条款的人都知道，保险主要对因为自然灾害、意外事故等外来原因造成的货物损失负责，如果投保平安险、水渍险，上面所说的产品被压坏一定不包括在保险责任内，即使是一切险，对货物被压变形，如果不是由外来原因引起，保险公司是不赔的。对船公司来说，负责货物的运输，并收取运费，途中如果船公司没有什么过错，货物出现问题，找船公司也没有用，他们不会赔偿。

我们先看一下货物产生变形的可能原因：一是货物本身包装不坚固，可能包装强度不够；二是货物和包装之间的结合可能不够科学，比如重心太高，或者重心不在最低处，没有足够的保护，运输途中，因为颠簸，产品在包装里面滑动或者移动；三是集装箱内装箱的时候，可能没有对产品做足够的保护、捆扎、固定，或者这个货物上面还堆了别的拼箱货物，长达30多天的运输，把你的货物包装压坏，货物本身受压变形。

如果你们公司对这个产品包装不够科学、不够安全，或者你们公司自己安排产品的内装箱，出了问题只能自己承担。或者在委托货代运输时，没有给货代清晰明确的指示，要求装箱时特别注意，不要在上面压其他货物，那么货代会按照常规要求内装箱，你们的货物上面可能被其他货物压着，而你们的货物如果重心太高，或者木箱强度不够，那么在途中就会因为颠簸发生货物倾斜或者被其他货物压坏你们的木箱，压到产品。除非你能证明，负责货物内装箱的仓库严重违规，他们对这件事情负有责任。

很多人认为货物离开船舷或者货交承运人后，风险和责任就和卖方没有关系了，而事实上，如果问题是卖方自己的原因造成的，或者有不够尽责的地方，船公司或者保险公司是不会承担这个风险的，出了问题，只能你们自己想办法解决。

回到你的问题，从责任上说，你们公司应该承担货物损害的责任，对给客户造成的损失进行补偿。当然，你可以分析一下，这个费用是否合理，也可以试着和客户协商分摊这笔费用。笔者觉得，你客户提出的金额还是比较合理的，没有恶意讹诈你。如果你觉得你们的货物包装很坚固，包装方案很合理，在委托货代的时候，也明确指示货物上面不能压其他货物，而装箱的仓库或者物流公司没有按照你的要求安排，那么你可以要求客户和货代交涉，或者自己和货代交涉，看能不能让他们承担或者分摊一些费用，或者至少让货代知道这件事情，引以为戒，下次内装的时候务必保证货物的安全。

理论或者书本知识和实际有很大的差别，经历多了就会有体会，对出口方来说，要尽量保证货物本身在发货前的安全，同时对发货前后的包装、运输方案的安全可靠性也要有所考虑，足够谨慎，确保货物到达目的地时是完好无缺的。有时发生一些意外，尽管不是卖方直接的责任，或者发生意外的时候，风险和责任已经转移到买方手里，很难界定是谁的责任，如果买方比较强势，或者买方还没有支付货款，一般买方会直接找卖方，让卖方来承担这些损失或者费用。

> **问题 177**：客户提出，我们以前提供的设备货物里，发现有极少部分零件生锈，要求我们马上通过快递公司 DDP 免费提供零件，所有费用都由我们承担。这个要求合理吗？

答：如果确实是你们的质量问题，也在产品的质量保证期内，笔者觉得客户这个要求是合理的。

不过仅凭客户口头提出，就马上同意客户要求，也不够严谨。

首先，你一定要和客户联系，了解客户提出的这部分生锈的零件是什么时候的订单，什么时候交货的，保存情况如何，有无照片。

笔者曾经遇到过一件事情。客户发来邮件说笔者提供的一个产品不合格，笔者希望客户提供产品的图片和一些资料，客户提供照片过来后，笔者发现这个产品上的标识根本就不是笔者公司的，可能是客户其他供应商的产品，是客户搞错了。

还有一次，客户发给笔者一些照片说产品有部分变形，笔者了解了一下，这批产品是四年前供货的，四年前供货的产品，早就过了质量保证期，有点变形，自然也是正常的事情，于是笔者和客户解释，客户也就作罢。

对卖方来说，要了解买方提出索赔或者异议产品瑕疵的真实情况，分析客户所说的瑕疵是不是你方原因造成的，是不是在合同的质量保证期内，如果的确是你们的原因造成的，也在你们产品承诺的质量保证期内，理应赔偿。但是现实中，有些时候，不是你们造成的一些问题，有些客户也想让你们承担，所以一定要分析，如果不是你们的责任，要解释清楚，但不要说得太生硬，影响合作。

一般零件生锈，原因可能是包装密封不良，进水后受潮，产品表面的防锈油或者保护层（油漆）没有起到保护作用，或是时间长了，这些保护措施失效了，有些是生产、包装的原因，有些是客户保存的原因。你必须了解清楚，找到原因，如果是你们的原因，除了负责提供补偿或者补救外，还需要将有关问题反馈到生产、质量控制部门，想办法在以后的工作中避免类似问题。

如果确实是你们的原因造成零件生锈，比如10000件里面出现了5件，货物也不过是几千克，或者整个设备50万美元，几个零件也就300美元，那么你们承担运费快递给客户没有任何问题，注明SAMPLES USE，NO COMMERCIAL VALUE，客户那边不用报关，也无须承担任何进关的费用，和客户所说的DDP的要求一致。

若零件价值比较高，必须报关，这种情况下，客户让你们承担这些入关费用（关税、增值税、报关费用），清关后运到客户那边，笔者觉得也不算过分。对客户来说，他已经支付过这个产品当时进口的关税，现在再次进关，应该由你们支付这个关税。而且，这个零件金额和整个合同的金额相比，比例很小，没有必要过分计较，影响和客户的合作。

实践中，即使你们同意DDP，有时还是需要一些客户的配合，比如有些场合需要客户的税号和一些资料，快递公司才能办理进口手续，这些需要事先协调一下。必要的时候，甚至可以让客户先垫付一些税费，事后你们再支付给客户（有些国家要求实际进口方必须支付税金，或者对进口有一些限制，而中国公司没有当地公司的税号，无法办理入关手续，所以，可能需要客户帮忙协调，让他们和快递公司配合一下，否则，这些产品入关会有些问题）。

问题178：供货产品质量没有达到合同要求，供应商免费补供一些产品，由谁承担进口关税和增值税比较合适？

从日本进口的货物使用后，发现寿命没有达到预期效果，平均寿命只有承诺的一半多一些，经过调查，供应商没有经过我们确认，使用了一种替代材料，造成质量下降。为了弥补我们的损失，供应商同意免费提供原合同数量 35% 的产品作为补偿，使用以前的材料制作，质量应该不会有问题，但是现在有一个问题，即使是免费提供的货物，不需要我们进口付汇，但还是要进口报关，涉及关税和增值税，能不能让客户承担这个费用呢？

答：国际贸易实务里经常涉及索赔、补供、修理等，但是很少会提到如何处理补供件关税和增值税的问题。现实中，经常会涉及这些实际发生的费用或者税费，无法回避。

笔者不知道你们原来的合同是如何约定的，如果没有书面约定，只能从常理分析。

对供应商来说，他们提供的产品有瑕疵，但是他们也愿意补偿你们，如果他们后来提供产品的质量和原来承诺的一样，从性能上说，基本上完成了原来合同所承诺的寿命，客户还是比较负责的；对你们公司来说，虽然收到了瑕疵产品，但是也能用，只是寿命短一些，客户也愿意补偿你们，再免费提供一些货物，从支付的货款和最后得到的使用价值来说，也可能没有什么损失。

如果数量少，金额也不大，按照快递进口，不用正式报关，无须支付关税、增值税，这是最简单、最方便的。

唯一的焦点，就是补供产品进来，金额比较大，必须报关，你们虽然不用付汇，但是要交税，对你们公司来说，这是一笔额外的开销，你们公司因为客户交了瑕疵产品而承担了额外的开支，从理论上说，你们有权和卖方交涉，要求他们对此事承担责任或者承担部分或全部税费。但是从实际出发，笔者不太赞成这样做，因为现实中，让卖方承担这个损失不太合适，毕竟，报关、缴纳关税是买方的事情，让卖方处理不太妥当。

据笔者了解，可在合理合法的情况下，采用一些变通的做法，若买方和卖方确认，他们需要这免费提供的 35% 的产品，同时再进口和原来数量一样的产品和补供产品一起进口，这样按照实际支付的金额报关，支付外汇，就不存在额外支付关税和增值税的问题。这个操作，不存在恶意逃避关税和增值税的问题，也是合理合法的，相当于进口价格做了一些折扣或者折让，是最合适的解决问题的办法。甚至可以和供应商商量一下，因为你们不是马上就使用后来购买的货物，是不是可以稍微晚一些支付货款。

有些国内公司在处理这件事情的时候，就单独把补供产品进口了，又不愿按照原来实际价格支付关税和增值税，就故意把报关金额报得很低，这有违法犯罪的嫌疑。

当然，如果买方愿意承担这个费用，那就单独进口，按照实际的价格报关进口，毕竟，这是最简单的解决办法。

谈判的时候，一切皆有可能，必须准备多套方案，选择双方都能接受的作为最后执行的方案。

> **问题 179：我们公司自己装箱的货物还没有出运，就把集装箱压变形了，应该如何处理？**

我们公司出口一批货物，由货代安排集装箱到我们公司，我们自己负责内装。货代打电话告知，集装箱到堆场后，他们发现我们的货物可能由于捆扎不结实，在运输中滑动了，把集装箱压变形了，需要马上修理集装箱，问题不大，可以修好，费用也不会太高，但是必须让我们派人到现场处理相关问题。从来没有经历过这种事情，应该怎么划分责任，确定费用，同时尽快解决问题，不影响发货时间？

答： 货物在离开工厂到上船之间这一段时间的安全，一般实务书不太涉及，但是这一段时间货物也可能会有风险和意外，出口方应该尽量对这段时间货物的安全、包装、保存等进行周密安排，避免发生意外。

如果按照你所说的，货物在你们公司内装，那么你们公司应该对内装的设计负责，对集装箱内部的货物进行合理的固定、捆扎、保护，如果因为你们内装的质量不够结实、不够科学，在上船前、上船后，或者集装箱到达目的地后，发现货物因为包装或者集装箱内装不好导致货物有破损或者包装散架，或者碰坏集装箱，那么应该由你们公司承担责任，货代、仓库、船公司、保险公司都不会赔付的。

现在货代让你们处理问题，你们应尽快派人到现场，确认几件事情：

第一，货代负责安排的车在途中有没有遇到交通事故之类，如果遇到，可能是车队的过错。如果车辆在正常运输情况下，集装箱内部货物滑动压坏集装箱，应该是你们内装箱工作没有做到位，不够安全，不够牢固。

第二，到现场查看集装箱破坏程度，尽快确认能不能修，大致多少费用，如果能修，马上动手，以免误了船期，这个费用，应该由你们承担。

第三，看一下货物包装及其本身有无破损，包装是否需要再修理，货物本身有无碰坏，如果需要修理或者做特殊保护，马上进行。

第四，最重要的是，集装箱修好后，务必采取措施，对原有集装箱内装进行加固、完善，避免再次发生类似情况。

此外，集装箱经过修理后，可能原来的封号不能用了，要用新的封号，这个信息的修改要注意，不要忘记。

笔者在工作中也遇到几次货还没有发，货物包装在装箱时出问题的情况：

一次是货物还没有内装，运到货代仓库卸货的时候就散架了。笔者亲自到现场查看，是供应商的托盘太单薄，仓库本身并无野蛮操作，所以安排工厂派人马上带一些包装材料，借用仓库的设备，重新包装。

最近有一次，通过笔者代理出口的一批货物，出货前在工厂内装箱，到了欧洲客户那边，客户反馈说，集装箱地板被油渍污染，要缴纳几百美元污箱费。想想觉得不可能，一共3个大包装，也没有使用防锈油或者其他油，怎么会出现集装箱污染呢？笔者分析了一下，集装箱在工厂内装后到客户工厂前，都是封闭的，客户或者集装箱公司不会讹诈笔者的，后来仔细查看了一下当初封箱前的照片，询问了几个工厂装箱当事人，原来是那天下雨，叉车进出集装箱的时候，车轮上有一些油渍和泥巴，装好以后，已经接近黄昏了，负责内装的人也急着下班，工厂没有安排人把这些叉车的车轮痕迹清理干净，油渍和一些其他污渍存留在集装箱地板上30多天，都渗进地板里面了。到了目的地，客户那边工人打开集装箱一看，集装箱地板被污染了。这件事情也给笔者一个教训，无论是工厂自己内装，还是在货代仓库内装，内装结束，一定要把集装箱地板打扫干净，以免带来不必要的麻烦。

> **问题 180**：客户因为我公司没有及时处理质量异议，扬言可能对我公司采取一些行动，应该如何处理呢？

公司出口一批货物到巴西，货到后，客户反馈产品出现一些油漆剥落问题，我也向我们公司的质量部门反映了这个情况。质量部门认为客户可能是有意刁难，因为之前从未遇到过这种投诉，或者说即使油漆有些剥落，也不会影响使用，也没有给我回复，口头和我说不要紧。于是我也没有在意，没有回复客户，但是客户最近发来了一份措辞严厉的信，让我们必须本周处理这个问题，否则要向巴西商会通报我们，甚至要向中国驻当地使馆反映我们公司的劣质产品。公司很紧张，让我马上和客户沟通，并让我提出解决问题的方案。请问一下，这类事情如何解决？

答： 能不能处理问题、解决问题是水平问题，是否愿意处理问题是态度问题，而你们公司之前对客户的投诉没有及时回复，更多的是一种态度问题。

做贸易除了商品买卖本身，很重要的就是要多沟通、多交流，一定要认真对待客户的反馈。正如你说的，也许你们产品的油漆问题不大，也不影响使用，但是对客户来说，买产品就是要买合格的，买了有瑕疵的，第一反应，就会向卖方投诉，投诉的目的主要有：

（1）不影响使用，可能只是投诉，抱怨一下，希望以后卖方注意，避免再次出现这个问题。

（2）不影响使用，可能是需要卖方确认这个瑕疵，万一以后出现问题，保留进一步追索的权利。

（3）买方对产品能否正常使用没有把握，需要卖方承认瑕疵，并提供一些担保或者保证才愿意使用，使用以后若出现什么问题，可以向卖方索赔，所以要得到保证以后才使用。

（4）买方对产品质量有顾虑，需要和卖方确认后才能决定是否使用。可能涉及一些索赔、维修、价格折让、折扣等问题。

（5）不能使用，需要退货或者索赔，或者需要修理后才能使用。

所以对卖方来说，要了解客户投诉的情况，分析买方投诉产生的原因。有时根本不是卖方的原因，但是你需要去主动了解，主动沟通，主动解释。如果买方向卖方提出了质量异议，卖方半年没有回应，买方一定不满意，一定会认为你恶意不承担责任，甚至会把不太严重的问题上升到不诚信的高度。

对卖方来说，不要自以为是，觉得这个问题不要紧，索性不予回复。即使你觉得不要紧，也需要回复客户，对发生了这个瑕疵，表示歉意，保证这个瑕疵不会影响产品的使用。如果需要，卖方可以提供书面担保，让买方放心使用，同时向客户保证以后会采取具体的预防这类瑕疵的措施，请客户对以后订单的质量问题放心。有些公司为了显示合作的诚意，会主动提出一些价格折让，比如3%的价格折扣。

你说的油漆问题，其实经常在国际贸易中出现，比如油漆在途中被损坏或者剥落，一般问题不大，有些客户收到货物以后，会自己对产品进行补漆，这项费用其实也不大。如果因为卖方原因导致买方必须在货到现场后补漆，卖方应该对这项费用进行偿付。如果需要你们尽快将所补油漆的规格、型号、品牌信息发给客户，若在当地能够买到这个油漆，比较容易解决，若买不到，要想办法将所需油漆尽快寄送给客户，让他们安排补漆。

吸取教训，对客户的投诉认真对待，及时回复，尽快处理，尽量让客户满意，让客户放心，免得小事变成大事，甚至变得难以收场。

问题181：为什么客户从来不反馈我们的质量情况？

答： 有句英文谚语"No news is good news"（没有消息就是好消息），这句话很有道理。在做出口工作以前，笔者做过一段时间国内采购、进口采购，那个时候每年的采购量很大，不可能清楚了解每个产品到底质量如何，寿命如何，那时要是真有供应商提起类似问题，我可能无法回答。有时急着找供应商，除了一般的询报价以外，就是因为某个环节出了问题，要么是交货期晚了，要么是质量不行，或者包装出问题了。

一些大公司，职位分得很细，产品的询报价、合同执行、合同付款、产品质量检查、验收、产品使用，都是不同岗位上的人在做，如果合同货物交货期、质量没有什么问题，除了使用者或者质量监控人员有一些质量或者性能、寿命之类的记录，签订合同的人，如果不主动了解，这个信息就不会反馈到他那里。所以，一般有什么信息很快反馈给供应商，很可能就是出问题了。

在一些行业，设备是不间断运行的，只有在定期停机检修的时候，才对一些零件进行更换，比如有些阀门每半年更换一次，哪怕你这个产品没有损坏，出于安全角度考虑，也都要全部更换。如果更换的时候，没有发现前面一批阀门有问题，一般也就不反馈质量问题，除非在定期停机检修以前，因为某个阀门损坏，不得不紧急停机，那么这个时候，客户一定会找到你，通知你的产品质量出了问题，引起客户意外停机了。还有些产品使用周期较长，客户也不是单个计算寿命和考核质量，而是一整批货物一起考察寿命，比如客户买了1000件产品，每件产品的平均寿命是120天，只有基本使用完毕，客户才会有一个整体评估。

有些客户喜欢和供应商交流使用情况,有些客户则不太沟通这些信息,有时即使某个供应商提供的产品质量有点小问题,如果不是非常严重,也不反馈,只是下次不向你订购或者询价,或者减少以后的订单数量。

问题182:产品到客户那边出问题了,客户要赔偿,怎么处理?

我们和客户做的是陶瓷卫浴产品,FOB上海,货已经运到客户那里,今天收到客户的来信,说一批产品里,有几件陶瓷卫浴产品破碎了(约占总数量的5%),也给我拍了些照片,产品确实是破碎了,客户要求赔偿。陶瓷产品是易碎品,我不知是产品的包装不够结实,还是运输过程中产品被损坏了。第一次遇到这种情况,不知道怎么处理,怎么回复客户比较合适呢?

答:(1)你需要证明货物在越过船舷或者交给承运人之前是完好无损的,货代也签发了清洁提单,那么有理由相信你的产品在装入集装箱前是完好的。

(2)一般仓库,有时会在集装箱装箱后拍照表明完好无损,当然,只能拍外包装的状况,如果里面已经破碎了,不完全说明包装里面的货物情况良好。同仓库或者货代交涉,让他们提供当时装箱后的照片。

(3)如果可能,请提供你们的包装足够结实的证明(有一些保护措施,包括贴易碎标签),解释你们的包装是适合海运的,你们已经尽责,虽然发生破损,但不应该是你们的责任,当然,作为合作方,你们以后会注意,提高包装的可靠性和安全性,尽量避免类似情况的发生。同时,在各个环节上,也应该做到合理提醒。比如在和货代联系的时候,书面和口头都要提醒他们产品易碎的特性,产品装箱时注意小心轻放。如果是拼箱,易碎货物不要堆放在其他货物上面,也不要在上面堆放其他货物,装到集装箱里面,也需要做相应的足够的保护,如果是整箱,尽量在工厂做内装箱,或者工厂派人到堆场监装,提供一些装箱指导,这样虽然麻烦一些,但是能够最大限度地避免和减少损失。

(4)合理提醒对方,应该找保险公司或者货代公司,做一下货损报告,便于他向责任方索赔。FOB 的情况下，保险、货运是客户安排的，而根据 FOB，船舷以后的风险也是客户承担的，这一点其实很明确，只是向客户提出的时候，注意分寸和态度。

（5）评估一下损失大小，如果损失不大，客户未必要你赔钱，只是要注意，以后各个环节都要加强安全防护措施，避免类似情况发生。

如果损失比较大，笔者建议客户马上和货代、船公司或者保险公司联系，了解途中有无意外事故或者风险，分析是什么原因造成的货损，能否得到赔偿。

不过平心而论，要保险公司或者货运公司赔钱希望渺茫，从你描述的情况来看，原因可能还是产品包装设计不够坚固，不能充分保护你们的产品。如果确实是你们包装不够结实引起的破损，那就应该赔偿，同时在以后的发货过程中完善包装环节，保证货物能够安全到达客户。

问题 183：外商指定货代安排不周，无法准时出货，并产生额外费用，如何处理？

我公司出口一批设备到欧洲，贸易条款为 FOB SHANGHAI。我公司将装箱数据发给了客户指定的物流公司和客户的联系人员，并再三和物流公司通过电话、电子邮件确认，产品尺寸为 9.15m×2.2m×1.5m，重量为 5 吨，尺寸比较大，请仓库务必准备好相关卸货和装货的设施。物流公司的工作人员表示照办。等制造厂的货物运到上海，仓库发现他们的叉车无法卸货，要求我们把货运回去，等他们具备了卸货条件再通知我们。但是制造厂在江苏扬州，如果运回扬州工厂，下次再运到上海，费用很高，制造厂说他们租用的平板车不能在上海过夜，要马上回去，现在怎么办？如果今天不能完成装箱，肯定赶不上这个航次。

答： 关于运输、装卸环节，一般办公室的文职人员包括一些货代的操作都不太在意，都是 PAPER WORK 转过来转过去，不太注意里面的一些数据，会出现货物到了仓库，发现没有合适的卸货工具，无法卸货，或者是集装箱拉到工厂内装箱，到了工厂，发现货物没有合适的着力的地方、行车或者叉车无法操作，再想办法借用专用的设备装箱。但是集装箱可能当天无法运回出货港，不但错过了航次，还产生了一些额外费用。因此，外贸人员在安排的时候，要尽量确保操作的可行性，需要和制造厂、货代、仓库、车队进行一些确认、沟通和协调。

笔者建议外贸人员抽时间到现场、码头、仓库学习一些产品的装箱知识。比如产品太长，或者重心太高，在内装箱的时候，要特别注意保持产品平衡和安全。笔者给一家生产设备的公司代理出口过一些产品。他们在出货包装、装箱安排上做得比较仔细，每次在订舱的时候都提供如何装箱的细节，货物在集装箱里面怎么摆放，他们都事先设计好，一些复杂的包装他们会标注好吊点，提前提供给货代和客户，这也便于货物到了目的港，客户可以早一些做好拆箱和卸货的准备。

从你的表述看，你们做得很规范，也再三告知物流公司卸货和集装箱装货的一些注意事项，可惜没有引起物流公司足够的重视。在他们无法卸货的情况下，最好的办法是在上海找一个能够卸货的仓库（比如，有大功率的吊车或者大一些的行车）或者堆场，先把货物拉过去，临时存放一下，让大型运货车先回扬州。虽然也会涉及一些费用，但总比把货物拉回扬州，下次等货代落实了合适的场地或者工具，再把货物拉到上海卸货合理得多。因为货物拉回扬州的费用要比在上海找个地方临时存放几天，然后再运到指定地点高得多。

以前笔者遇到类似情况，一般会找一些比较大的物流公司，让他们帮忙落实有大型吊装工具的仓库或堆场，把货物临时存放几天，等客户的指定货代落实了装卸工具后再处理。很重要的一点是，我们在遇到问题的时候，能够马上找到专业人士或者一些内行的人，让他们帮助我们或者告诉我们应该怎么解决。平时就要建立和这些内行人士的沟通渠道，关键时候能够解决大麻烦。其实你所说的这种情况，理应是客户指定的物流公司提供解决方案，可是他们解决不了，只能你自己想办法了。

货物临时在上海堆场或者仓库存放几天，加上货物运输，产生一些额外的运输、保存的费用，这个费用不是很高，比如人民币需要 1000~3000 元，可以和客户商量，看如何消化这笔额外的费用。毕竟不是你们的原因引起的，你没有任何过错，笔者的意见是让客户或者客户货代承担部分费用，出口商自己承担部分费用。当然，如果客户或者货代愿意全部承担，这个结果更好。

因为这件事情可能会错过船期,但不是因为你们的过失引起的,不必过于担心,把具体的情况向客户说明。当然,后面你们还是需要和指定货代合作,尽快把货物运出去。

问题184:给客户的报价出现一点失误,但客户早已下单,如何处理?

我公司出口一批货物到意大利,大约2吨,之前向一个货代在MSN上询过价,他回复说30美元每尺码吨,我也按照这个价格报给客户,等我要发货了,货代说他之前搞错了港口,这个是偏港现在是每吨60美元,怎么办?货代建议把这笔费用想办法转嫁给客户,让他们在目的港支付,这样可以吗?

答: 把这笔费用转嫁给客户不合适,金额也不大,本来就是你们自己的问题,所以还是由你们自己承担这笔额外费用。有时,虽然也可以通过转嫁费用让客户支付,但是耍这种小聪明不太好,客户会觉得你们不太老实、不规矩,会对你们有不好的印象。

此外,笔者有个建议,在一些价格之类的事情上,和货代的询价,尽量不要用MSN、QQ等即时通信工具,还是用电子邮件或者传真正式询报价比较稳妥,一旦有问题,也容易分清责任。如果不是一两吨货物,而是1000吨货物,或者10000吨货物,那么这个运费的差异就很大,可能损失会比较大。用QQ或者MSN询报价,问得随意,回答也随意,如果是正式询价,货代做报价的时候也会仔细校对,能够避免报错价格。

问题185:FOB条款下,客户指定货代收费特别高怎么办?

我公司出口欧洲一批货物,FOB SHANGHAI,客户指定货代,但是客户指定的货代的一些费用非常高,怎么办?

答: 经常听到有些人抱怨这种事情,指定货代的价格偏高,笔者也有一些体会。但是一般来说,也不会高到天怒人怨的程度,真的因为这种事情向客户投诉货代，让他们更换货代也没有必要。对客户来说，使用指定货代，肯定和这个货代在目的港有很多合作，有很多共同利益，也不太可能因为你这边抱怨收费稍高就更换货代。

还是有一些手段可以和货代沟通，有些货代比较规范，虽然是买方指定货代，但在安排出货前，会发给卖方一个价格清单，比如在上海，下面这个价格也还算合适的：

订舱费：450/40'

THC：900/40'

门到门：[1000+800（洋山）]/40'（江苏苏州）

报关费：100/bill

ENS：175

单证费：300/bill

封制费：40/cntr

如果你觉得比较高，还可以商量，稍微降低一些。

这些基本上在市面上都有可比价格，笔者操作时，一般都是和那些经营规模较大的货代的价格比较一下，如果差异不大，也没有必要为了200元人民币就讨价还价一整天。毕竟，一批货物或者一个整箱，货值在3万美元左右，利润不可能因为多了200元或少了200元而变化很大，而且我们在FOB报价，计算LOCAL CHARGE的时候，会稍微估高一些。

如果说，一般货代可能要3000元一个整箱，结果这个货代要求6000元人民币，那么笔者会和客户交涉一下，就这件事情和他解释一下，希望下次能够有所改变，至少让客户知道我多付了钱。

尽量和客户的指定货代搞好关系，出口方也希望他们能够配合得好一些，比如单据确认迅速一些，提单早点签发。没有必要和货代关系搞得很僵，很多事情还需要他们配合，有些货代和客户合作的时间很长，甚至在客户那边还有一些影响力，必须搞好关系。

除非货代服务不好，或者有些事情没有办好，比如货物到了不能马上卸货，货物在堆场就堆放在露天，没有为货物提供充分保护，或者动辄要我们提供保函，什么都不配合，这些情况下可以向客户反映一下。

问题186：发生疫情后，因为船公司不靠原来的目的港，只能从别的港口卸货后用卡车拉集装箱到合同指定的港口，如何处理这笔额外的卡车运输费（每个集装箱多付1500美元）？

答： 如果合同是按照CFR或者CIF条款，从理论上说，你必须将货物运到合同规定的港口才完成卖方的交货义务，至于怎么运过去那是你作为卖方的事情，可以直接海运，也可以多式联运。而且现在只是船不靠原来的目的港，只要多花钱，就可以将货先从一个能够卸货的港口卸下来，然后用卡车将集装箱运到原合同规定的港口，虽然是因疫情造成的这种情况，但是还说不上不可抗力，卖方应该按照原合同执行。

对卖方来说，还是存在每个集装箱1500美元的额外费用，卖方可以和买方提出，看买方能不能分摊部分，如果买方能够分摊部分或者全部承担固然最好。即使买方不能分摊部分费用，全部由卖方承担这个额外费用，至少告知了买方这个事情，后续如果要涨价或者调价，或者让买方在以后合同中补一些费用，也是事出有因。

在后续的合同或者报价的时候，卖方要考虑运费因素，提高价格，或者合同报价设一个调整价格机制，比如，在条款里面注明，如发货运输环节遇到一些情况，进行双向调整，如果费用高，需按照某个计算方式提高价格，如果运费降低，也会根据实际情况调低价格。

第十章 外贸职场那点事
CHAPTER 10

问题187：我就要辞职离开现在的公司了，客户要下一个大订单，要不要帮现在的公司接下这个单？

我已经提交辞职报告，公司挽留我，我答应公司留2个月，指导一下接替我工作的同事。之前有个我一直联系的客户和我洽谈过一个项目，断断续续谈了2年多，客户说马上下单了，我有点为难，这个项目利润不错，如果留给现在的公司，对公司来说，是一个相当不错的订单，应该能够运作得很好。如果我带着这个业务跳槽到其他公司，可能会给我带来很好的收入，但是担心其他公司不一定能够把这个项目运作得很好。我告知客户马上会离职，客户的回复是，他尊重我的选择，也会按照我的决定来下订单。如果是您，会怎么办？

答： 2005年的时候，先后有3个同事（都是笔者的前辈）离开笔者当时所在的公司，离职之前，他们在各自的岗位上都是非常优秀、非常成功的。巧合的是，他们在临走前都签下了大订单，然后交给他们的后任。他们曾经开玩笑说，受公司栽培多年，临走时送一份大礼给公司。虽然3位前辈中有2位还在外贸行业，1位前辈已经离开这个行业，笔者想，当时他们如果带这几个大单业务到其他公司操作，虽然有些吃力，但是没有什么大问题，毕竟他们都是行业里面的高手了，换个平台运作不会有麻烦。但当时他们都做了同样的选择，落实后续的人接手订单后，客客气气地离开公司。直到现在，认识他们的同行、之前的公司、供应商、客户提到他们，依然是充满敬意的。

如果笔者是你，觉得这个订单在这个公司可以运作得不错，那么笔者会把这个订单留在这个公司，笔者会尽快把联系的一些事务和同事交接，让他们接续上来。这样，既对得起公司，也对得起客户。你现在的公司会不会给你一些奖励或者提成，这不是太重要，毕竟你后面的工作还没有完全落实，把这个订单带到其他公司做，对客户来说风险太大，你的压力也会很大。笔者想既然这个订单谈了那么久才谈妥，那就珍惜这个机会，还是让这个项目执行得顺利一些。

你离开这个公司以后，也许还在这个圈子，和公司以后也可能有其他合作，哪怕你离开以后，这个项目还需要你的一些建议或者协助，你都应该尽力配合。

当然，也有一些外贸人员，在离开公司以前，把自己的业务都转到其他平台上（新的公司或者自己的公司）。一段时间内，两个平台平行，让新的平台先运作起来，这边的业务基本收尾，等新平台完全能够运作起来，这边再辞职，这种做法也不少。只是我总觉得，这种做法不大光明磊落，拿着原来公司的收入，做自己的事情，于情于理，都不妥。

以上建议，仅供参考，你需要根据自己的实际情况和意愿决定。

问题 188：已经离职的前上司向我了解公司业务的一些价格信息，我应该告诉他吗？

我的前上司已经辞职3个月了，他以前的工作全部由我接管。国外有个客户询一批货物，我让下面的业务员向以前的几个供应商都发了询价，其中一个供应商是前上司的大学同学。前上司刚才通过电话了解这个情况，问我其他几家供应商报过来的价格情况及客户的期望价，我有点不知如何应对，前上司对我不错，走之前也推荐我接任他的职位，但是个人关系归个人关系，让我把现在的价格信息告诉他，我觉得不妥，因为我知道他打电话是为了那个大学同学，希望他同学得到订单。于是我找了个借口没有回答他，在电话里面感觉他有点不开心。我这样做合适吗？

答：笔者如果处于你的位置，也会这样做。

现在他不是你们公司的员工，无论是出于什么动机了解价格情况，笔者觉得你都没有必要告诉他。私人关系归私人关系，原则还是要有的。为公司做事，必须对公司负责，不能因为关系或者人情而放弃原则。在其位谋其政，你做得没有错。

笔者原来办公室同事之间关系很好，后来几个同事辞职，留在公司的几个同事也被分到不同部门。老同事经常一起聚餐，互相之间也有帮忙的，比如笔者有时也会帮一些以前的老同事审核某个英文协议文本是否合适，或者交流一些供应商之间的信息。以前这些同事或者上下级现在都在不同公司或者不同职位，有时也有业务上的竞争，好像无论是留在国企的，还是自己跳出去做老板的，都是各凭本事吃饭，没有说谁让谁手下留情的。即使有时讨论具体业务，也都笑着说，给国外客户的价格高一些，我们中国人内部不要打价格战，但是具体报价多少，互相之间从来不会询问。拿公司的工资，为自己公司办事，维护自己公司的利益，是一种美德，至少笔者这样认为。

问题189：老板比较小气，工作没有积极性，如何摆脱这种混沌的状态？

我在一家民营企业工作，老板比较小气，没有提成，我工作积极性也不高，几年下来，主要维护几个老客户，对开发新客户也没有积极性，虽然压力不太大，但是感觉这样的状态有点问题。你有什么建议？

答： 每个人对生活的想法都不一样，有人喜欢比较稳定的生活，工作压力不大，几乎不用出差，准时上下班，不用忙于一些指标，也不用参加一些应酬，虽然收入少一些，也还能接受。

有人喜欢充满挑战的生活，喜欢变化，喜欢不停尝试新事物、新产品、新客户，这样的人更加适合开拓新业务，虽然很忙、很辛苦，但是能够从工作中得到快乐。

所以，要看你自己对工作或者事业是怎么定位的，自己喜欢什么样的生活。如果你觉得现在的状态不好，那么笔者建议你有所变化。这个变化，不一定是要你辞职。在一个公司里，如果你努力做事，有了足够的业绩和利润，对公司的贡献增加了，老板心里一定清楚，即使没有提成，你还是可以和老板谈谈延长工资的问题。你真的努力工作了，收获的一定会比付出的多。如果你觉得你的能力和业绩已经和你的收入严重脱节了，而老板没有给你增加收入，你换个公司，收入方面，应该会有增加。

不要总想着公司为你做了什么，多想想你能为公司做什么。如果你总想着公司给你的薪水不高，你这样的工作态度也对得起公司，做事也就没有激情，可能连必要的热情都没有，那么你的业绩就会平平。对老板来说，这样的员工，多一个少一个无所谓，也不太可能在晋升或者涨工资的时候想到你。所以说，没有什么可抱怨的，你自己选择一种工作方式，得到的可能也是你应得的。总把希望放到老板某天慷慨起来，想起给你涨工资，还不如自己把工作做得好一些，进退也自如一些，甚至向老板要求涨工资也有一些底气。

当你感觉工作有点像混日子的时候，必须给自己一些压力，否则容易在安逸中丧失竞争力。

毫无激情的状态，时间久了，人会颓废。要么换个公司，换个心情，重新开始；要么停止抱怨，在这个公司继续工作，但是要换种状态，做出点成绩来。

问题 190：价格报给中间商后，最终客户也来询价了，怎么办，要不要报价，怎么报价？

我公司生产电机，最近有个上海外贸公司向我们询价，我们报价后，他们带了最终的日本用户来考察工厂，但是接着最终用户直接给我们发了询价，怎么办，要不要报，怎么报价呢？

答：如果你们和外贸公司并无书面或者口头的独家代理或者独家销售协议，也没有其他承诺，你当然可以直接向日本用户报价，毕竟他是最终用户。无论是他直接下单，还是通过外贸公司下单，都需要和最终用户保持良好的沟通。

一般情况下，给最终用户的价格会比给中间商的价格稍高。你估计一下中间商报给客户的价格，然后根据实际情况，如果和这个国外客户不熟悉，客户提出的一些支付方式比较苛刻，你可以报得稍高一些。如果你公司一直和某中间商合作得比较顺利，也倾向于日后还通过他们的渠道，你可以和他们打招呼，告诉他们你们收到询价，也对外报价，甚至会和他们了解一下价格，可能报给客户的价格要比报给中间商的价格高 5%~10%，尽量还是维护一下中间商的利益，如果过分过河拆桥，以后会影响合作。

当然，如果你觉得中间商在中间似乎功能不强，甚至在客户那边关系也不太好，你报价时可以少加一些，争取直接得到订单。

如果和中间商合作多年，出于对中间商的保护，或者和中间商之间有君子协定，或者有其他合作，也可以和最终客户提出，我们的报价需要通过某个中间商，无法直接对最终客户报价。

> **问题 191：国外客户越过我们一直合作的外贸公司直接发询价给我们，希望直接签约，怎么回复？**

我公司是生产化工产品的制造厂，以前从外贸公司得到一些订单，有时外贸公司也把客户带到我们公司，客户有技术问题也找我们确认。最近有一个国外大客户越过外贸公司找到我们，想和我们直接合作，说根据他们总公司的要求，要缩短贸易流程，减少中间环节，尽量避免和中间商贸易，希望直接和最终制造厂建立直接贸易渠道，并让我们直接报价给他们。我们也希望直接和最终用户交易，但是不知道这样是否合乎商业道德，算不算"过河拆桥"？

答：近年来，有这样一个趋势，很多国外客户尤其是一些全球公司在中国设立采购中心，增加在中国的采购量。一方面，这些设立在中国的全球采购中心代表他们的母公司，有些高级职员甚至是总部直接派驻的，在中国寻找合适的供应商，增加对中国产品的采购；另一方面，这些采购中心建立以后，以前通过外贸公司的订单，现在就直接从国外总公司下到中国的制造厂（通过在中国的采购中心工作人员的协调），减少中间环节，也降低了一些采购成本。这是一个趋势，很多国外客户直接联系制造厂，而不愿意再通过外贸公司联系制造厂，流程缩短了，沟通更加直接。

对国内制造厂来说，直接和客户沟通、签约，有利于建立制造厂自己的销售渠道，这个渠道，有时更为稳定，对产品质量的反馈也更快捷，少了一些中间环节，价格也会更好一些。所以，如果和原来的外贸公司没有签订独家代理协议或者其他协议，当然可以给国外客户报价并争取成交。因为如果不直接和这些优质客户交易，可能会失去一些机会。有时并不是故意过河拆桥，如果最终客户这样要求，只能尽量满足其需求，放弃原来外贸公司的渠道。

当然，对一些原来没有直接出口或者很少直接出口的制造厂来说，以前很多都是和外贸公司签订国内交货协议，不涉及出口报关、远洋运输、出口保险、核销、退税等事务，独立操作会有压力。另外，有些工厂在外语沟通、国际交往等方面还不够老练,需要尽快提高。一旦国内制造厂直接和国外客户报价或者成交,国内制造厂需要专门配置人手做好这些直接出口订单的配套服务、跟踪、沟通联络工作。既然自己放开手脚做了,就一定要做好。

问题192:可以把SOHO作为我外贸职业生涯的最终追求吗?

刚刚进入外贸行业2年,以前几个同事都离职了,自己做SOHO,一段时间后,感觉变化很大,收入比原来提高不少。很多朋友和我说,在公司上班,打工一辈子终归不是个人的归宿,人应该为自己工作。SOHO是外贸人追求的目标,我也对SOHO充满向往,您怎么看SOHO?

答: 笔者和你的行业可能不太一样,笔者的主要工作是为国外钢铁厂提供一些机械零件,客户大多是国外钢铁厂和一些为钢铁厂服务的贸易商。在笔者这个领域,客户很少会把订单下给SOHO,习惯上客户订单都下给比较稳定可靠的公司。所以,在笔者这个行业,如果贸易公司规模很小,客户很难对你有信任感,因为担心签了合同以后,出了问题,出口商宣布公司破产,买方蒙受巨额损失。一般外贸公司员工做了一段时间后,对客户、供应商有了相当影响力,会有几个选择:第一,在原来的公司成为业务骨干,获得晋升,或者收入提高;第二,带着部分业务和客户换个平台,谈好合作的方式,比如利润分配等;第三,自立门户开公司,自己做老板。

SOHO比较灵活,比较适合一些五金、电子产品、快速消费品等零售领域或者小额批发,但不是所有领域都适合。SOHO的方式也有其局限性,因为没有公司作为强大的支持,抗风险能力较弱,在资金运作、风险抗衡、与客户和供应商的谈判方面,单打独斗和团体作战,还是有差别的。

笔者认为,SOHO适合那种比较追求自由的人,不用受公司的约束,进退自如,但是如果业务发展到一定程度,还是要在规范的公司平台运作,才能让客户放心,否则,SOHO发展到一定程度很难突破。

SOHO作为兼职或者一种过渡的工作安排,有其灵活性。比如外贸经理需要2年读MBA或者有段时间准备休假、怀孕或者哺乳期间,不用天天上班,但是有稳定的订单和客源,SOHO方式比较合适。工作稳定,但是觉得时间比较充裕,可以在不影响本职工作的基础上做SOHO,风险也不大。还有一些外贸人需要一段时间调整，GAP YEAR（间隔年），不用上班，还有一些业务和收入，比较自如。就你目前来说，SOHO 可以作为你工作的主要模式，但未来充满很多不确定性，可以过一段时间再看一下 SOHO 是不是最适合你的选择。

对有的人来说，打工一辈子不是个人的归宿，但是 SOHO 也不是大多外贸人的目标。

问题 193：公司承诺的提成不能完全兑现，我该何去何从？

2 年前，我带着业务进入这家民营外贸公司，当时谈得比较愉快，除每月基本工资 5000 元外，合同净利的 70% 给公司，30% 最后归个人。来到公司以后，公司给了我很大的支持，一年后一次性兑现 10 万元人民币的提成。现在又满一年了，在计算提成的时候，老板提出，公司对我的业务支持很大，第一年提成足额支付，今年由于各方面成本上升，一些行政、财务、物业等的支出都增加不少，公司压力很大，而我的业务的利润还不错，希望我能够承担一部分公司费用。老板从我的提成净额中再扣除 20%，这样，我拿到手的提成就是原来承诺的 80%，因为公司没有和我签订书面协议，所以，这次就按照这个金额给我支付，最后我拿到手的提成是 20 万元左右。我不甘心，但是钱在老板那里，我也没有办法，只是担心万一明年计算提成的时候，再扣除甚至不给怎么办呢？当然，我也不太想离开这个公司，公司平台还不错，一些福利也还可以，和老板关系也算融洽，再说，如果再换一个地方，也有很多不便。您有什么建议吗？

答：很多时候，人和人有缘认识或者商量合作的时候，有点相见恨晚，相互吸引，之后一段时间内为了共同利益，互相帮助，互相协助。然而，到分享胜利果实或者利益的时候，由于对利益分配不满或者权力斗争的原因，就互相猜忌、互相怀疑，各自一手，甚至到后来互为敌人，斗个你死我活。知名作家当年明月用了"同舟共济，同床异梦，同室操戈，同归于尽"来形容这几个步骤，而事实上，很多合作，最后都落个"自相残杀"的下场。

当你带着业务进入这个公司，你和老板都是各取所需，有共同的利益。第一年提成也不是很多，付钱的时候，金额不大，老板也爽快。真的到了一次性支付超过 20 万元提成的时候，老板是要仔细考虑一些情况的，再说，你们之前没有书面协议,无法深究。

笔者觉得你老板的做法虽然不够坦荡,但是理由倒还说得过去,这次已经这样就不计较了,那么以后呢?有些事情还是要考虑周全一些。

无论你离开这个平台找个新公司还是继续留在这个平台,都必须仔细准备有关提成的分配方案,和老板书面签订,把责任义务和利益分配都谈透,同时,想好制约的手段。无论是三七开,还是二八开,或者其他比例,都明确怎么计算,做哪些扣除,这样比较好。

笔者完全理解,你对现在的老板还是知根知底的,也算比较放心,比较投缘,或者对你有知遇之恩,而换一个老板,你很难说这个人怎么样,有可能还不如你现在的老板好。

如果你有条件自己做老板,那另当别论。如果只是换个地方,合作模式差不多,笔者觉得意义不大,除非其他公司或者平台的确给你开出了更好的条件,或者给你很好的上升空间和更广阔的平台,如果其他机会没有比现在好很多,笔者建议你还是留在这个公司,只是需要和老板签署提成分配方案,有书面的协议,会对你有保护作用。要着眼于共同利益,合作顺利,把蛋糕做大,蛋糕大了,双方才能得到更多的利益。

所以,最关键的是你用什么手段保护自己。如果没有正式书面协议的保护和制约,换个公司或者换个平台,也不能给你带来多大好处。

问题 194:和外贸公司同事的关系有点紧张,怎么办?

我进入这家外贸公司快三年了,所在的外贸部有十几位同事,跟单、财务都是女孩子,我和这些女同事的关系一向不太好,可能她们都是大城市里的独生女吧,而我来自农村,和她们总是不投缘,关系不够和谐。最近部门经理跟我说,部门的不少女同事反映我在平时的工作中,和同事的配合缺乏耐心、态度生硬。虽然我与她们的关系不太好,但是什么事情都是我自己做,从来不麻烦她们,平常对她们客客气气的,我觉得她们没有必要这样中伤我吧。请问一下,我需要怎么处理跟同事的关系呢?

答:真话往往比较尖刻,但笔者觉得,你同事说的可能是真话。从你的表述中,笔者觉得你好像把你自己和别人对立起来,把你和同事之间的距离拉开了。似乎，你把这些同事贴上标签，她们是一类人，你自己是另一类人，真的没有这个必要，人和人之间在一起工作，就是缘分，如果连和朝夕相处的同事的关系都处得这么紧张，你怎么可能把工作做得更好呢？人要获得成功，首先要人和，尤其是来自公司内部的支持。不要抱怨别人对你有偏见。你自己对别人主动，积极，热情，关心吗？三年时间下来，你有很多机会和时间来改变自己，去适应环境，适应别人，让别人了解自己。但是你似乎觉得没有必要和同事好好交流，你觉得你和她们不是一类人，你觉得你比她们更有志气、更有前途，所以你漠视了她们的存在，很多时候是敬而远之，持"反正我也不求你，凭什么我要讨好你"的态度。也许你就是这么想的，所以你同事觉得你有点傲慢，态度生硬，缺乏耐心。换位思考，也许你和她们的结论差不多吧。

在工作中，不要凡事喜欢单打独斗，如果公司有安排，让人帮你做一些事情，那就交给别人做，你自己也有精力做更有意义的事情。也许是你自己不放心，不愿意交给别人，并不是说你同事不愿意做这件事情。在公司里，有些工作本来就是有分工的，这样，大家都有岗位。比如，如果别人帮你做单据的工作，做得不错，你也可以在会上或者领导面前提起这个同事做事很辛苦、很仔细，你交给她的任务，每次都是高质量地完成。通过合适的渠道，肯定别人的工作，笔者想，你的同事不会拒绝帮你完成一些任务。

外贸工作，不是单打独斗，你再有能力，到了一定程度，必须得到团队的支持和配合，需要得到同事与领导的协助并提供后台的帮助。比如你在外面出差，有笔款要支付，你只能请同事代劳。离开同事的支持和配合，你很难做成功，或者即使你做得不错，也很难获得公司内部的认同。所以，你必须主动改善和同事的关系，主动与同事和解，示好。比如早上见到同事微笑打招呼，中午和同事一起散步、去餐厅，出差回来给同事带点外地的小点心，帮同事签收一些快递，或者提醒同事外面下雨，出去要带伞。未必每个同事马上会转变对你的态度，改变对你的看法，但是坚持一段时间，一定会有改变的。当你需要帮助的时候，也可以向别人求助，但要记得，要及时表达你的感谢和肯定。这样，你和同事之间的良性互动就建立起来了。

人和环境是互动的，人和人之间的关系也是，关键是你要用心去做，主动去做，多一些对别人的尊重，少一些对别人的漫不经心和拒人千里。

和同事相处如此，和客户、供应商甚至领导也一样，你只有得到别人的欣赏，别人的认可，别人才会愿意和你合作，给你机会。

"善待别人，也是给自己机会"，这是笔者在一个办公楼的电梯里看到的标语，与你共勉。

问题 195：同事喜欢抢我的外贸客户，还喜欢到领导那边告我的状，遇到这样的职场小人，怎么办？

我在一个外贸公司工作了 4 年，近来发现几个老客户联系少了，仔细了解了一下，说是有几次打我办公室电话，有个同事接了电话，说我很忙经常出差，有事可以直接找她。所以有几个客户现在就和我同事联系甚至下订单给我同事了。我们公司业务员收入是和客户开发、订单数量、利润挂钩的，我这个同事这么做，明显就是自己不愿开发，过来抢我的一些稳定客户，而且，这个女同事总喜欢到领导那边汇报我的情况，比如我和供应商吃了一顿饭，总喜欢打听某货代和我的关系之类。其他同事也说过，这个女同事经常做这种事情，有事无事向老板打报告、表忠心，虽然她业务一般，但老板对她还不错。遇到这样的小人，我该怎么办？

答： 宁可得罪君子，不可得罪小人。尤其不要和这样的人公开叫板，直接开怼，否则，你就是自寻烦恼。

从客户控制角度来说，外贸业务员对客户的控制是非常重要的，培养客户对你们产品的忠诚度，对你们公司的忠诚度，甚至对你个人的忠诚度，都很重要。培养客户的忠诚度，就是用你的敬业、专业、优质服务、人格魅力，让客户对你有一种依赖，对你很放心。即使你们公司其他同事想抢你的客户，客户也会觉得与这个人合作不是很舒服，还是会找到你。笔者虽然从来没有跳过槽，一直做外贸，但是中间经历过很多部门变化，换过不少领导，业务基本还算平稳，没有受到什么影响。和客户的交流，除了公对公以外，还是有一些工作以外的沟通，这样，人际关系比较密切，很多时候，客户只要一提到这个产品，第一时间会想到你。所以，如果客户对你比较依赖，关系很好，即使你的同事抢你的客户，搞小动作，也很难得逞。

笔者的建议就是，对这个同事，敬而远之，更加客客气气，满足她的虚荣心。以免得罪了她，跑到领导那边，没完没了地告你的状。在业务上，尽量不要让她接触你的客户、你的产品、一些文件资料，要有自我保护意识。如果可能，有时你不在办公室，就把办公桌上的电话转移到你的手机上，平时尽量留你的手机号码作为联系方式，不要给你那个同事任何机会。有些事情，心知肚明就好，没有必要公开讲出来。

问题 196：公司各方面都不错，就是感觉个人没有进步，怎么办？

我们公司就老板一个人拿订单，别的人都是配合，主要业务也是老板通过关系拿过来的。虽然公司利润、经营都不错，给我的福利、工资也不错，但是我觉得自己接触不到一些实质核心的业务，没有进步，缺乏成就感。是离开这个安逸的地方去经风雨，在摸爬滚打中提高，还是继续在这个公司延续收入不错但是有点无聊的生活？

答： 有时和人讨论辞职，笔者习惯性的回答就是，要么安心在这个公司继续做下去，不要抱怨，要么早点离开。最忌讳的就是，总是不甘心，总是想得很多，想着外面的世界充满诱惑，好精彩，但是又不能下决心离开相对比较舒服的地方。毕竟，跳槽换个公司从头再来，从新人起步做起，再一步步前进，对很多人来说，不一定吃得了这份苦，很难下这个决心。

当断则断，走或者留，自己想清楚了、决定了就去做，没有什么遗憾的。走是走的活法，做好吃苦、开始全新生活接受改变的思想准备。留是留的安排，工作不变，但是需要调整自己的心态，自己想办法充实一下，比如工作之余，是不是可以读点书，参加一些培训，或者发展一些自己的兴趣或者爱好，也可以看看公司内部管理有什么可以做的，帮助公司做一点事情，哪怕不是你分内的事情。

有时笔者很羡慕上班不忙、收入不低的人，生活很有质量，有很多时间做自己的事情，很有情趣。笔者建议，如果不违反你公司规定或者和你工作不冲突，也可以做个兼职，比如翻译或做个志愿者，让自己有充裕的时间做其他事情，让自己不那么无所事事，也不错。

此外，笔者和一些所谓整个公司就靠老板一个人在那里拿订单的公司员工也有一些交往。这样的公司里，有些老板的能力很强，做人、做事都有很多地方值得学习，跟着这样的老板，也能学到很多知识。如果能够得到老板的信任，以后机会也是有的。当然，问题是老板是否愿意放权，给下属机会。如果做到一定规模，老板还是事必躬亲，什么事情都不放权的话，员工很难出头，公司也很难有大的发展。尽管公司收入、福利都不错，但是员工没有成就感，没有自我认同感，很难长久留住人才。

如果有一天，这样的工作、这样的公司让你有点厌烦，感觉没有上升空间，觉得不再适合，甚至感觉有点窒息，那就不要犹豫，早点走人。若在一个地方学不到什么知识，找不到留在这里的乐趣和理由，早晚要离开，那么，早走比晚走好。

> **问题 197：公司人际关系复杂，给我安排的客户都比较难沟通，这样，在考核时，业绩可能就不太好，机会不多，怎么办？**

答：世界上没有绝对的公平。你觉得公司给你安排的客户比较难沟通，那么你自己可以努力想办法搞定客户，如果客户在和你的互动中，变得比较容易沟通，那么说明你是有水平、有能力、有本事的。抱怨不能解决问题，如果抱怨之后，回到现实，能够想办法，制定目标，制订计划，然后落实到实际工作中，那么这样的抱怨是良性的，偶尔抱怨一下也无所谓。

如果你越抱怨越气愤，认为遇到这样的客户，你再努力也不能做出成绩，客户有什么事情，你也漫不经心，或者对客户百般挑剔，那么这些客户对你也不会满意，这样恶性循环，业绩更难提高。

在很多公司，业务员自己开发的客户自己联络业务，如果有一些是公司的老客户，或者公司安排的客户，一般都是根据业务员能力和实际需要来分配的。比如公司管理层觉得业务员能力强一些，就把重要的客户让这个业务员负责；如果觉得某业务员是新手，做事情不太牢靠，不太敢把重要核心的业务让他接手，会安排一些不太重要或者没有实质成交的客户让这个业务员跟踪，反正也不一定有订单。从这个角度说，公司安排客户的时候，是经过深思熟虑的，是有计划、有分寸的，是根据业务员自身能力和业务繁忙程度来调整或者平衡的。

抱怨自己遭到了不公正待遇改变不了现实，应把主要精力放到具体工作上，多花点心思在如何服务客户，让客户满意，开发客户上面，这比抱怨重要得多。如果个人真的很有能力、有本事，能够开发客户，觉得公司对你不公，那没有必要在这个地方受委屈，换个地方，照样可以好好工作。

如果你对现在的安排不满意，你也可以一边继续服务好这些客户，努力维护和尽量加强、改善和这些客户的联系和业务，一边通过自己的努力，利用公司平台，去开发好的客户，生气不如争气，问题是，要能够争气。

一分耕耘，一分收获，多把精力放到工作上，用心服务好客户，满足客户的需求，过一段时间，情况会有改变的。水到渠成，机会就会多起来。

你说公司人际关系复杂，换个公司人际关系也未必会变简单，有人的地方就有复杂的人际关系。也许你对公司期望值太高了，务实一点，去主动适应环境，改变环境，与环境形成良性互动。

第十一章 "一带一路"和国别贸易

CHAPTER 11

> **问题 198**:"一带一路"主要包括哪些国家和地区?"一带一路"合作的主要内容是什么,如何从"一带一路"合作中收益?

答:根据官方公布的结果,截至 2021 年 12 月底,中国已经同 147 个国家和 32 个国际组织签署 200 多份共建"一带一路"合作文件。

"一带一路"(The Belt and Road,B&R)(国家级顶层合作倡议)是"丝绸之路经济带"和"21 世纪海上丝绸之路"的简称,2013 年 9 月和 10 月由中国国家主席习近平分别提出建设"新丝绸之路经济带"和"21 世纪海上丝绸之路"的合作倡议。依靠中国与有关国家和地区既有的双多边机制,借助既有的、行之有效的区域合作平台,"一带一路"旨在借用古代丝绸之路的历史符号,高举和平发展的旗帜,积极发展与沿线国家和地区的经济合作伙伴关系,共同打造政治互信、经济融合、文化包容的利益共同体、命运共同体和责任共同体。

"一带一路"给相关国家和地区的企业都带来了巨大机遇。各国和地区基础设施建设(港口、铁路、能源、公路、电力、能源、航空、通信)发展迅猛,促进了贸易合作和发展。中国企业一方面积极参与到这些建设,另一方面基础建设的改善(比如公路、铁路、航空、港口的建设)使贸易快速增长成为可能。2013~2018 年,我国和沿线国家和地区建立了 82 个境外经贸合作区,对外直接投资超过 800 亿美元,新签对外承包工程超过 5000 亿美元,与沿线国家和地区的进出口总额超过 6 万亿美元,中国对"一带一路"沿线国家和地区的贸易和投资总体保持增长趋势,大量企业走出去,大量商品运出去,大量人员派出去,各种企业都参与其中,从中受益。

问题199：“一带一路”建设给民营企业带来哪些新机遇？

答：民营企业积极参与国际竞争和全球资源配置，已经成为促进"一带一路"建设走深走实的生力军，民营企业与"一带一路"相关国家和地区的进出口总额约占与"一带一路"相关国家和地区贸易总额的43%。"一带一路"给民营企业提供了更加广阔的国际市场，民营企业实力强了，需要更大的市场，需要通过开放合作同沿线国家和地区的企业一起参与到全球价值链中，在不断交流融合中实现长期可持续发展。

政府引导、市场主导、企业主体"三位一体"的对外合作模式高效、稳定，民营企业对市场环境最敏感，能够充分发挥创新意愿和能力。

民营企业在进出口贸易、对外投资、全球资源配置、企业市场国际化方面都能够受益。共建"一带一路"为广大民企带来了谋求发展、借力转型、提质增效的难得机遇，这也是过去几年来民企积极参与"一带一路"建设的重要原因。

问题200：如何把握中资机构加强海外投资带来的机遇？

答：2018年，中国对外直接投资略低于日本，成为全球第二大对外投资国。对"一带一路"沿线国家和地区的投资合作也在积极推进。我国对外投资规模不断增长，对外投资结构不断优化，近期对外投资主要流向租赁和商务服务业、制造业、批发和零售业。

相对传统简单的国际贸易，对外投资扩大也创造了巨大商机。

（1）为海外投资项目配套的国内成套设备、原材料、制成品和项目一起海外落地。

（2）国内企业参与海外项目、全球采购，也有助于国内企业增加在国际大宗交易市场的定价话语权，优化原有采购渠道。

（3）对外投资，在全球范围内配置资源，进一步降低成本，规避一些贸易壁垒，提高企业的国际经营水平。

（4）为中资企业海外项目服务的材料、备件、资材供应商也在项目周边建厂或者建立或者租赁仓库，为项目服务，进一步融入当地。

问题 201：出口孟加拉国的贸易有哪些特点？

答：孟加拉国对进口货物、进口报关、外汇支付都实行严格的管制，为保护本国的保险公司，孟加拉国规定，进口贸易中必须从本国公司购买货物保险，进口合同不能使用 CIF 条款成交，一般都是 CFR 条款。

所有的进口合同，几乎都要求使用信用证，外贸业务人员洽谈的时候必须有这个心理准备，不要客户下订单的时候才发现怎么是 L/C 收款。孟加拉国银行业内口碑一般，以前听说过银行不付钱，直接放单给客户的情况，笔者建议出口商在签约的时候要确认开证行信息，避免后续的风险。孟加拉国开出的信用证条款复杂，是外贸人员公认的"最复杂的信用证之一"，笔者建议开证前就确认相关条款。每次提交单据以前，让客户再三确认单据，避免被开证行拒付。

出口孟加拉国的产品包装上必须有进口商的公司名称、地址、税号、产品原产地国名。

此外，发票、箱单、提单（空运单）上必须有产品的总净重、总毛重、总件数等信息。

问题 202：我收到一份来自尼日利亚的邮件，说对我们的产品有兴趣，准备到中国来考察我们的工厂，需要我们给他们发一份邀请函，应该怎么办？

答：尼日利亚在非洲属于富裕的国家，那里盛产石油，人均收入相对较高，所以采购力比较强。但是，在该国骗子也很多，需要小心一点。

防人之心不可无。对来自尼日利亚的一些询价或者客户，外贸业务人员要有些防范意识。一般来说，如果一个客户连价格都不问，就说对你们的产品有兴趣，马上就要到你们公司拜访，似乎不合常理，其中可能有个目的，就是获得邀请函。因为他们在中国做贸易，把中国的货物倒卖到非洲去，在义乌、广州等地这种现象很常见。有时有些非洲人来中国，需要到大使馆办理签证，这时就需要邀请函了，希望有个中国公司能够给他发邀请函。

其实现在发邀请函也很方便,但是什么都不问就索要邀请函,似乎目的性太强了。当然,也不能因为防骗而把可能得到客户的机会放弃了,还是要好好沟通,摸清底细,看对方是真的做生意还是名义上做生意。

银行对涉及尼日利亚的交易汇款比较谨慎,一般都要求提供情况说明,证明汇款和洗钱无关。和尼日利亚的业务也需要特别小心,避免牵涉其中。

> **问题 203:外国客户把我们的转化图发给其他供应商,该如何应对?**

我公司有个外国客户,和我们进行了多年的合作,最近两年基本没有订单,却经常和我们讨论一些以前的图纸,说要重新复核图纸,让我把图纸再发给他们,但是每次又不了了之。我有个同学也在我这个行业,这几天,他打电话给我,说他们收到一些询价,一开始和客户讨论图纸转化问题,互相不太理解,后来客户发给他们已经转化的图纸,图纸都是我们公司的转化图,我这才明白为什么这个客户每次都向我们要图纸,然后又没有下文。对这样的客户,我应该怎么办?以后他再要图纸,还给不给?要不要直接戳穿他的把戏?

答: 十几年前,笔者听说过比你的经历更"神奇"的故事。某外国钢厂招标一个大项目,中国几家大型的冶金设计院和一些制造厂都参加了投标。当然,由于参加投标,都提供了完整的设计、技术资料和图纸,结果,客户最后却说流标了,大家都没有中标。过了一段时间,国内有个电机制造厂收到一个来自该国工程公司的询价,技术上有点问题,反复讨论也无法决定,最后该国工程公司发来一些图纸,说就按照这个图纸生产,制造厂居然发现图纸上有国内工程公司的 LOGO,很奇怪,再了解一下,才知道,原来该国的业主对该国本土工程公司的设计不够放心,于是邀请中国几家冶金设计院和制造厂投标,最后宣布流标。他们把获得的中国公司的这些技术资料、设计方案、图纸、技术参数都交给与自己长期合作的本土的工程公司研究、参照甚至抄袭。

实际上,对于一些喜欢玩弄伎俩的人,还真没有特别好的防范办法,就好像锁门只能防君子不能防小偷,贼真的惦记你,很难逃脱。

出口商要有自我保护意识，比如在投标的时候，注明如果不能中标，业主禁止使用相关技术资料，更不能交给第三方使用。对提供的一些图纸，都标注明显的公司 LOGO，英文注明未经许可不得使用。此外，笔者有时在收到一些国外客户询价的时候，如果只是询报价，客户的图纸都注明，图纸只能用于询报价，最后的实际制造尺寸和询价图有差别，有些询价的技术指标比较宽，而且不是中间值，有些地方不标公差。这样，即使得到图纸，能够制作出图纸产品，按照这个图纸或者技术指标生产出来的产品也可能有点小问题。等我们拿到客户订单后，客户才提供正式生产图，这时很多参数和指标才会比较精确，所有图纸才标注了公差和具体的检查标准。你可以借鉴这个方法，在给类似客户提交技术资料的时候，有些数据如果不是必需，不用全部标注公差和范围，或者把公差稍微标得宽泛一些，等确认得到订单或者自己生产的时候，再做进一步安排。尽量做到自我保护，不要毫无保留，让别人毫不费力地得到所有技术秘密。

此外，一些技术图纸、技术资料，如果不是必需，对一些客户不是特别放心，尽量不要用 CAD 格式或者 3D 格式的文件，给客户发 PDF 或者图片文件即可。这样，即使客户抄袭，也没那么容易。如果你们把图纸全部用 CAD 格式发给客户，他们只要改 LOGO 或者换公司名称就可以，抄袭毫不费力。遇到特别刁蛮的客户要抄袭我们的图纸，笔者也没有很好的办法避免，但要尽量采取措施不给抄袭者提供方便。

一些公司做投标文件也这样，只提供 PDF 格式的文件，这些文件无法还原到 Word 文档，重要部分复制或者修改都需要密码，这样，即使别人想抄袭，也没那么容易。

你们这个客户如果还希望从你们这里拿转化图给其他供应商，可以找个借口谢绝。比如说，按照你们公司规定，如果没有订单，你们不提供转化图，或者在转化图上做"按厂标或者公司内部标准执行"的说明，隐匿一些关键位置的公差或者数据，这样其他供应商即使拿到图纸也不能用。或者婉言相告，图纸已经在资料室存档了，如果有新订单，你们可以到资料室查询，否则不能提供。对一些很不厚道的客户，没有必要过分迁就。

你甚至可以告诉这个客户，你得知客户拿了你们的转化图给其他供应商，是否确有其事，还是你搞错了，看看他如何回复你。

问题 204：初次给印度客户的报价，应该注意哪些技巧？

答：印度客户对价格比较敏感，有时同一个询价，他们会发给 10 个中国出口商，一个一个比价，一轮一轮和你耐心谈价格，比较耗费时间。如果是那种比较常见，技术含量不高的产品，印度人对价格的关注远远超过质量。对印度客户的询价，报出价格一定要有竞争力，否则很难成交。

有时，笔者感觉印度这个国家和中国有很多相似的地方，人口密集、市场较大；也有差异之处，劳动力成本比中国的低一些。印度近几年经济发展很快，很多工程建设项目需要大量的进口产品，国内很多机电产品出口到印度，比如轴承、机械、五金等。

给印度客户的价格不能虚高，但是也不能一点不留余地，虽然印度客户对价格要求很高，但是他们习惯讨价还价，而且对此特别热衷。笔者一般是留 5% 的余地等客户来协商，同时，价格后注明，这个价格是公司的基本价格，若订单数量较大或者有一定的市场容量，可以在这个价格基础上给予一些折扣或者优惠。这样有一定的暗示，如果印度客户对这个价格不满意，可以再谈。这样在谈的过程中，出口商也可以了解印度客户对价格的底线。尽量留点空间，表示价格可以商量，这为以后进一步洽谈价格预留了空间。

印度人有时特别有耐心，甚至能够和你一直耗下去，让你一次次让步。所以，在时间上，也不要被对方拖住，在给印度人报价的时候，笔者建议价格有效期最多一个月，在有效期到期前的一周，提醒印度客户价格有效期快到了，请尽快决定，过了有效期，估计要涨价，这样给印度客户一定的心理压力。

对印度客户，尽量争取在发货前收一些预付款，降低风险。很多出口印度的产品，最后都是 D/P 或者 L/C，所以，报价的时候，也需要有所准备。

一般来说，印度客户价格压得比较低，所以报价时一定要清楚了解印度客户对产品质量的具体要求，如果客户要求的产品档次不高，那么就按照这个档次的价格报价，如果你们公司的产品档次比较高，低档的产品不做，那就直接告诉印度客户，这个产品档次你们不提供，你们提供的产品质量和他们的要求不是一个档次的，以免做无用功。

虽然经常有外贸行业的朋友说，印度客户很多都只是问问价格，基本不成交，他们现在不报价了，但是笔者觉得这个观点太绝对了，毕竟这几年，中国出口印度的总额增长很快，印度对中国产品的需求还是很大的，在控制风险的情况下，不要放弃来自印度客户的机会。

问题 205：向欧美客户报价时，有哪些技巧可以提高成交的可能性？

答：欧美客户相对信誉较好，比较规范，对产品质量要求比较高，而且一旦成交，渠道相对稳定，不会随意更换供应商。对欧美客户的报价，要抓住报价的机会，争取成交，建立较为长期的合作。

笔者的体会是，欧洲客户给的询价相对比较简单，只要求最终产品的一些技术指标，以及对产品的生产要求。但对产品的原料来源、制作设备、制造工艺、中间流程等基本不做要求。这一点，和日本客户完全相反。日本客户的询价，包含的信息非常充分，包括采购产品的品名、所有技术要求、产品的原料、采用什么样的生产工艺、生产过程主要控制要素（如产品在 600 摄氏度的炉子里面加热 3 个小时等）、检验方法、检验标准等，都规定得很细。而欧美客户一般不会这么详细地询价，他们只要求最后的产品符合需求，至于生产过程是出口商的事情，只要最后的结果和他们需要的一样就行了。这样的好处是，供应商有更多的空间；坏处是，有时，供应商按照自己的思路做出来的产品，最后质量和客户要求不太一样，有一些风险。

在给欧美客户报价的时候，对产品的技术参数，要特别注意报价是否能达到询价的所有技术参数，有没有差异，如果有，一定要标注出来，以免事后产生误解。此外，对一些专业产品，笔者建议还是把一些生产工艺、生产过程主要控制要素在报价中注明，让客户确认，减小风险。

欧美客户对认证比较重视，比如 ISO 质量认证、环保认证或者一些其他专业认证（CE、FDA），外贸业务人员可以在报价文件的附件里提供这些证书，让客户放心，你们的质量体系是完备的，质量是稳定的、有保证的。如果可能，也可以为客户提供一些清单，让客户放心，你们的产品被一些知名企业采购，采购你们的产品风险较小。需要注意的是，如果对客户要求的质量没有100%把握，直接告诉客户达不到这个要求，不要贸然答应，否则后患无穷。尤其是德国客户，对质量的要求非常严格。笔者曾经有一些产品，使用情况基本相同，出口到很多国家，即使有点小问题，客户只是抱怨了一下，也就接受了，而德国客户会直接拒绝收货，根本没有讨价还价的余地。

到欧美的海运一般需要两周时间，因此在报价的时候，笔者建议提供一下预计装箱方案。比如每250件可以装一个20尺标箱，大致体积是多少立方米，大致总重量比如是16.75吨，每个单独包装的重量在1.5吨上下，一般叉车都可以搬运，从上海到安特卫普大约26天，每个集装箱的费用大约多少。这样客户收到你的报价，会感觉很清晰，如果要转运到欧洲内陆，他也很容易就计算出相关费用。你报价做得越专业、越细致，客户对你就越满意、越放心，成交的可能性也就越大。

问题206：向印度出口产品，有哪些技巧可以降低风险？

在上海的一次展会上遇到印度客户对我们的产品很有兴趣，价格也基本合适，之前我们从来没有和印度客户合作过，所以想请教一下，跟印度客户合作，需要注意什么？听说他们信誉不是很好，所以有点担心。

答：印度客户对价格很看重，很多时候都因价格问题而无法成交。你们的产品可能价格竞争力很强，能够和印度客户在价格方面达成一致，这样也少了很多讨价还价的麻烦。

产品出口印度，一般都是通过D/P或者信用证，相对来说，手续烦琐一些，费用高一些，但是风险基本可控。如果可能，尽量争取即期信用证和D/P，早一些收汇。如果客户坚持远期信用证或者D/A，在报价的时候，就要把汇率风险和资金占用考虑进去。如果是第一次交易，笔者建议使用CIF的交易方式，这样，如果客户不能及时支付货款，对货物还有一些控制；如果使用FOB条款，运输是买方负责安排的，货物只要交到承运人手里，无论买方有没有拿到提单，卖方对货物就基本失去控制了。

要尽量争取资信好一些的银行作为信用证的开证行或者D/P的代收行，这样能降低一些风险。要有一定的心理准备，即使是即期信用证或者D/P AT

SIGHT，出口印度的货物，收款也是比较慢的，通常交单 20~25 天才能收到货款。客户和银行都相对拖沓，寄单后，要催着客户付钱。

如果可能，通过一些途径了解印度客户的资信。一般来说，对不太熟悉的客户，第一次交易金额不宜太大，将风险控制在一定范围内。

印度客户一般对供应商有什么要求，都是要对方立刻去做，非常急躁，而需要他们做一些事情，却能拖则拖，说话有时不太守信用，有时会在合同条款里面玩一些伎俩。比如，笔者曾经和一家印度大公司的中国首席代表聊他们签订的一个合同，他们向国内一家机械制造公司采购一批大型设备。笔者说这家中国公司不太好沟通。他笑着说，签订合同之前他所有条件都尽量答应这家公司，但是合同是他的格式，他对合同条款规定得很细，到时候，如果这家中国公司无法满足合同要求交货，想拿足额的钱就非常困难。所以，在卖方拿到所有货款之前，他一点也不担心，而且他知道这家公司有些地方无法满足合同条款，至于发货后能否拿到全额货款，什么时候拿到合同货款，主动权已经在他这里。笔者听后不寒而栗，幸亏和他只是私人关系，没有贸易上的交往。因此，对印度客户要提防一下合同条款，避免发货后，你急着要货款，印度客户拿出合同，说你有几点不符合，这个时候就难堪了。

在和印度客户沟通的时候，尽量主动一些，比如发货后，如果 L/C 或者 D/P，马上催客户付钱；如果客户没有付钱，交代货代，绝对不能无提单放货。如果客户出现违反合同的情况，要及时书面告知客户，让他们马上按照合同办事。不要觉得难为情，要敦促客户按合同办事，按照规范办事，保护自己的利益。

笔者深有体会，和印度客户谈价格，如果初步价格和一些要求不一致，没有必要继续谈下去，否则你会浪费很多时间。一个印度客户向笔者询一个产品价格，从一开始他就一直纠缠于体积，每个集装箱装多少，怎么装箱之类，笔者给了他全部的装箱方案。当问他是否可以发订单的时候，他说笔者报的价格太高，笔者非常生气，浪费了几天时间，而他根本不准备给笔者订单，无非是让笔者帮他确认装箱方案。他利用笔者这个装箱方案去要求一些报价比较低但是对装箱没有经验的供应商。

问题207：墨西哥客户要求我们在发票上写出口公司的税号，这个要求合理吗？

货在海上，墨西哥客户要求我们提供我公司的税号，并要求我们修改发票，在发票上打上我公司的税号，我们公司从来没有遇到过这种情况，请问这个要求可以答应吗？

答：笔者有过类似经历，墨西哥公司在办理付汇的时候，需要向银行提供收汇公司的税号，这是他们国家的管理制度之一，如果没有收汇公司的税号，无法付汇，客户这个要求其实没有不良的企图，应该积极配合。此外，在发票上把客户的税号也打上去，这样更规范。

如果你稍微留意一下，会发现到墨西哥的货物，在出口的时候，船公司也会要求发货人提供收货人和通知人的税号，否则，即使出口的时候船公司可以出提单，到了墨西哥进口报关的时候，也会比较麻烦。

因为银行开户比较容易，相对来说，只有规范企业才有正规的税号，所以，需要在发票、提单上体现出相关企业方的税号，便于管理，防止洗钱。

这没有太大的麻烦，应配合客户，按照他们的要求制作单据。

问题208：出口南亚国家（如印度、巴基斯坦）有哪些注意事项？

答：和南亚客户做生意的时候，两个问题是经常要考虑的：

（1）银行手续费。笔者有过一个小的订单，出口印度，大约1800美元，结果被扣了200美元。笔者马上打电话告诉客户，笔者和他签的合同是1800美元，笔者只收到了1600美元，银行扣的也好，其他原因也好，笔者都可以接受，但是，货代那边的人民币费用最好由他付，虽然按照惯例，应该是笔者付的，但是，笔者少收了200美元，这笔费用应由他付。

印度客户不肯答应，笔者说没关系，这笔钱笔者自己付可以，但是如果产品质量出了问题，笔者不负责处理，也不提供任何相关的技术指导，因为笔者没有收到他们的全部货款，笔者也可以不履行全部责任。

那时候笔者工作不久，态度比较生硬，客户后来对笔者说，产品质量出了问题，卖方如果不负责，他们的技术部门会让采购人员很为难的，货代的人民币费用很少，他同意由他们公司解决。

从那次以后，印度客户扣钱每次都不超过 50 美元，因为合同金额也大了，笔者也不会太计较了。有个巴基斯坦的客户很不错，他每次付钱，都是扣 10 美元，还有一次多付了 10 美元，他说是担心银行扣钱太多，就多付一些。

（2）办事效率低。有一个巴基斯坦客户，他人在中国，让他们的公司给笔者付钱，他说是在 5 月 21 日付的，水单也给笔者了，可笔者是在 6 月 10 日收到的。笔者相信他不会骗人，一种可能就是银行在付钱的时候，效率不高；另外，有些国家，银行支付也是需要有关部门审核的，中间拖了很长时间。所以不要完全相信水单，钱到账才算真正收到货款，其他只能是仅供参考。

需要提醒的是，这些国家有外汇管制，进口都通过银行交单，一般都是通过信用证和 D/P 方式才能给卖方付款，但是很多客户经常以多种方式逃避关税，T/T 和 L/C 或 T/T 和 D/P 结合使用。外贸业务人员在签约的时候，一定要坚持客户必须使用他自己公司账户付款，避免后续很多麻烦。尤其是外管局、银行加大了反洗钱的力度，如果不是合同签约方给你付款，而款项又来自缺乏监管的离岸市场甚至地下钱庄，货款可能会被退回，收汇公司的账号会涉嫌洗钱被冻结。

问题 209：L/C 收款中，印度尼西亚银行为什么总是找一些无关紧要的不符点扣款？

 答：不仅是印度尼西亚的银行，很多银行为了少承担责任，在信用证的审单过程中，尺度非常严格，有些只是明显的拼写错误，也按照不符点处理，先发一个拒付通知，然后把最后是否接受不符单据，支付货款的决定权交给开证申请人（进口方），银行就少承担了很多责任。如果进口方最后接受不符单据，那么就会产生不符点扣款，这还是小事，毕竟最后货款会安全到账。最糟糕的是，不符点产生后，银行给出口方发了拒付通知，如果这个时候国际市场价格大跌，进口方又不愿意接受不符单据，那么这批货物就麻烦了，出口方要么运回货物,要么想办法主动降价,让买方买下货物,或者转售其他客户,无论哪种解决方案,出口方的损失都很大。

笔者也有不少印度尼西亚的订单,即使有时客户自己确认过的单据,银行还会发拒付通知,幸好每次客户都接受不符单据,笔者每次都能收到货款,但是白白被扣费,也不甘心。没有别的办法,只能和客户交涉一下,让他和他们的银行沟通,尽量少发拒付证书,尽量少扣费或者不扣费。此外,实在没有什么高招可以解决这个问题。

当然,就出口商自身而言,准备单据应更仔细、更谨慎一些,如果可能,让买方先预审核单据再交单,减小不符交单、出现不符扣费的概率。此外,也尽量向买方建议,选择资信好的银行作为开证行,这样风险会小一些,避免一些莫名其妙甚至无理取闹的不符点扣费。

问题 210:印度尼西亚客户为什么总是喜欢改提单,改发货单据,应该如何避免?

答:笔者也有和你一样的感觉,印度尼西亚客户对单据的准确性要求比较高。发票、箱单出口商都可以自己修改,比较简单。只是发货后修改提单比较麻烦,有时甚至出现了笔者把提单寄给客户后,客户再从印度尼西亚寄回中国,笔者收到后再寄给货代,货代再安排船公司修改的情况。时间拉得很长,有时货物到了目的港一周,因为提单修改还没有完成,无法及时报关,出现滞报等情况。

笔者从客户那边得到的消息是,近年印度尼西亚海关对报关货物的单据要求提高了,甚至有些苛刻,所以很多单据必须修改,否则无法报关或者无法享受减免税,或者缴纳一定罚金才能报关。对出口商来说,单据工作要更加仔细,要多和客户确认。在发货前,尽可能和客户确认单据,包括发票、箱单、B/L 草案、产地证 FORM E 草案。需要注意的是,提单上不要过分简略,尽量和发票显示的品名一致,不要怕麻烦,这样会安全一些。发货后,在寄出正式提单和产地证 FORM E 前,和客户确认所有单据无误后再寄出,避免寄出后再修改。

目前到印度尼西亚的单据,产地证 FORM E 只能使用正本,只能通过国际快递邮寄。发票、箱单可以使用扫描件,提单可以用电放提单,但是如果可能还是尽量寄送全套正本单据给客户。

问题 211：美国市场有哪些特点？

答：长期以来,美国是中国很重要的贸易伙伴之一,中国出口到美国市场的产品数量巨大,产品结构也比较复杂,对很多中国出口商来说,美国市场商机很多。

美国时区和我国不同,因此,很多时候电话联系不是最方便的,电子邮件联系比较普遍。

从中国东部到美国西部的海运基本两周就到了,很方便。美国客户对交货期比较重视,如果承诺在某个时间发货,就绝对要保证守时,或者提前将货物发出。经常有美国客户抱怨中国供应商发货延迟。很多美国客户在收到供应商确认的交货时间后,他们便开始着手市场推销,并告诉消费者该商品在某个日期上市。如果货物晚到,会引发一系列的不良后果。所以,外贸业务人员一旦发现不能及时交货,应该尽早通知客户,让他们提前准备。

美国消费者有很强的自我保护意识,如果发现产品质量没有达到要求,一般会退货或者要求损害赔偿,甚至会出现一些金额很高的索赔。因此,外贸业务人员务必保证提供给美国客户的产品质量达到合同约定要求,确保在产品出运之前都经过检验,没有任何瑕疵。千万不要有侥幸心理,觉得能在客户那边蒙混过关或者希望客户网开一面,接受你的瑕疵产品。

如果可能,尽量参加一些在美国本土举行的展会,到客户那边了解他们的需求,或者直接为客户提供现场服务和交流。有条件的话,在美国成立办事处,便于和客户交流,这样就没有任何沟通和语言上的问题,一旦出现问题或发生法律争端,责任人在本地更容易处理。

在和美国客户沟通尤其是书面沟通时,外贸业务人员要尽量使用规范英语,如果公司网站上或者样本上英语文法不通、格式错误,会让客户觉得你们公司不够规范。

中国出口商应争取加入美国的行业协会或者和一些行业协会建立联系,

可以了解到这个行业内客户的需求和一些发展动态。

美国消费品市场有很强的季节性特点，通常分春季（1~5月）、夏季（7~9月）和节日季（11~12月）。圣诞节是美国商品全年的销售旺季，通常要占全年销售额的三分之一左右。美国客户订货是根据其国内销售季节来组织的，因此，如错过销售季节，这些商品就难以销售，到了来年，可能款式、流行趋势又不一样了，这就是一些中国企业如果未能按合同日期交货，不但拿不到货款还要被罚款的原因。

> **问题 212：为什么出口到伊朗的产品，最好要通过第三国的贸易商进行支付，而且尽量先收款再发货？**

答： 由于美国对伊朗实行制裁，几乎所有的伊朗公司都不能直接对外支付美元，近年来，伊朗公司有时连支付欧元也会遇到一些麻烦。有时即使是伊朗客户想支付货款给出口商，出口商也不一定能够顺利收到货款。伊朗客户要转手几次，才能将钱付到出口商那边。

伊朗很多公司通过在欧洲的国家尤其是德国的一些贸易公司作为中介来支付美元或者欧元，这些和伊朗公司合作的欧洲公司一般和伊朗有长期联系，有些公司甚至就是伊朗裔的欧洲人或者伊朗移民在欧洲开的。通过这些公司的穿针引线，伊朗公司得以进行对外支付，进行国际采购。出口到伊朗的产品，直接从伊朗公司收货款风险比较大，如果通过第三国的贸易商支付，风险要小一些。

当然，如果发货前就已经收到伊朗客户支付的货款，那就没有收汇的风险。

此外，如果出口伊朗的货物使用信用证结算，务必小心，很多国内银行对来自伊朗国内银行开出的信用证，是不愿意作为议付行、寄单行的，或者说，要出口商提供保函后才愿意给开证行寄单，并告诉你，银行对收汇成功与否不负责。即使通过第三国银行（比如德国银行）开出信用证，如果货物运往伊朗，银行有时也会不接或者要有保函才愿意做议付行或者寄单行。所以，如果可能，中国出口商争取收到部分货款后再开始生产，在发货的时候，尽量收到全部或者大部分货款，以免夜长梦多，收款麻烦。

还有一个办法，伊朗公司在义乌等地有很多代理或者合作方，可以按照国内贸易方式将货物销售给这些公司，让这些公司安排货物的出运。

问题 213：为什么很多外贸人都说出口非洲尤其要注意控制风险？

答： 非洲有些国家政局不太稳定，时有动乱或者政变。一些经济发展还不错的国家，如南非和尼日利亚，虽然对中国的产品需求不小，但是这些地方很多操作不规范，有时没有正本提单也能从船公司提货，所以和这些国家的客户交易，一定要有自我保护意识。

有些国家，实行外汇管制，政策多变，如果政府宣布保护国内金融市场，禁止对外支付，那么即使通过信用证，所有单据符合，出口商还是无法收汇。所以，有些生意，如果不是先收汇，或者开证行不是一些国际大银行在当地的机构，笔者建议还是慎重些，否则收汇有风险。

和非洲商人做贸易，重点是想办法控制风险，可以通过保险来降低一些风险，比如投保货物险、政治险和商业险。

外贸业务人员要争取发货前部分收汇或者全部收汇，如果必须发货后收汇，应尽量协商使用资信好的国际银行开出的信用证。如果在非洲有一些大型工程项目，一定要记得向中国出口信用保险公司投保，以防万一。2011 年利比亚发生战争，很多中资公司的项目没有投保，损失非常大。

在条款上，争取 CIF 或者 CFR 成交，这样一旦出现问题，通过提单这个物权证明，让船公司和货代尽量控制货物，防止货物没有提单就被买方提走。如果是 FOB 成交，货物离开中国后，再想对货物进行控制就难了。

当然也不是说非洲生意不能做，笔者有几个朋友常年外派非洲，生意做得还很大，所以说，风险要控制，但是商机也不要错过，不能因噎废食，否则就太保守了。

问题214：一些国家进口必须采用形式发票——信用证结算模式，接受这样的模式需要注意哪些环节？

答：有些国家对进出口和对外支付实行严格的管理和控制，控制的手段之一，就包括通过形式发票——信用证这种结算模式的使用。

这里的形式发票和我们一般意义上的形式发票不太一样，在这种管理制度下，一般都是买卖双方签订合同后，卖方制作形式发票，这个发票的内容和正式出口商业发票大同小异。上面一般要显示形式发票字样、买卖双方的名称地址、商品名称描述、形式发票号、合同号、日期、数量、单价、总金额、付款方式、运输方式及装期等。这个形式发票相当于合同，甚至有时效用超过合同，买方拿到形式发票，递交给本国的相关部门，作为申请进口许可证或申请外汇额度的证件，也作为买方向银行申请开立受益人为出口商的信用证的依据。也就是说，如果没有这个形式发票，买方将无法履行合同，所以，和一些国家（比如非洲国家）做生意，合同签订以后，应尽快开出形式发票，这样客户才能尽快申请开证或者支付预付款。

因为形式发票很多时候是进口国银行开证或者支付货款的依据，形式发票的信息一定要准确，比如银行账号、品名、货币、币值等，一定要考虑到后面信用证执行时的一些问题。例如交货期不要太紧，以免开证行根据这个时间开出了信用证，卖方却交不出货物，改证之类的非常麻烦。

形式发票在一些国家还有申请进口许可证的作用，所以，要确认一下，有些形式发票上需要提供HS编码，当然，这个HS编码是客户进口时所用，不一定是出口商出口时使用的，关于产品的合适的HS编码，要和客户确认，以免在他进口报关的时候出现问题。

出口到一些国家的货物，出货前被要求安排指定第三方（BV/SGS等）检验货物，检验所依据的文件有两个，一个是形式发票（相当于买卖合同的作用），另一个是信用证。如果形式发票和实物对不上，第三方出具的公证报关就会出现不良批注，货物到目的港时，客户报关会很麻烦。

因此，千万不要小看这种模式下的形式发票，一定要认真，尽量避免错误和失误，如果形式发票做得比较到位，到出货的时候，正式商业发票只要在形式发票基础上稍微改动一下，就会减少很多工作量。

同样，在这种模式下，信用证交单时的发票应尽量和形式发票保持一致，避免不必要的麻烦。

问题 215：为什么很多外贸人都说从来不安排印度客户参观产品的制造？

答：有一个印度客户，他们公司和笔者联系的人员已经换了几个，几个人都到过中国。一般到了上海，笔者会安排他们到公司访问，笔者也会和客户交流一下价格、质量、服务、包装、运输等方面的问题，会安排客户的生活和购物等。但是客户提出要到生产产品的制造厂参观一下，笔者一般以工厂不接待外宾为由拒绝，或者说工厂设备在定修，从来没有让他们参观过制造厂。

为什么不愿安排这个客户到制造厂参观，让生产者和使用者直接接触、交流一下呢？笔者和这个印度客户刚开始开发产品的时候，和他们负责采购的副总关系不错，比较投缘。这个产品开发成功后，他告诉笔者，他们印度公司内部关系也很复杂，对渠道也不是很尊重。因此，他建议笔者，作为中间商，要笔者有自我保护商权（销售渠道）的意识。开发一个产品不容易，现在他们公司已经认可这个产品的质量。如果笔者提供的产品质量稳定，对自己提供的产品有信心，没必要把客户带到制造厂参观。因为参观的人里可能也有朋友在中国，这个人会让他的中国朋友到这个工厂来询价，来人可能还会向工厂示意以后就通过他这个渠道做，不通过原来的渠道了。如工厂觉得这样也有道理，就把原来的外贸公司丢掉了，等于前面的产品确认、产品开发都白做了。经常有客户玩这样的把戏。

所以，从那以后，在产品相对成熟、质量稳定的情况下，笔者会给客户提供担保和质量保证，但是不给他们机会去接触实际的制造厂。

笔者还遇到过类似的事情，有个印度尼西亚客户，笔者花了两年多时间开发了一个产品，是通过一个华侨中间商的关系进入这个客户的采购体系的，试验订单不错，客户也比较满意。有一次，客户一行三人到中国谈一些产品的改进，来了以后，笔者带他们到过供应商那边。结果回去以后，那个华侨中间商告诉笔者，说可能有变故，来参观的人中间有一个人属于公司另外一个派系，可能会想办法绕过这个华侨中间商直接找笔者或者直接找制造厂。果然，过了几天，有个印度尼西亚公司找到笔者说要询价，就是已经成交的产品，笔者没有报价。又过了一段时间，这个印度尼西亚公司找到了行业内的另一家中国公司，联系到了制造厂，想要做这个贸易。制造厂和笔者沟通了这件事情，他们也不想把渠道搞乱，还是用笔者原来的渠道，不过改一下合作模式，不做买断，做代理，这样笔者的利润就低了很多，笔者也只能同意了，毕竟渠道还在笔者这里，否则真的白忙一场。

> **问题 216：信用证货物最后装上了船籍是伊朗的集装箱货轮，议付行说风险很大，怎么办？**

巴基斯坦客户已经支付了 50% 货款，还有 50% 是要通过 L/C 支付，FOB 上海条款，我们按照客户要求和他指定的货代联系安排出货，一切都很顺利，等我们向中国银行交单时，中国银行告知我们说，船籍显示为伊朗，信用证有可能被拒付，要我们自己承担风险。现在货物已经上了伊朗船籍的船，怎么办？我问了一下客户和货代，他们都告诉我不用担心，他们以前经常这样操作，从来没出过问题。我有点不知所措，这样做，风险到底大不大？

答：伊朗是美国重点制裁的国家，一般来说，凡是涉及船籍是伊朗、船挂靠伊朗港口、开证行是伊朗的银行或者产品运往伊朗，我们国内的银行都会告诉你，这个信用证收汇有风险，有可能被拒付。甚至有些国内银行觉得风险太大，不愿意作为议付行或者寄单行。银行一般都提醒出口商，"和伊朗相关的任何业务都有风险"，一方面是出于善意，另一方面一旦开证行拒付，作为议付行或者寄单行已经尽到了提前告知或者提醒的义务，也就免责了。

回到具体事情上，像你所说的情况，笔者理解，收汇还是比较安全的，风险不大。客户已经支付了 50% 货款，不太可能拒付；对客户来说，如果开证行拒付，他得不到提单，无法提货，他也是有损失的。所以，对客户来说，他没有理由拒付。虽然也听到过货物装到伊朗船籍的船，开证行可能拒付的事，但是事实上，巴基斯坦银行开出的信用证，很少因此而拒付，而且，从中国到巴基斯坦卡拉奇港口这条航线，伊朗船公司报出的价格最低。因此，很多巴基斯坦商人和一些中国出口商比较喜欢用伊朗船籍的船。可能也是这个原因，你客户的货代最后选择使用的就是伊朗船籍（可能就是伊朗航运公司）的船。

从安全角度说，出口巴基斯坦的货物，或者出口到任何伊朗以外国家的货物，如果是信用证交易，按照我们国内银行的建议，尽量不要使用伊朗船籍或者伊朗航运公司的船，但并不是说，信用证条件下，出口巴基斯坦的货物绝对不能使用伊朗航运公司或者伊朗籍的船。现实中，虽然很多国内银行一再警告国内出口商这样很危险，但是很少听说开证行拒付。如果出口商要求，有些货代可以签发货代提单，在货代提单里船名可能会改头换面，而不是实际的船名了，很多信息都和实际有出入。这样，给银行提交的单据里就不会有伊朗船籍或者伊朗船公司的信息，信用证收汇就比较安全了。对客户来说，他拿到货代提单要到当地的货代那里换单，目的港货代再把信息复原成真实信息，到时再换成船公司提单，也不影响提货。

撇开信用证本身，因为货运是巴基斯坦客户安排的，如果由于这个原因开证行拒付，责任也在客户，不在出口商，开证行真的要拒付，也可以要求客户负责解决这个问题。

需要特别提醒的是，遇到开证行是花旗银行、渣打银行这类美资或者英资银行开出的信用证，无论买方在哪个国家，在安排货运的时候要必须小心，绝对不要使用船籍是美国财政部制裁的国家清单中任何一个国家的船，比如伊朗国籍、利比亚国籍的船，因为这些美资、英资银行审核单据时对此要求非常严格，如果货装到了这些国籍的船上，拒付的概率很高。

第十二章 货运、保险、报关、退运相关知识
CHAPTER 12

问题217：如何用好《中华人民共和国进出口税则》等工具书？

我刚刚进入外贸公司，对一切都比较陌生，虽然考了外销员证，但是对实际操作还是没有概念，带我的师父让我认真学习《中华人民共和国进出口税则》这本书，他自己使用这本书的频率也很高。我翻了几次，里面有税则、商品名称、HS编码、进出口税率等，但不太明白这本书到底可以用来干什么。请大致介绍一下这本书的内容及如何在实践中用好这本税则。

答：如果一个外贸人没有接触过《中华人民共和国进出口税则》，就无法对外贸的很多操作、很多规范有全面的了解。要对外贸流程有深入的了解，必须认真学习这本工具书。这本书每年一月初可以在市场上买到当年的版本，不同出版社价格稍有差异，不过内容都差不多，都有当年最新的税则信息，主要内容包括当年中华人民共和国进口税则、中华人民共和国出口税则、最惠国税率表、协定税率表、特惠税率表、进口暂定税率表、出口暂定税率表、配额税率表等一系列附表，还有很多其他的重要信息，现在已经有电子版税则。

除了一般的进出口商品HS编码查询，进出口产品的关税、每个编码对应的计量单位、监管条件、出口退税率（有些版本可以查到，有些版本则没有出口退税率，在订购的时候应注意）也能够查到，这些信息对于实际工作非常有指导意义。外贸人进出口报关所遇到的一些流程性问题，比如报关单内容如何填写，监管方式代码的意思，申报要素需要哪些内容等，都可以找到答案。

笔者经常使用《中华人民共和国进出口税则》，比如每次出口报价，就会查一下产品的出口监管条件，如是否需要出口通关单（就是出口商检），

出口是否需要配额、许可证，需要出口关税还是有退税，退税率是多少，等等。这样，报价的时候对成本估计就比较精确，对要做的事情也就清楚了。在出口报关的时候，查阅《中华人民共和国进出口税则》，看看是否都符合出口的规定，报关单的单位是否和《中华人民共和国进出口税则》的计量单位一致，出口产品申报要素如何填写。进口也一样，签合同的时候就需要查看进口的货物是否需要办理相关证件，比如机电证或者其他进口许可证，进口关税是多少，是否需要办理进口商检。有这样的工具书在手，很多事情都一目了然，该准备什么，该做什么，不会手忙脚乱。

此外，实际工作中，外贸人报关时还需要用到的工具书有：《中华人民共和国海关进出口商品规范申报目录》《进出口税则商品及品名注释》《中华人民共和国海关统计商品目录》《中国海关报关实用手册》。不同的书内容各有侧重，根据实际需要查找最合适的工具书。笔者觉得多花点时间学习这些工具书，对工作有很大帮助，可以给自己带来很多便利。

问题218：为什么公司不用便宜的货代，总是用几家知根知底的货代？

答：笔者也习惯用熟悉的、知根知底的物流公司，原因很简单，对熟悉的物流公司比较了解。物流公司给笔者的价格基本上都是有竞争力的，不用每次都为了一个集装箱几十美元的差异报价来讨价还价，也不用每次出运后要先付运费才能拿到提单，工作高效。一般情况下，只要合同的利润还可以，笔者不太愿意把运价压得太低，如果运价太低，很多时候对方货代会失去积极性。笔者要求货代服务好、反应快，能够把自己的事情优先处理，有问题马上解决。比如船爆仓了，船公司就会落箱子，这时候就希望货代去协调这件事情，务必保证一些交货期已经有点延迟的货物装上船。对笔者来说，让物流公司有一些利润，这样他们办事也卖力。不能指望别人价格最低，服务质量最好。不要去追求所谓的最低价格，因为除了提供货运服务以外，物流公司还有其他服务，比如和报关行、海关的沟通，就是通过他们来完成的。

有时，也需要物流公司的一些帮助，比如退运或者返修件的再进口手续很复杂，如果找熟悉的物流公司合作（笔者建议：选择帮你运出去的货代办理退运或者退回返修的手续），可以减少工作量。

有时也有一些订单利润很低，几乎做不下去，你们也会和物流公司沟通，让他们帮忙，在价格上给你们最大的优惠，甚至要求他们某一单收费再低一些，给你们提供一些支持。当然也不能总让他们吃亏，以后可以多给他们一些其他业务，补偿一下。

寻找长期合作的物流公司很重要，价格优势只是一方面，重要的是服务质量好和反应迅速。比如有时要改提单，一般都是寄回提单后货代再重新出一份，你们可以和他们商量，你们提供保函，在他们还没有收到退回的原提单的时候，就帮忙给你们签发修改的提单。几年前笔者遇到一件事情，出口美国芝加哥的货物集装箱在长滩因为工人罢工都堆在码头，但是笔者的客户急需一些产品，否则客户生产线都要停了。这个时候空运也来不及了，合作的物流公司非常帮忙，想办法从堆积如山的集装箱里面找到笔者的那个箱子，从堆场拉出来，用卡车把货柜拉到客户处，让笔者非常感动。如果按照正常流程办，客户至少晚 10 天才能收到货物。

一般外贸公司，经常合作的有几家物流公司。对外贸公司来说，既要保持和这些物流公司的良性合作，要求物流公司快速反应、优质服务，也要适当给物流公司一些竞争压力，不要只注重关系而忽视服务质量或者价格过高没有竞争力。

2020 年，笔者听说一些物流公司在市场上以超低价揽货，很多外贸公司觉得运费很低，就委托这些物流公司安排海运，物流公司收货后，催着外贸公司支付运费，货却根本没有发，甚至被物流公司作为抵押去贷款，物流公司老板卷钱跑路了，出口商要取回货维权都很麻烦，更不要说追回运费。

新冠肺炎疫情发生后，很多船公司或者物流公司业务不多，出现倒闭潮，外贸人在安排物流的时候还是要谨慎一些，避免承担不必要的风险。

> **问题 219：同一条航线，不同的船公司，报出来的价格差异很大，如何选择？**

答： 外贸业务人员如果稍微留意一下就会发现，同一条航线，比如上海到欧洲安特卫普，有很多船公司在这条航线上竞争。有些船是直达的，有些是转运的；有些需要 25 天就到了，有些可能需要 34 天；有些时候甚至会发现两个船公司使用同一条船（称为共舱），但是到了目的港，各自的服务不同。有些时候，早发的货物未必早到，因为船可能停靠港口太多，或者中途出了点故障，修整了几天，然后再出发。

一般来说，直达的、速度比较快的，船公司资信好的、服务好的或者船况比较好的，报出的运费会高一些。如果货物比较贵重、客户急需或者必须在某个时间之前到达目的港，那就尽量选择资信好的船公司、直达的或者速度比较快的船，哪怕多付些运费。

如果交货期比较宽松、货物质量稳定，不容易变质，合同利润也比较低，那么还是本着节约的原则，尽量选择价格低廉的船公司。当然，要注意合同或者信用证的要求，比如有些合同规定船龄不能超过15年。

此外，还需要注意的是，谨慎使用所谓的负运费（就是你每出运一个集装箱或者一定重量的货物，船公司或者货代不仅不收取运费，还支付给你比如30美元/吨，称为负运费）运货，笔者不建议采用这样的服务，一般出口合同运费本来就考虑在内，不需要省去这笔运费。很多所谓负运费，是羊毛出在羊身上，船公司或者货代也不会免费服务，到了目的港，会向客户收取很高的费用。到那时，客户因为货物在船公司或者货代手里，只能被迫支付比平时高得多的费用，才能得到货物。等于客户帮你支付了你应该支付的费用，这样的事情，笔者觉得得不偿失。

在商言商，出口商也应该有一些大局意识，出于安全考虑，尽量选用规模大的、规范的、服务好的船公司或者货代，哪怕多付运费，也要享受好的服务，少一些麻烦，多一些安全和保障。

问题220：如何办理退运件或者返修件手续？

请问如何办理货物从国外退运回来的相关手续？我想了解一下退运或者返修的流程。

答：笔者办理过退运，还有返修件退运。如果是返修件退运，回国修理后再运出去，是有点麻烦，不过除了手续烦琐，需要保证金以外，总体来说，这些事情比开发客户压力还是小一些。

当然，可能笔者运气比较好，货物出口是一个货代操作的，退运时还是找他，最后如果还要运出去，依然找他，这个货代对流程操作比较熟悉，和他们长期合作的报关行比较老练。他们办任何事情之前，都给笔者一个清单，让笔者准备相关的发票、箱单、报关单、核销单、提单、出货的产地证，说明为什么要退运，有无第三方公证行的鉴定，关于退运或者返修和客户之间签订的协议，如果是产品质量问题，要有具体说明，如果是返修，要说明退运后如何返修，返修以后指标是否可以达到。

在说明具体退运或者返修原因时要具体，比如，尺寸超过规定，化学成分不达标，硬度不够，性能无法达到，然后双方同意退运回来。如果尺寸超过规定，那么就需要提供图纸表明哪个尺寸超了，合同规定应该是什么尺寸，实际达到的是什么尺寸，超过标准多少，都需要有很清晰的表述和数据记录证据，让海关工作人员能一目了然，那么海关这个环节就通过了。如果外贸人自己对具体事情也说不清，海关工作人员询问问题，就会很麻烦，合法办理退运或者取得返修入关的许可，而海关不认可你的所谓解释和说明，那么货物入关就只能按照一般进口手续，缴纳关税和增值税后才能得到退运的货物。

还有一个环节就是退运回来的货物（或者返修的货物）进关不征收关税，所以管理相对严格一些。如果出关的时候，有产地证会好一些，没有产地证，手续上会复杂一些；如果是返修的货物，进关的时候，要缴纳保证金，保证货物进关后半年内必须再出口，否则，就没收保证金。

如果是退运，货物退回来后也就结束了；如果是返修件，那么修好以后要再出口，再出口的时候，就要用到前面的一些证明，表明这个货物是再出口的。再出口以后，根据退回的资料，通过货代、报关行，向海关申请退回保证金，一般几个月以后，可以收到退回的保证金。

总体来说，手续比较复杂，不过也没那么恐怖，配合海关提供所需证件就可以，在解释一些问题的时候，尽量不要使用术语，表达要通俗易懂，便于海关、报关行的工作人员理解。

笔者觉得，平时应尽量和一些较大的、老练的报关行或者货代合作，他们经常操作这些程序，比较熟悉海关的流程，很多资料经他们预审后，海关人员也容易接受。有些流程性的细节问题，外贸人员很清楚，固然重要，但是有时不清楚，那就尽量找能够提供专业服务的人或者这样的公司帮忙，哪怕价格稍微高一些，也可以事半功倍，提高办事效率。毕竟，大家的时间很宝贵，要尽量把时间花到开拓业务上，而不要纠缠于一些事务性的工作。

此外，一些文件、资料在提供给海关以前，要认真核对一遍，检查是否已经把事情的前因后果讲清楚，是否已经把国家的政策要求理解清楚，避免表意不清或者做无用功，浪费你的时间，也浪费别人的时间。

问题 221：出口肥料及一些有出口关税的化工品能避开出口关税吗？

国家对化肥出口征收的关税很高，能想办法在出口时避开这些关税吗？比如以低出口关税的海关编码代替高出口关税的海关编码，两个编码的区别就是是否包含某种成分，这样海关会查出来吗？另外，有些肥料的成分就是一些化工品，能以工业化工品的名义出口吗？总之，有什么好办法可以避开或减少出口关税？

答：笔者提醒一下，小心驶得万年船，没有必要为了蝇头小利去做违法犯罪的事情。逃避关税的罪名性质严重，违反刑法，涉及走私，作为外贸人员，从工作之初就应该有守法的意识，不要有投机取巧的念头。

国家对这种类型的犯罪行为打击力度很大，管理也越来越严格。笔者认为，哪怕不赚钱，也绝对不能钻这些法律的空子，否则得不偿失。

做生意，能否赢利是一回事，如果靠投机取巧，甚至冒着犯罪的危险，实在没有必要。要堂堂正正做生意，不要做违法违规的事，最后把自己也搭进去。在任何公司，如果有人要求你做一些违法的事情，即使给你很丰厚的报酬，你也应该断然拒绝。如果公司就是靠这个发财的，那么笔者建议你尽早离开这样的公司。要知道，跳上一艘可能要翻的船，一旦沉没，船上的人很难全身而退；不上这样的船，或者马上离开是最好的选择。

问题 222：如何及时了解最新的 HS 编码，避免报关时使用过期 HS 编码带来的麻烦？

我公司一直出口一种产品，以前数年一直使用同一个 HS 编码，前几天我们还是用这个 HS 编码报关出口。报关行反馈说，这个 HS 编码从去年开始不再使用，要我们马上告知他们准确的 HS 编码，否则可能来不及报关，影响后面的安排，时间上很紧张，导致我们很被动。我公司进出口产品相对单一，似乎也没有必要买一本《中华人民共和国进出口税则》，请问，如何通过有效办法了解每年变动的 HS 编码？

答：每年新出版的《中华人民共和国进出口税则》都会有一些 HS 编码的调整，有些 HS 编码已取消或者合并。你如果留意的话，每年 12 月下旬，海关总署网站上会有相关的通知，对调整的 HS 编码提供列表，以便查询。

当然，外贸人有时候对这些变动不是太敏感，毕竟很多人只有在遇到问题的时候，才会意识到 HS 编码改了，为时晚矣，会稍微有些被动。所以尽量在每年年末、年初的时候，了解一下变化，或者在每次准备报关资料时，查一下这个产品的 HS 编码。笔者有时通过海关的官网在线查询，也可以通过海关相关一些微信公众号查询，信息准确及时，而且是免费的。

笔者建议外贸人员在年初、年中、年末这些政策可能有调整的关键时期，能够关注一下海关、财政部、国家税务总局的网站，看一下税号、关税有无调整，出口退税有无调整，或者看一下 HS 编码对应的监管条件有无调整，一旦涉及调整，这些网站都有最新的调整内容和细节。平时工作中就要细心留意这些信息，以免影响自己的业务。

经常有人和笔者提起使用过期数据造成的一些麻烦，比如退税率发生变化，引起成本变化，导致亏损；使用过期 HS 编码，给报关带来麻烦。这样的事情，实在不应该发生，外贸业务人员责任心稍微强一些，在报价核算的时候，在签订合同的时候，在发货前，能够了解产品 HS 编码，了解退税率，这样核算成本会更精确，而不要等到最后，才发现这个环节疏忽了，造成不必要的麻烦。

学会合理使用工具书、网络查询，微信公众号也可以查询 HS 编码，这样可以解决很多问题，减少很多麻烦。

> **问题 223**：《中华人民共和国进出口税则》上有些对应的商品名称是"其他"，如何理解？

答：笔者刚刚参加工作的时候也经常遇到这个问题，根本摸不着门路，从《中华人民共和国进出口税则》上看，除了有目录、子目录，到最后十位数的编码外，有时在一个章节会遇到很多"其他"，让人摸不着头脑，其实每个"其他"还是有相对比较详细的货品名称的。

从海关总署 http://www.customs.gov.cn 的商品信息查询，点击"税目税号"进去就是你说的一大堆"其他"，的确看了有点挠头，看不大懂。

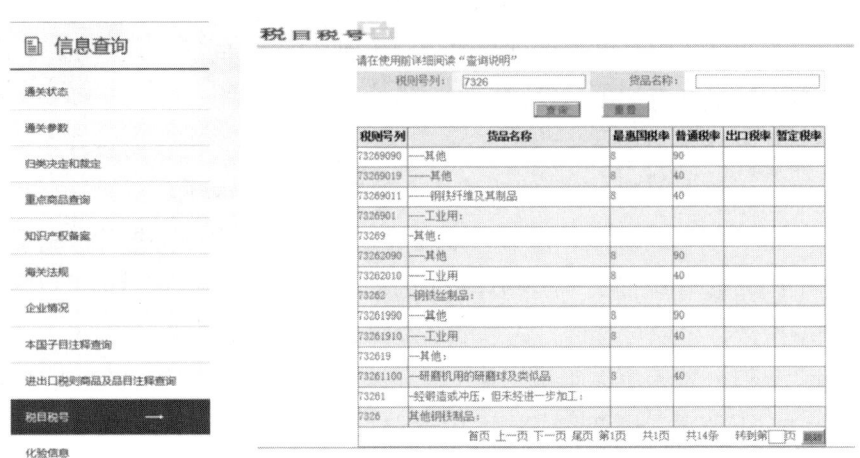

如果从进出口税率查询进入，就是显示完整的、清晰的商品明细在海关官网上，有时换一个地方查询，得到的显示结果稍有差异，总能找到你需要的东西。此外，通关网（http://www.hscode.net/）等网站主要是为进出口商品规范申报查询准备的，因此界面上更容易理解。

有了这些网站的帮助，可以非常准确地了解税则中每一条记录对应的货品名称，从而准确选择合适的 HS 编码。

《进出口税则商品及品名注释》对 HS 编码对应的产品描述得比较仔细,查阅这本工具书,可以大大提高进出口商品归类的准确性。

问题 224:如何按照海关要求,对海关进出口商品进行规范申报,有专门的工具书和免费的网络资源可用吗?

答:近年来,根据海关要求,进出口企业在办理进出口货物报关时,要求对进出口货物的申报要素进行规范申报。具体可以参考工具书《中华人民共和国进出口税则》或者《中华人民共和国海关进出口商品规范申报目录》,这些参考书对申报要素规定得比较详细。

比如通关网(http://www.hscode.net/)可以在线查询这些信息。

商品编码:	7326901000
商品描述:	其他工业用钢铁制品
申报要素:	1.品名;2.用途(工业用、非工业用);3.材质(钢铁);4.种类(捕鼠器、香烟盒等);5.加工方法(锻造、冲压等);6.经锻造或冲压后有无经进一步加工
说明举例:	
备注或申报要求:	

商品编码:	7326909000
商品描述:	其他非工业用钢铁制品
申报要素:	1.品名;2.用途(工业用、非工业用);3.材质(钢铁);4.种类(捕鼠器、香烟盒等);5.加工方法(锻造、冲压等);6.经锻造或冲压后有无经进一步加工
说明举例:	

问题 225:免税的商品进口必须报检吗?

我公司进口了一批大型设备,进口设备办理了免税的手续,已经报关完毕,经查询,HS 编码对应的不是法定商检的范围,现在需要确认要不要报检。

答:一般来说,除《中华人民共和国进出中税则》中规定要求做法定检验的货物(A 入境货物通关单)必须做法定检验以外,在下列情况下,进口时也必须报检:

(1)特定减免税的货物,必须经过商检,国家对所有进口减免税货物的管理很严格，因此，务必依法报检。

（2）外商投资企业作为投资进口的设备，无论HS编码是否有监管条件，都必须报检。在申报品质检验的同时必须申请价值鉴定，外商投资设备只有经过商检并出具价值鉴定书，才能作为注册资本出资进入企业固定资产账目，会计师事务所才可以出具验资报告。

如果是外商投资企业在投资总额内利用自有资金自主进口设备，则不需要全部报检，与一般贸易一样根据HS编码的监管要求报检即可。

需要注意的是，笔者曾听说过，某公司免税进口一批设备，HS编码不需要进口通关单，货物进关后没有报检，也没有人意识到需要报检，于是设备进关后很快就投入使用。过了几个月，被查到免税设备未经商检就直接使用，被科以重罚，据说罚款金额超过200万元人民币。

应注意，所有的涉及来料加工、进料加工、免税的进口货物，收货人必须主动与实际货物使用地当地的海关负责检验检疫部门联系检验检疫事宜，未经检验就对外销售或使用，都是违法行为，必然要承担法律责任。千万不可将口岸上的通关放行当作已经检验检疫。

问题226：能不能逃避出口商检？

我公司在广州海关出口一些货物，HS编码对应的监管条件是出口通关单，需法定商检后才能出口。供应商是一个小厂，他们不太愿意做出口商检，并向我建议，有货代可以做包柜出口，这样就不用做商检，一个柜子稍多付一些钱，算起来要比商检成本低，又方便。请教一下，这种所谓的包柜出口有风险吗？如果出了问题，怎么办？

答：笔者也经常听朋友提到一些所谓的搞定商检之类的事情，网上也有这样的广告。例如，很多年前，笔者的朋友出口一批螺栓（那个时候螺栓出口需要商检，现在不需要了），可能也就几百千克。他不想办商检，就走捷径以不需要商检的品名报关，结果海关查验，抓了个现行，属于恶意逃避商检，被海关罚了很多钱。海关还降低了他们公司的信用和报关等级，几乎每票货物都要查验，真是得不偿失。本来想少一些麻烦，结果适得其反。

虽然有些货代确实可以帮忙解决商检问题，一种是提供商检的换证凭单，另一种就是以无须商检的品名蒙混过关，逃避商检。两种方法都有风险，笔者建议大家不要使用这两种方法。这么做是违法的，一旦查出，责任人是出口方，属于恶意申报，违反国家进出口相关法律，如果追究法律责任，恐怕要由你们公司承担。

要长期在一个行业立足，必须有守法经营的意识，不要怕麻烦，辛苦一些，按照规范执行，即使查验，也不会有问题。

此外，笔者建议在询报价、签约的时候，能够翻阅一下海关《中华人民共和国进出口税则》或者到网上查一下对应HS编码的监管条件，尽早做好准备，也能避免临到出口，还不知道到底要不要商检。

你公司如果想长期做这个生意，还是和供应商好好沟通，让他们了解出口商检的流程。其实，制造厂在当地办理出口商检，没有那么难，也没有那么复杂，试着做一两次就熟悉了，如果这个工厂不愿配合，估计以后只能换供应商才能做这个生意。

问题 227：如何查询货物出口退税率？

答：了解出口退税率很重要，关系到出口产品的成本核算和报价，最简单的办法是查阅当年出版的《中国海关报关实用手册》，里面就有出口退税率这个栏目，很容易就查询到每个HS编码对应的出口退税率。所以要查某个产品的出口退税率，还必须了解这个产品的HS编码，才能知道该产品、该HS编码对应的出口退税率。

国家税务总局官网（http://www.chinatax.gov.cn）纳税服务平台有一个退税率查询，可以在线查询每个HS编码对应的产品，这里的数据最权威、更新、最及时。

问题 228：进出口货物海关查验查什么，如何准备？

我公司出口一批货物，货物已经进仓库，正在报关，刚刚货代打电话告诉我，今天下午海关要查验这批货物，让我们做好准备。请问，海关查验一般查什么，需要做什么准备？

答： 海关对进出口产品进行查验，是按比例抽查的，主要核对和检查进出境货物与物品的品名、规格型号、数（重）量、价值和原产地等是否与申报内容相符；查验的时候，对一些集装箱货物，按一定比例对货物有选择地开箱（包）以验核货物状况。如果是一些大型机械设备、散装或裸装货物等，一般对包装外形、标记和装运单证等进行外形查看并验核其是否与申报相符，这个环节比较简单。（简单说就是查"是不是""对不对"）

容易查出的一些问题有：一是明明是以 A 品名报关的，结果发的货物是B，比如大米出口需要许可证、配额等，为了逃避申请许可证、配额的手续，出口商以建材的名义报关，结果查验时打开集装箱，里面全是大米，这个性质比较恶劣，涉嫌走私；二是品名如实申报，但是 HS 编码不对，比如起重机上使用的轴承应该归类到品目 8482，结果出口商归类到品目 8431 起重机零件；三是出口货物比较多、比较杂，出口商就按照一个品名报关，实际出口的品名和 HS 编码要比申报得多。

现实中，有些出口商对出口商品归类不太了解，对一些制度了解也不够，造成实际和申报不符，而有些出口商是恶意欺骗海关，故意不实申报，目的是逃避申请许可证或者配额。他们或者逃避出口商检，或者将不能出口的货物走私到国外，或者将不能退税、退税率低的货物以退税率高的货物名义骗取出口退税，或者逃避出口关税，凡此种种都是违反国家法律的，有些甚至涉嫌走私，一旦查获，要追究刑事责任。

一般出口商都能守法经营，不涉及那些违法违规的事情，所以，遇到海关查验，配合就可以，无须紧张。

在海关通知查验后，出口人要对查验货物是什么，装了几个包装，每个包装里面有什么货物充分了解，并准备好相关资料，比如货物品名、规格、数（重）量、产地、价值、材料、生产工艺、图纸、照片、产品说明书等。如果货代或者报关行让你提供资料，那就马上让他们转交给海关，以便海关工作人员了解货物的状况。如果通知出口人到达查验现场，出口人应该带齐这些资料，在规定时间内赶到海关查验区配合查验。出口人备齐有助于说明产品情况的资料，可缩短货物查验的时间、减少双方意见分歧。出口商需要提供足够的资料和信息，让海关工作人员做出正确判断，否则，海关工作人员提问，出口商一知半解，这样查验时间会延长，甚至海关要求出口商解释清楚后才能放行。

需要注意的是，出口商应尽量提供足够的信息，配合海关工作人员，有些出口商对此不太重视，提供的资料不齐全、不准确，现场配合查验的人员经验不足，或者经办人对出口的产品一知半解，海关会暂不放行这批货物，扣关，需要后续处理。那么就可能误了这班船，带来不必要的损失。如果出口商对此给予足够的重视，早做准备，资料准备得充分一些，事情很快就会处理好。否则，本来是可以解释清楚的事情，后面还要再花时间和精力处理，得不偿失。

> **问题 229：海关查验要求我们提供产品的详细资料，但是有些资料我们无法提供，怎么办？**

我公司主要出口机械零件，一般都是根据客户的图纸要求生产加工，按照图纸和一些技术要求验收，但是对产品使用情况了解不够清楚。报关时，一般按照我们自己的理解对产品归类。最近我们出口的一批机械零件被海关查验，海关觉得我们申报的商品编码不够准确，要求我们提供详细的产品使用说明，并要求提供零件在设备图纸上的位置。我们向客户求助，客户给我们提供了零件图，但是拒绝提供包括该零件的设备图，理由是涉及机密，无法提供，怎么办？

答： 换位思考，作为海关工作人员，每天接触不同种类的货物，不可能对所有货物都非常了解。因此，很多时候，需要出口商提供足够的资料，让海关审单部门和通关现场工作人员根据出口商提供的资料、图纸等信息，对照海关的政策进行审核，确认出口商申报的商品编码归类是否正确，是否合理。

笔者的理解是，及时向海关提供必要的信息是出口方的责任，也是关系到能否顺利通过查验的一个重要因素。

笔者做出口工作十多年了，也经常遇到查验。笔者一般都是在货代通知要查验后，准备好所有的技术资料，包括产品的照片、技术图纸、产品说明书，以及货物功能、原理、技术参数等资料。查验时，配合海关提供所需资料。有时遇到有的产品自己手头没有照片，那就马上让供应商或者客户帮忙提供。有时在网络上也能够搜索到类似甚至一模一样的照片或者图片。笔者比较注意整理和收集产品的照片和相关技术资料，笔者提供给海关的一些情况说明，自己也会认真研究，是否能够让海关工作人员明白笔者要表达的意思，如果自己对提供的文件都一知半解，会给查验带来麻烦。

有时也会遇到一些难办的情况，比如周末遇到查验，手头上没有相关资料，那也没有办法，看一下邮件或者移动硬盘里面有没有相关资料，没有的话，只能赶紧到公司准备相关资料。

外贸业务员必须知道自己出口的产品是用在什么机器上，具备什么功能。即使做出口代理，也应该了解。毕竟是以外贸公司作为出口单位，是第一责任人，出口人对产品不熟悉，是不负责任的表现，退一步讲，有些公司业务人员的工作不常涉及产品质量功能，主要涉及价格等商务领域，但在日常工作中应向技术人员或者生产人员了解，也可以向同事甚至客户、供应商了解，这些知识必须掌握，否则很耽误事。

笔者有时也会遇到客户因为一些重要图纸涉及专利或者出于技术保密的原因而不愿提供详细的设备图纸，那么可以让他们提供一些图片或者照片，示意图也可以，主要作用就是证明你出口的产品使用在这个场合，是作为机器零件存在的。有时笔者会和客户商量，让客户隐匿一些重要的参数，或者只提供直接相关的图纸部分，而不需要具体尺寸或者细节，客户一般也会配合。很多事情都是可以协商的，在不给对方增加风险或者麻烦的情况下，对方会帮忙提供这些数据。之前笔者遇到类似情况，几次向客户求助，都得到了他们的支持。

问题230：如何办理进出口产品的海关预裁定（预归类）？

答：海关预裁定是指货物在实际进出口前，申请人以海关规定的书面形式向海关提出申请，并提供商品预裁定所需的资料，必要时提供样品，海关依法作出具有法律效力的《预裁定决定书》行为。

2018年前，海关将进出口商品编码归类的操作和咨询工作交给考核通过的优秀报关企业，海关自身仅仅履行程序性审查的职能，这就是所谓的社会化预归类。2018年后，所有的海关预裁定必须由进出口商通过在线提交，由海关自己审核后，作出具有法律效力的《预裁定决定书》。预裁定决定有效期为3年。

如果进出口企业对此没有经验，有些经验丰富的报关行可以有偿帮助进出口企业准备资料。

需要提醒的是，必须是实际进出口的货物，才能进行预裁定（预归类）。如果一个货物只是报价，不一定真的进出口，那就不能进行预裁定（预归类）。有些海关窗口、海关热线或者报关行可以提供一些咨询服务，只是不出具书面的有约束力的文件，仅作参考。

问题231：网上经常有货代声称，多出点钱，可以"搞定"海关，这样的说法靠谱吗？

答： 所谓"搞定"之说，笔者认为不靠谱，也从来没有遇到过。笔者做进出口工作二十多年，和海关等机构打过不少交道，对他们的工作是满意的，笔者也从来没有给某个工作人员送过好处费或者"搞定"费。正常的交往或者座谈、研讨，这是有的，也是合乎规范的。

当然，你自己要了解相关政策，了解产品，了解产品用途。如果你自己一知半解，就只能被一些别有用心的人蒙骗了，造成不必要的损失。

不要轻信所谓能"搞定"这类说法。对外贸人来说，要了解必要的海关规章制度，遵纪守法规范操作。

问题232：为保证及时足额出口退税，外贸公司在管理和操作上应掌握哪些技巧？

答： 为保证出口退税能够准时足额到位，在签订合同的时候，都会要求供应商严格按照外贸公司的要求开出增值税发票。增值税发票的品名、单位和报关单上的品名、单位要完全一致，避免一些数据、单位上的差异引起不必要的麻烦，影响退税。现实中，很多地方税务局要求外贸公司在出口之前就拿到制造厂的增值税发票。但是从现实操作看，笔者建议，还是在出口报关后再安排制造厂开出增值税发票，因为有时出口商报关的品名可能不够规范，或者有时出口商自己归类不够精确，申报的数据和实际报关的数据有点出入。外贸公司尽量还是拿到报关单预录单,以实际输入海关系统的信息为基础安排供应商开票比较可靠。

一些外贸公司为了减轻供应商税款的压力,一般都是收到货款后,书面通知供应商开票,收到增值税发票后,马上支付货款,这样,外贸公司不用垫款,资金运作也比较安全。但需要提醒的是,增值税发票最好在货物出口后 60 日内开出,开得太晚,可能影响退税。

外贸公司收到供应商的增值税发票后,应该马上确认发票信息和报关单信息是否一致,尤其是核对品名、单位、数量这三项,如果不一致,要马上修改,千万不要不确认就直接验票。一旦验票,却发现开票信息和报关单不一致,就无法退回增值税发票让供应商重新开了,只能通过税务局开出证明,让供应商开红冲发票(负数量)和原发票对冲,再重新按照正确信息开票,非常麻烦,还不一定能办成,可能会造成损失。也就是说,收到发票,要马上确认发票是不是完全符合退税要求,如果符合,马上交公司财务验票,业务员不要把增值税发票放在自己抽屉里保存,责任重大,万一丢失,后果会很严重。

对很多公司来说,合同利润也就 3%～5%,在没有全额收到退税款以前,合同是不赚钱的,所以早日足额办好退税,收到退税款,也是非常重要的,甚至直接影响到公司的现金流量和资金运行。

问题 233:雨天(雨季)装卸货物时,应该注意哪些情况?

答: 外贸业务人员在雨天(雨季)安排出货的时候,要尽量考虑到一些保护措施。但货物尽量不要在下雨的时候运输,因为货物或者包装可能会浸水,或者一些包装材料(如纸板箱)遇到雨水后,会发霉或者影响包装效果。笔者曾有一次,货物是包装在木头托盘上运到上海的,运到后第二天准备熏蒸,可能是工厂的木头托盘浸水或者与潮湿空气接触时间长了,结果在熏蒸公司安排熏蒸的时候,发现木头托盘有点发霉,于是拒绝熏蒸,我们只能在上海找一家包装公司拆了原来的包装,重新打包,费事费力费钱不说,还耽误了船期。在上海的黄梅季节,如果是拼箱货物,货物要在仓库或者露天放置几天,等货物齐全后才发货,木质包装容易长霉。所以,后来我们再三关照工厂，制作托盘的木头要干燥，不要提前做，做了以后马上使用，包装材料不要长时间裸露在潮湿空气里面，下雨的时候尽量不要运输，避免雨淋，或者在运输的时候，上面要盖一些油布或者帆布防雨。到了仓库，要和仓库人员落实好，不要把这些货物放在露天，尽量放到通风干燥的地方。货物到了尽早安排熏蒸，熏蒸之后马上装箱，最好在室内装箱，避免雨水淋湿货物或者包装。

有两点提醒：第一，雨天集装箱内装箱后，叉车车轮可能沾染了一些油污或者泥水，集装箱地板会比较脏，记住一定要用拖把把集装箱地板打扫干净。如果忘记打扫，货物到目的港集装箱开箱时，集装箱地板上会很脏，一些污渍已经渗到地板里面，被罚污箱费。

第二，有些货物的包装是纸板箱做的，雨天或者潮湿天气下，纸板箱受潮后强度很差，很容易塌陷或者压坏，要充分考虑到包装的坚固性，避免包装不牢固压坏产品或者包装散架。

如果是开顶箱，要注意将上面的帆布或者油布盖得严实一些，防止在海运途中有水渗入集装箱，对货物造成一些损害或者带来隐患。

总待在办公室是发现不了现实问题的，外贸业务人员应尽量抽出时间监装货物，有货主在场，货代、仓库工作人员操作会更加仔细，自己也放心一些。更重要的是，可以发现和解决一些问题，学到很多相关知识，提高实际解决问题的能力。

> **问题 234：FOB 条款下，框架箱装箱引起的一些额外费用应该由谁承担？**

我公司按照 FOB 上海条款出口设备到欧洲，货物体积比较大，用一个 40 尺框架箱运输。我们已经将装箱尺寸交给客户指定的货代，货代公司安排了装箱时间，由我们负责在我公司厂房装箱。但是客户指定的货代提出，船公司要求派人监装货物，要求我们确认承担船公司派人监装框架箱的费用 2000 元人民币。虽然以前也接触过框架箱运输，但从未有过这些额外费用，这笔费用应由我们承担吗？

答：从FOB条款看，卖方应该承担货物离开船舷以前的所有成本和费用，那么船公司派人监装框架箱装箱的费用，也应该由卖方承担。

一般情况下，出口货物装箱如果是拼箱，多在出口港的仓库进行。也有很多整箱是在出口商或者出口商指定的工厂进行装箱，货物装好后，都会封好。从外观根本看不到里面是什么，是怎样装箱的，除非海关查验或者出现其他状况，才会拆开封条，打开集装箱门、看里面的装箱货物情况。一旦拆开封条，必须重新封好后才能装船。

对框架箱来说，情况不太一样，用框架箱装的货物一般都是超宽、超大或者形状不太规则的，能够用一般集装箱装的货物，绝不会用框架箱装，毕竟框架箱的价格要比一般集装箱高很多。框架箱没有箱顶和侧壁，甚至有的连端壁也去掉而只有底板和四个角柱的集装箱。用框架箱装货物，相当于把货物放到一个钢制的底板上面。有个非常重要的问题需注意，就是要把底板和货物牢牢地固定，以免运输途中发生任何意外。

船公司为安全运输起见，请专业的检验公司做装船前的绑扎鉴定，出具鉴定报告后方可装船。所以你说的船公司派人监装，可能就属于这种情况，虽然涉及额外费用，但为了货物安全，还是有必要的。一般来说，这些监装的人员都比较老练，有他们的指导和监装，基本可以保证这个装好箱的框架箱能够被船公司接受，顺利出运，也确保货物在运输中的安全。

前段时间，笔者有一批货物出口到巴西，共6个集装箱，其中有一个集装箱是框架箱，计划10月5日的船，报关已经完毕了，最后船公司准备装货上船的时候，船公司觉得框架箱装的有安全隐患，拒绝装船，6个箱子都不能上船（6个集装箱是一起报关的，如果一个集装箱不能出运，所有的货物都不能上船），由此产生的空舱费、额外运输费、仓储费等共计人民币2万元（共6个箱子，这个费用也还不能说离谱）。当时正值国庆假期，笔者是到假期结束后才知道船公司这样的决定，也只能接受这个结果。再和船公司确认，严格按照他们的要求，委托专业的装箱人员，到港区加固框架箱的装箱，把框架箱装箱整改后的照片提前发给船公司，船公司确认装箱没有问题，货物才能装上比原船期晚一周的船，笔者才松了一口气。毕竟货物价值比较高，不可能因为集装箱装箱问题产生一些额外费用，笔者公司就不发货了。而对卖方来说，对出口货物提供必要的、适合长距离海运的包装和保护也是应该尽到的重任。如果因为装箱原因无法达到船公司的要求，没有准时发货，卖方也有部分责任。

近期，笔者公司一批钢结构运到美国，卸货的时候发现货物把集装箱内侧的部分钢制内壁压坏了，船公司要求买方赔付2000美元，买方和笔者公司以及供应商交涉，最终让负责内装修的供应商承担了此项维修费用，之后的每次装箱，船公司都要求在集装箱封箱前提供笔者公司改进后的装箱照片，要求在货物和集装箱壁之间用木制的板作为缓冲或者保护，避免集装箱四壁和货物直接接触，每次装箱笔者公司发很多装箱照片给货代，货代发给船东，要等船东确认装箱没问题，不会对他们的集装箱有潜在的危害或者风险，他们才同意笔者公司封箱。如果他们不确认，笔者公司只能一直改，直到他们最后确认说可以封箱，才能封箱。

所以，涉及集装箱尤其是框架箱装箱的情况，无论是FOB还是CIF，出口商一定要慎之又慎，要和客户、供应商、货代充分交流，尽可能在装箱以前通过货代了解船公司对框架箱的装箱要求，询问船公司是否派人监装，是否请专业的检验公司做装船前的绑扎鉴定，还是只要提供照片让他们确认就可以，保证在装箱前就把这些要求都考虑到，如果自己无法做到这些，就委托专业的装箱公司来完成这项工作。

不同船公司对框架箱的装箱要求不太一样，所以一定要事先问清楚，不要急忙做了，最后船公司不认可这个结果，推倒重来，费用增加不说，还会引起很多麻烦。

> **问题 235：FOB 条件进口报关的时候，运费价格不确定，如何确认报关时候的 CIF 价格？**

答： 按照进口报关的要求，计税是以 CIF 为基础的，是 FOB 价格加上运费和保险费。但是有时报关时还不清楚海运或者空运的价格，只能估计运费。这种情况下，进口方先和承运人确认运费和保险费的金额。有一点要注意，和承运人确认这个费用的时候，需要的是最后的 ALL IN 的运费，还要注意最低计算数量的因素。有时承运人报的价格是基础价，实际结算的时候要加上一些附加费、单据费、电放费，一定要仔细，比如还要看一下是不是抛货,是按照重量还是尺码计费,以及有些时候数量比较少,比如产品85千克,虽然是按照千克计费,但实际按照最少100千克计费的,即使不到100千克,也是按照100千克计算运费。如果实在不知道具体的运费,只能估计运费,运费估计的原则是就高不就低。

如果估计的运费比实际支付的运费低,可能就会出现报关的时候,实际支付的关税和增值税金额比应该支付的少,其实省不了多少钱,但是这种做法涉嫌违法,可能会承担法律责任。有时海关会要求进口商提供之前报关货物的运费或者保险费的发票,如果发现向海关申报的运费比实际支付的运费金额少,海关会要求进口商补交税款,如果发现是故意少报,会对相关行为进行处罚,甚至追究法律责任。

还有一个提醒,有些进口商和承运人或者货代的运费结算是按月或者定期结算而不是单独每笔开票,对这些和进口海运费或者空运费以及相关的保险费等费用,笔者建议是单独开票,每单都清清楚楚,不要打统账,即使是月结或者季度结算,开票的时候也还是尽量分开。如有时季度或者月度结算很多笔业务开一张发票,也一定让物流公司将明细列出,然后让物流公司财务在明细清单上盖和发票上一样的财务章,以便事后能够查到每笔进口相关的费用。向物流公司支付的运费水单也尽可能扫描或者复印,和发票资料以及相关的进口资料(尤其是报关单)保存在一起,以便事后查询。

问题236:包税进口有风险吗?

答:包税进口是一种变相的逃税方法,是通过包税代理将货物进口至香港、深圳等地区,再由水客携带入关或者以快件名义进口进入内地,逃避关税、增值税、消费税等。

根据相关法律,以明显低于货物正常进(出)口的应缴税额委托他人代理进(出)口业务的货主,除非有证据证明货主确属被蒙骗之外,一般货主会被认为有故意走私的嫌疑,从而被追究法律责任。

所以包税进口风险是非常大的。随着国家政策的开放,正规进口手续已经简化很多,正规进口通关操作才是明智的、唯一的通关手段。

第十三章 热点和展望
CHAPTER 13

问题 237：在新冠肺炎疫情影响下，外贸人如何面对国际市场发生的各种问题？

答：这两年最重大的事情就是新冠肺炎疫情的暴发，疫情发生后，世界发生了一系列根本无法预测的事情。

对外贸人来说，2020 年第一季度的时候，国内很多供应商因疫情生产受到影响，无法交货，很多地区比如武汉出现了封城，物资运输、进出口都受到影响。到了第二季度，国内疫情得到控制，国外的情况很严峻，很多国外客户因为封城、封港等原因，要求推迟交货甚至取消订单。有些行业，比如服装、奢侈品、化妆品行业，受到很大影响，有些企业停工，有些企业破产，之前和他们签订的合同也没法执行了。我们备好货了，国外客户却不要货了，或者受疫情影响，国际航运受到冲击，船公司收缩业务，有些港不靠了，或者取消了很多航次，要把生产好的货物运出去，变成了一件头痛的事情。

受疫情影响，国际航班数量很少，且物流费用很高，国际间商务出差变得非常困难，人出不去也进不来，一时间，越来越多的人使用网络视频远程会议，以前很多必须面对面才能解决的事情现在通过网络视频也可以做到了。

面对突如其来的变化，外贸人能够做的只是更加用心、更加审慎、更加快速反应，主动和客户以及供应商保持密切联系，及时了解贸易上下游的供需状况、供应商能不能准时交货、客户资金状况如何、最终客户对产品需求量有无变化、发货数量以及发货时间有无变化、海运是不是顺畅、目的港有无封港，对方客户是不是居家办公、客户或者客户的银行是不是正常营业或者居家办公、快递能不能顺利寄送等，对任何可能的变化，都要有所准备，手上有多种预案，不至于发生变化的时候，手足无措。变化中也有很多商机，比如2020年上半年防疫物资出口迅猛增长。只是当今世界范围内政治、经济、疫情控制、各国政策变得特别快，企业一定要密切关注各种要素，快速反应，否则可能面临巨大的损失。

外贸人要像望远镜一样有远见，也要像显微镜一样细致，见招拆招，随机应变，才能在多变的经济变化中，把握商机，降低风险。

疫情后，国际经济经历着巨大的震荡，充满了巨大不确定性，一定要把风险控制放在更加重要的位置，贸易领域、物流行业有很多破产的情况，所以要非常谨慎，尤其是控制收款风险。还有很多诈骗、黑客攻击、木马软件等，必须更加谨慎，防患于未然永远比事后补救成本低且效果好。

问题238：在新冠肺炎疫情影响下，如何面对国际货运的不确定性？

答：对进出口企业来说，其实就是能不能运、怎么运的问题。

首先要考虑，货物本身的生产、备货、完工、交货有没有受疫情影响，导致延误交货。

疫情期间，各国采取了不同的办法来控制疫情，大部分国家对出入港船只的检疫时间比原来更长，加上航程途中可能发生的各种不可控的情况，航期可能会延误。所以在时间安排上要留有余量，对这些可能因素导致的运输时间变长要有所准备，要避免货还在船上，船因为某个原因比计划晚到了15天，客户那边已经因为货物迟迟不到，设备停下来的情况。

比如疫情期间，菲律宾和印度都曾出现封国或者封港一段时间的情况，海陆空不接受任何来自国外的船只、飞机或者车辆，连国际快递都没法送达，要等解封后才能慢慢恢复秩序。外贸人必须和往来客户、货代、快递公司保持密切联系，关注各种运输相关的动态，有了情况，要和各方协商，找到最稳妥的解决办法。如果在收款安全的情况下，经过客户同意，电放提单在操作上可能会方便一些。如果客户是居家办公或者轮流上班，要和客户确认收寄单据的联系人信息。

可能遇到一种情况，货物是可以运到合同规定的港口，但是因为疫情，运输的成本增加了，如果是 FOB 那就由买方承担这个费用，如果是 CFR 或者 CIF，那也只能由卖方承担这个费用。买卖双方可以谈一下，看有无可能让对方承担部分或者分摊，如对方不愿意承担，也只能按照合同的约定自己承担。

之前有个同行公司遇到一种情况，他们是出口商，和加拿大进口商客户签订的合同条款是 CIF 到加拿大的 A 港口，结果疫情发生后，船公司调整了部分航线，船不再靠这个港，如果货物要运到这个港口，只能把货物先运到 B 港口，然后用集装箱把货物拉到 A 港口，这样的话就多了 B 到 A 的集装箱运费，大约每个集装箱多出 1200 美元的运费，出口商只能和加拿大客户商量，提供了几个解决方案。第一个方案是从 B 港口卸货后，通过卡车把集装箱拉到 A 港口，出口商每个集装箱要多付 1200 美元的卡运费，客户收到货后，将货物运到自己的工厂所在地 C 城市。第二个方案是在 B 港口卸货后，让客户直接将货物从 B 港口运到客户的工厂所在地 C 城市。如果这样的话，货物少了一次转运，从 A 到 C 比较近，从 B 到 C 稍远，出口商愿意补偿进口商这个额外的距离费用，这个费用大约只有每个集装箱 500 美元，这个差价由出口商承担，客户知道此情况后，也就同意了第二个方案。最终出口商虽然比原来合同多付了一些运费，但是通过沟通和事先的一些准备，还是将额外成本降到了一个比较合理的范围。

无论是什么情况，合同双方应该保持良好的对话和沟通，遇到因疫情原因导致无法运输，或者运输延误，或者无法准时交货，或者运输路线有变化，都要及时书面通知对方，有些可以按照不可抗力处理，有些只能是双方协商解决，寻找最稳妥的解决办法。

近年来，深圳发生了几起物流公司低价揽货，收到运费后，货物放在仓库，迟迟不发货，然后老板拿了运费跑路的案例。遇到比市场价格低得多的海运费的时候，外贸从业人员要提高警惕，不要陷入这些超低价运费陷阱。

笔者有个建议，在和别的公司合作以前，可以通过天眼查、启信宝等网站或者 App，查一下准备合作的物流公司或者仓储供应商之前有无经常性违约或者诉讼，如果发现这个公司诉讼不断，需要更加小心。

问题 239：国家间关系变化会给国际贸易带来什么样的冲击？

答：近年来发生几次国家间关系变化事件。其中之一是中美贸易摩擦。2018年7月6日，美国对第一批价值340亿美元的中国商品加征关税的举措正式生效。作为反击，中国也于同日对同等规模的美国产品加征进口关税。关税政策变化会大大影响国际贸易的格局，两国对来自对方国家的进口商品加税，对不同领域、不同商品影响差别很大。在一些领域，比如高端技术装备、高端技术进出口，问题的关键还不在于关税，而是美国限制美国企业向中国出口高科技产品，比如芯片。对于一些对价格比较敏感的产品，比如粮食、大豆、服装等，增税后成本大增，进口商会选择从别的国家进口。有些产品有一定技术门槛，即使增税或进口商预期这些产品会交更多关税，如果短期内无法找到来自第三国或者本国的供货方，还是只能继续进口。中美贸易摩擦后，一方面两国各自有最新的加税清单；另一方面，政府又有排除清单，有些产品，可允许本国企业进行申诉，对之前加税清单的产品在线提出加税排除，申请批准后，就不用交额外的关税。

当两国关系紧张，对贸易双方来说，必须时刻关注政府的最新规定，及时做出反应。对已经签约的合同，到底是终止执行，还是继续执行，如果终止执行，会不会有损失？如果继续执行，合同方还能不能承担额外的成本或者风险……这些都需要双方沟通，在最短时间内做出决定，寻找双方都能接受的损失最小的办法。

问题 240：最近出口口罩大热门，我公司能够出口口罩吗？要注意哪些情况？

答：2020年中国向全世界出口了大量防疫物资，其中就包括口罩。中国政府对口罩等防疫物资出口没有限制，但对防疫物资的出口有严格的管理。

市场上主要有医用口罩和非医用口罩两种。医用口罩主要有医用外科口罩、医用防护口罩、一次性医用口罩，各有不同的防护等级和适用范围，公司要获得二类甚至三类医疗器械许可证才能经营医用口罩，如果没有取得这个资质，就不能生产、销售和出口医用口罩。对大部分外贸企业来说，只能出口非医用口罩。

　　一般的非医用一次性防护口罩，贸易公司是可以出口的。即使是非医用口罩，也是海关重点关注的项目，所有口罩出口，必须走正常报关的流程，不能走快件便捷通关。笔者建议，首先，你们选择口罩供应商的时候，要选那些熟悉外贸出口、证书齐全、资质规范，且在我国政府公布的出口口罩生产企业白名单里面的公司。确保用于出口的产品质量可靠，证书和包装都符合我国出口和国外进口的要求。其次，和客户确认你们提供的口罩是不是能够满足客户的需要，有无认证的要求，必须在签订合同前就确认这些细节，确保双方就产品质量、标准、认证达成一致，双方书面确认这些细节。不要产生任何误解和歧义，避免后续的矛盾。尽早把所有技术资料、检验证书或者认证证书、包装标签要求发给客户，让客户确认是不是达到进口国的标准，客户确认能够进口且接受我方的技术标准后，再签订合同。最后，因口罩产品的特殊性，市场环境以及各国监管变化特别快，如果数量特别大的订单，要争取有利卖方的支付方式，保护自己的利益。

　　具体出口报关的时候，要注意非医用口罩出口，出口商除了提供常规的发票、箱单、报关单、报关委托书、申报要素以外，还要提供外贸合同复印件，出口方和进口方共同声明（非医用口罩）正本，出口非医疗物资确认函正本，制造厂营业执照复印件，产品检验证书、合格证，有些地区的海关要求出口企业提供国内采购非医用口罩合同、增值税发票、合同支付水单或者别的支付证明等。海关对口罩出口文件的审查非常严格，开箱查验率也很高。签订合同或者报关前一定要确认这些细节完全达到海关检查的要求。

问题 241：如何判断供应商提供的口罩 CE 证书是不是真的，是不是有效？

答：2020 年 3 月的时候，中国国内新冠肺炎疫情已经缓解，国外疫情开始变得严重，中国开始大量向国外出口口罩，这期间，市场上出现了很多号称经过 CE 认证的口罩企业，很多口罩供应商或者中间商也提供了一些口罩生产厂家的 CE 证书，不过这些证书真假莫辨，有些认证机构不具备进行口罩产品认证的资质，只管收认证费，"天女散花"一样签发了很多张证书。这些证书一开始还能忽悠一些人，过了一阵，市场上对这些伎俩都识破了。

以非医用口罩为例，获得欧盟委员会（EU）2016/425 Personal protective equipment（PPE）法规口罩产品 Module B、Module C2 和/或 Module D 授权的认证公告机构才有权从事防护口罩的 CE 认证活动。任何无 PPE 法规授权的认证公告机构，不具备 Module B、Module C2 和/或 Module D 资质的认证公告机构，不是认证公告机构的中介机构，都不能进行防护口罩的 CE 认证活动。

看到一张证书，首先，要确认认证机构的资质，您可以通过以下链接去查公告机构的资质授权：进入 https://ec.europa.eu/growth/tools-databases/nando/index.cfm?fuseaction=notifiedbody.main，可以通过认证机构公司的首字母或者认证机构代号查询，就可以查到签发口罩 CE 证书的机构是不是在授权的机构名单里面，如果查不到认证机构，基本可以判定这个证书有效性存在问题。

如果查到这个机构，点开这家公司的链接，就能看到这家公司的一些信息，包括公司名称、地址、国家、电话、传真、电子邮箱、网站、认证机构代码（四位数的），以及这个机构可以认证的范围，比如机械、压力容器。看一下这个认证机构是否具有（EU）2016/425 PPE 法规授权，也就是如果机构下面没有出现"Regulation（EU）2016/425 Personal protective equipment"这个内容，说明这个认证机构虽然签发了口罩 CE 证书，但其实是无效的。

其次，要确认认证机构是否具有呼吸防护小类别，只有具备这些小类的授权，才能签发非医用口罩的 CE 证书。还可通过标准来查对应的认证机构。进入欧盟公告机构搜索页面网址：https://ec.europa.eu/growth/tools-databases/nando/index.cfm?fuseaction=search.main。在机构的页面上直接输入关键词"2016/425"来查找，点击后，页面上查到 113 个认证机构，查一下签发证书的机构是不是在里面。

事实上，市面上很多一次性非医用口罩证书显示的是 ECM、CELAB 等机构签发，这几个机构都不具备签发非医用口罩 CE 证书的资质，这样的证书相等于一纸空文。最怕的就是，口罩企业花了认证的钱，拿了一张无效的 CE 证书，还以为已经顺利进入欧洲市场，其实落个被骗的结局。

同样，医用口罩的欧盟标准是 EU 2017/745，输入这些信息，也可以查到可以生产医用口罩的所有机构信息。

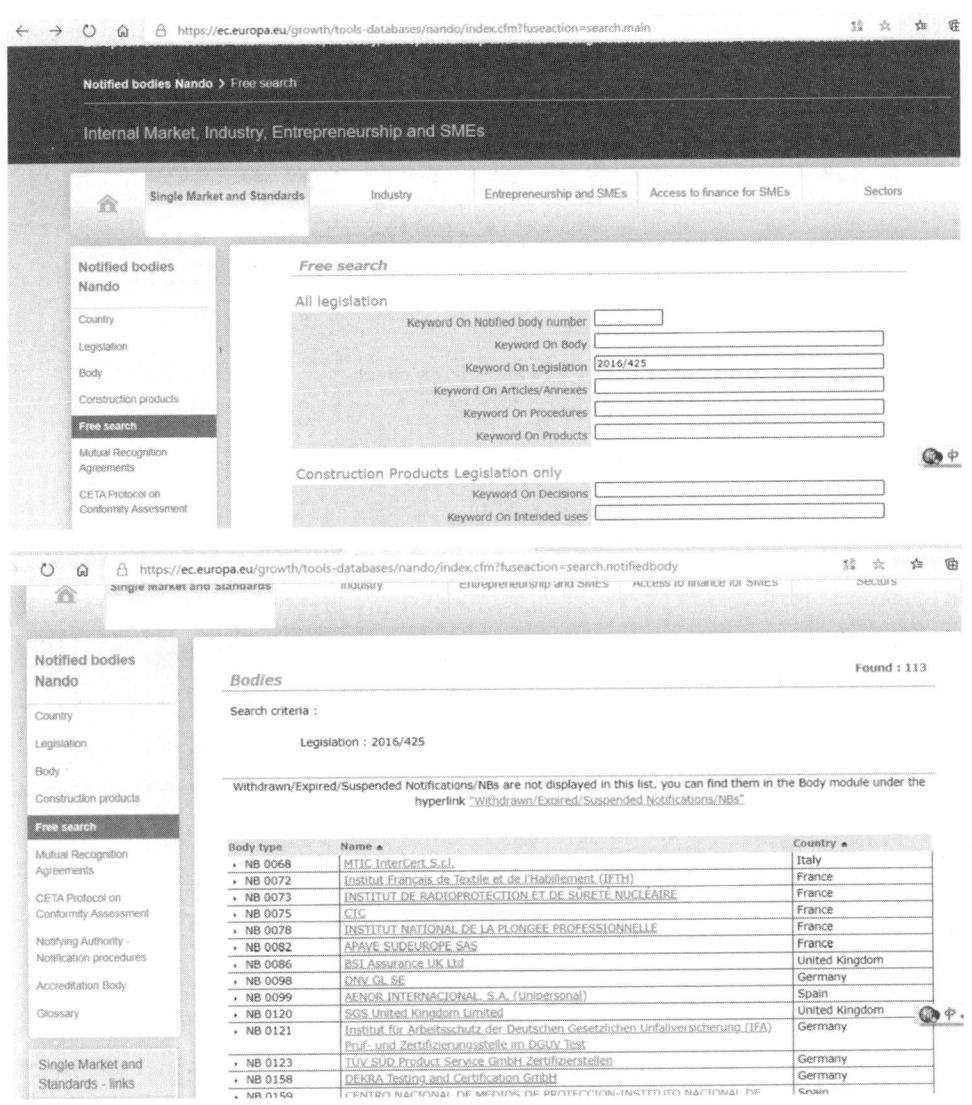

> **问题 242：国外新冠肺炎疫情期间，需要给国外客户寄送口罩等防疫用品吗？**

答：2020 年 3 月以前，很多中国公司收到了国外客户或者供应商免费赠送的口罩或者防疫用品，3 月以后很多中国企业给国外客户、供应商、合作伙伴捐赠口罩。到了 4 月，我国加强了对防疫物资出口的管理，捐赠的防疫物资和一般贸易的防疫物资一样，即使是通过快递出口，也都必须经过正式报关，流程比较复杂。

企业先考虑要不要寄送，如果公司内部确定要向国外客户或者供应商捐赠口罩，确认大致的预算和数量。第一，要落实货源，对一般公司来说，因医用口罩涉及医疗器械证等资质，只能选择非医用口罩用于捐赠，选择资质齐全、在政府推荐口罩生产厂家白名单里面的企业的口罩，是一个比较稳妥的办法，可以省去很多麻烦。第二，先和客户沟通确认他们能否接受你们准备捐赠的口罩产品，告知你们大致准备捐赠口罩数量，将你们准备捐赠的口罩型号、规格、检验证书、认证证书发给客户，让他们确认他们国家是不是能够进口这些口罩，有些国家比如意大利加强了对防疫物资进口的管理，所有进口的防疫物资必须有欧盟的 CE 认证，如果没有认证，一律不能进口，对进口商还有资质要求，要有资质的进口商才能允许进口防疫物资。而德国、比利时对于非医用口罩的进口，如果进口的目的是自用，而不是销售到市场上，即使没有 CE 证书，也还是可以进口的。所以必须事先确认客户能否接受这些产品。第三，如果客户需要这些捐赠产品，也要了解客户收件条件，比如快递能不能送到，客户是不是居家办公，是不是平时的寄件地址，以及如果进口国入关时必须正式报关，需要缴纳关税增值税的话，是寄件人承担还是收件人承担。

为避免使用口罩产生的一些法律风险，我国要求，无论是一般贸易还是捐赠，所有防疫物资出口前买卖双方必须签署"出口方和进口方共同声明"，声明中详细列明出口的产品名称（包括型号规格）、数量、质量标准、生产商，明确"出口方和进口方确认上述产品符合□中国质量标准 / □国外质量标准（请勾选），且符合双方协议确定的产品质量标准。进口方保证协议确定的产品质量标准符合进口国（地区）对该产品的质量标准要求，并确认接受上述产品的质量标准。进口方承诺严格依照协议不将所购口罩用于医用用途，并提示第三方不可用于医用用途，如因进口方或第三方使用、维护、保管不当造成损失的，出口方、生产厂商不承担责任"。在发货前，双方务必共同签署这个声明，避免后续麻烦。

将捐赠的口罩通过空运、快递或者海运发货后，应该及时把相关单据资料发给客户以便客户跟踪到货物的运输情况，尽早准备。口罩在不同国家进口的政策不一样，有些国家几千个口罩不用报关直接就送到客户的地址，有些国家缴纳关税后很快能取得货物，有些国家需要非常严格苛刻的进口报关手续、支付关税后才能取得口罩。甚至会出现因为某个条件不符合客户进口国的规定，要求补交一些资料，比如检验证书、使用说明书或者认证证书，甚至会遇到进口国对防疫物资进口的政策发生变化，原来可以顺利进口的口罩现在没法进口，只能在进口国弃货或退运回中国的情况。

问题243：如何减少新冠肺炎疫情带来的各种不良影响（沟通不畅、货运不便、订单减少、收汇困难等）？

答：新冠肺炎疫情发生后，很多国家受疫情影响，经历了迄今为止最大的经济衰退，国际贸易领域也正在经历巨大的不确定性。

对很多外贸人来说，疫情对原来的业务可能产生了很多不利影响。很多客户因为情况发生变化，订单取消或者延迟发货；有些国外客户因为财务状况出现问题，无法及时付款；有些订单是客户急用，但是运费飞涨，舱位紧张或者港口操作很慢；有些国家临时封国封港，货进不去。

遇到这样的事情，只能密切关注，及时应对，随机应变，和客户保持密切沟通，在控制风险的情况下选择最合理的办法。巨大的变化中也酝酿着巨大商机，和防疫相关的口罩、防护服、消毒液、新冠病毒检测试剂、护目镜都是热门商品。企业如果能捕捉到商机，快速反应，也能做出出色业绩。

需要提醒的是，疫情之后，世界面临前所未有的调整，贸易环境充满变数，尤其防疫物资出口受疫情发展、各国政策调整影响极大，外贸业务人员在做决策的时候要有风险意识，对各种可能都要有预案，和贸易各方保持密切沟通，对政策变化有足够的敏感性，才能抓住商机、减少风险。

问题244：非医用防疫用品的合格证需要包括哪些内容？

答：新冠肺炎疫情发生后，我国海关对防疫物资出口采取了最严格的管理制度。以非医用口罩为例，我国海关加强了对非医用口罩的查验力度，对产品的内外包装、颜色外观、生产日期、保质期、合格证的审核等设置了查验重点,防止"三无"产品和不合格产品蒙混过关,进入国际市场。

比如非医用口罩的外包装必须包括:

(1) 合格证和包装上一定要有非医用的标识,必须是印刷的。不能出现医用字样,比如 surgical、medical 等字样的标志。

(2) 合格证必须要有以下信息:产品名称、型号规格、生产批号、生产日期、质保期(有效期)、技术标准(质量标准)、成分材质、生产厂家、生产地址、质检章。

非医用口罩的包装必须采用结实的、规范的彩袋或者规范的纸盒,最小包装一般采用零售包装为标准,不能采用简陋的散装或者松松垮垮的塑料袋包装。

(3) 非医用口罩包装和检验证上必须为非医用标准,产品包装上不得印有 FDA 和 CE EN 14683 标志。

以上要求基本上是我国的要求,还要和客户确认目的国的特殊要求,如出口欧洲意大利,就必须经 CE 认证,从内外包装到合格证都必须有 CE 标志,这些在生产、包装时就应该清楚。尽早和国外收货人确认这些信息,可以避免很多后续麻烦。

问题 245:十年来跨境电商如何改变我们的生活?

答: 随着网络和智能手机的普及,互联网用户的增长一方面带来线下消费的线上迁移,另一方面线上购物体验则进一步激发了用户消费需求。预计 2022 年,全球网络零售市场规模超过 5 万亿美元,占全球整体零售总额的五分之一。

相较于传统贸易链路,跨境电商平台流通链路短、时效快,能实现链路数据共享,直达消费终端,已经成为中国制造连接全球消费者的第一路径,越来越多中国出口企业入驻全球各大主流跨境电商平台,以亚马逊为例,2018 年亚马逊新增卖家中,超过 40% 是来自中国,占据绝对优势。而通过我国自己的跨境平台,如阿里、中国制造网、慧聪网、敦煌等电商平台,中国企业把产品销售到全球各地,提供了大量的直接和间接工作机会。

海外的产品也通过跨国电商平台销售到国内,人们可以享受到更多优质跨境电商产品,比较熟悉的跨境电商平台有天猫国际、亚马逊、苏宁全球购、京东全球购,很多欧美知名品牌入驻一些知名跨境平台,建立旗舰店或者自建跨境平台，让中国网民购物更加快捷、更加方便。

十几年前人们必须到大型商场专柜购买化妆品，有些品种只能让人从国外带回来，有了跨境电商平台，可以在线查询到各种品牌各种类别的化妆品，价格透明、下单便捷，足不出户即可完成下单、支付等手续，可以在线查询商家备货、发货、物流的每个环节，货物直接送到家，非常方便。

随着跨国电商的普及，原来很多进口产品也成为很普遍的商品，比如欧洲或者澳大利亚的奶粉、日本的尿不湿，以及各种保健品、饰品、食品等，受益于中国快速发展的快递行业，中国消费者能够快速地收到来自全球的商品。这在十年前，几乎不可想象。

问题 246：如何申请国际质量认证？

答：和国际贸易相关的质量认证有两类：一类是质量体系认证，也就是我们经常看到的 ISO 体系认证；另一类是具体产品的认证，如我们经常看到的船级社认证、CE 认证等。

质量体系认证，是由公正的第三方体系认证机构，依据正式发布的质量体系标准，对企业的质量体系实施评定，并颁发体系认证证书和发布注册名录，向公众证明企业的质量体系符合某一质量体系标准的全部活动。主要有 ISO 9001 质量认证，还包括 ISO 食品安全管理体系、国际汽车行业质量管理体系、船级社质量认证体系等认证。

和 ISO 9001 标准相关的认证标准还有 ISO 14001、ISO 45001，很多企业都是 3 个标准一起认证的。

ISO 14001 是国际标准化组织（ISO）制定的环境管理体系标准，是目前世界上全面系统的环境管理国际化标准，适用于任何类型与规模的组织。

ISO 45001 过去叫 OHSAS 18001，是国际标准化组织（ISO）制定的职业健康与安全管理体系标准。

现在不要说国际贸易，就是国内很多公司对供应商都要求有 ISO 认证，如果供应商没有 ISO 证书，根本没有办法进入合格供应商的名单，也就谈不上供货。在国际贸易里面尤其是机械、化工行业，如果要给客户供货，洽谈之前客户会核对供应商的质量认证体系，如果没有 ISO 证书，根本不可能成为他们的合格供应商。

国内企业进行质量体系认证也很普遍了，认证的流程如下：

（1）申请：认证申请的提出；认证申请的审查与批准。

（2）检查与评定：文件审查；现场检查前的准备；现场检查与评定；提出检查报告。

（3）审批与注册发证：审批；注册发证。

（4）获准认证后的监督管理：供方通报；监督检查；认证暂停或撤销；认证有效期的延长。

需要说明的是，企业要把质量体系认证的要求真正落到实处，切实通过质量体系，提高企业管理质量，提升企业的竞争力。同时，提醒国内出口商或者制造商，当遇到客户投诉或者反馈质量异议的时候，回复也能够按照质量体系的要求，规范回答，将质量产生的原因、过程、结果、整改方案、如何落实、后续如何跟踪等都说清楚。

产品质量认证是指依据产品标准和相应技术要求，经认证机构确认并通过颁发认证证书和认证标志来证明某一产品符合相应标准和相应技术要求的活动。产品质量认证有些是强制性的，有些是为了进入某个市场企业自愿进行的认证。

产品质量认证的流程如下：

（1）向认证机构提出申请。

（2）填写申请书，并提交有关产品的技术资料。

（3）受理后，双方签署委托协议书。

（4）缴纳费用（申请费、资料评定费、证书费及报告费或测试费）。

（5）按照送样通知提交样品，认证机构在实验室对送样进行检测。

（6）认证机构对实验室上报的检测报告进行评定后，颁发证书。

（7）认证机构向获证人提供经过认证的标志（如CE）的使用规定和持证人的合格申明要求格式的文件。

在别的问题里面，也涉及了认证机构的资质问题，无论是体系认证还是产品认证，一定要在申请认证前确认这些机构和机构签发证书的有效性和针对性，找规范的、口碑好的认证机构，比如SGS、莱茵等，有些国外客户不是对所有证书都认可，只接受他们认可的认证机构的证书，所以在认证之前，一定要搞清楚这些问题。

问题 247：如何报名参加一年一度的中国国际进口博览会？

答：中国国际进口博览会（简称"进博会"）官方网址为 https://www.ciie.org，需要报名的有两种情况，一种是参展商，另一种是专业观众。

根据要求，进博会企业展仅接受在中华人民共和国境外（含我国港、澳、台地区）合法注册的法人企业参展，仅接受在境外生产的商品或服务提供地在境外的服务产品参加展示。注册在中国境内（不含港、澳、台地区）的企业不论国有、民营、外资企业，均不邀请参展，参展企业在中国关境内生产的产品不能参展。

官网对参展商报名一直开放，如果当年进博会参展商报名已满，只能报名参加下一年度的进博会。

国内外观众只能通过官网注册、报名参加一年一度的进博会。为了便利更多专业观众到会洽谈采购，进博会专业观众在注册报名时，可直接按照属地原则或隶属关系选择加入交易团或交易分团。专业观众报名支持往届账户信息带入，为已注册过的专业观众报名提供便利。

请通过进博会官网"企业商业展"—"专业观众"—"参观预登记"栏目报名。所有专业观众应提前在线注册报名，进博会不接受现场常规注册。注册后，可在进博会官网"企业商业展"—"专业观众"—"观众登录"栏目登录，查阅、修改已填报信息，以及查看审核制证等相关程序进度。专业观众按要求填写单位信息和参观人员信息后，将进入单位信息审核、交费、人员信息审核等程序，人员信息审核通过后进入制证、发证环节，专业观众获取证件后可按要求入馆参观洽谈。

一般情况下，每年6月初官网开始接受专业观众注册，专业观众报名截止时间为北京时间9月30日，线上扫码交费截止时间为北京时间10月15日。

问题 248：如何把握中国国际进口博览会可能带来的商机？

答：中国国际进口博览会，是迄今为止世界上第一个以进口为主题的国家级展会，是国际贸易发展史上的一大创举。进博会现场除了众多国际参展商，还吸引了数十万家采购商，他们为了商机而来，他们带着采购清单、合作意向书甚至学习笔记来到进博会,既寻求商机,也积极学习,虚心求教,探索自身转型升级的路径。

进博会可以将大量国人需要的外国优质产品和服务直接输送到国内,让国人不出国就自由购买与享有。这对国内消费者来说,不仅过程方便,而且经济上也非常合算。进博会对国内企业而言,是"史无前例"的商机、难能可贵的体验。

对很多国内企业,尤其电商企业来说,在国内举办的进博会,可以和来自各国的优秀供应商面对面交流、沟通,琳琅满目的各国商品,有些可以试用或者亲自体验甚至有些食品可以品尝,这些要比文字、图片或者视频更加直观,这让他们有机会在更大范围内丰富产品组合,为消费者提供更多选择,在帮助国外展商将产品加速进入中国过程中,寻找到更多商机。

进博会为国内消费者、国内企业提供了一个与世界一流产品和服务直接接触的机会,可以预见的是,汲取进博会带来的营养和能量,一个更加繁荣、便利的国内市场在不断壮大,无论对消费者还是生产者来说,这无疑是巨大的利好。

对国内很多企业来说,是向世界范围内同行学习、交流、借鉴的好机会。

问题 249:进口商如何在进博会上预约和供应商洽谈、签约?

答: 对众多中国企业来说,进博会是国家出面,将全球范围行业内优秀的供应商邀请到中国,中国企业能够借助进博会这一历史性平台,拓宽进口渠道,进一步开展对外合作。以前国内企业和国外供应商沟通,要买机票,飞几个小时到国外拜访,一般一次只能拜访一个供应商。如今,在家门口看全球、买全球,太便利了。这等于给中国进口商开辟了一条大通道,几天内可以集中见到很多行业内顶尖供应商或者同行,甚至有时能够绕开诸多中间代理商渠道,直接和供应商交流沟通,缩短渠道,降低交易成本,提高沟通效率,加快决策速度。

对很多矿产、农产品进口商来说,原来贸易渠道比较单一,且很多通过中间商联系到供应商,交易成本较高,且对渠道可控性差,现在将供应商请到上海,面对面交流,一下可以接触众多供应商,提供更多选择,还能缩短渠道,降低成本,且能够参加进博会的国外企业,组委会对这些企业资质都确认过，对企业来说，也少了很多顾虑，很多决策当场就能做出。

从长远看，在供给侧结构性改革的发展背景下，国内一些企业对先进技术装备和技术具有庞大需求，举办进博会，就是通过引进全世界的新产品、新技术、新服务、新模式、新业态，让国内企业了解行业前沿，借鉴发展经验，从而进一步倒逼改革，提升服务水平，提高生产效率，增强创新能力。例如，在第一届和第二届进博会上，全世界汽车制造业、飞机制造业内的知名企业都参加了展会，也让我国国内企业有机会直接面对行业内先进企业，进行技术交流、采购洽谈、探讨合作机会。

对近年蓬勃发展的电商企业来说，中国国内有巨大的市场潜力，进博会让电商企业可以近距离接触更多商品，面对面和国外供应商沟通，了解商品，探索新的商业机会，他们需要做的，就是选择合适的产品，以消费者可以接受的价格，制造出电商网红的卖点，销售给国内消费者。

进博会在请进大量国外参展商，使国内企业扩大进口规模的同时，也使有些行业面临巨大竞争压力。我国企业要在交流和沟通中开阔视野，努力学习国外优秀企业，缩短与全球一流企业的差距，提高自身竞争力，才能在更加开放的经济格局中占有一席之地。

进博会提供参展商和专业观众的对接，专业观众可事先在线或者通过交易团报名，预约和心仪已久的参展商在展会期间进行洽谈或者签订合约，展会为参展商、采购商安排多种形式的"一对一"商务洽谈，提供谈判场地和翻译等服务。专业观众也可以在展会期间，到相关专业展台拜访合适的参展商，进行洽谈。

问题 250：在线会议/聊天工具如何改变外贸？

答：在线会议在 2020 年前也不是新事物，已经用了很多年，一些大型公司内部购买专门软件后使用，会议方可以在不同的地方视频远程开会或者培训，效果也不错，但是一般要求公司有专门的会议室、专门的会议收发终端，软件也基本安装在电脑上。有一些免费软件，比如微信群也可以举行会议，免费但是功能不够完善，使用频率也没那么高。

2020 年新冠肺炎疫情发生后，人员流动受到限制，尤其是国家间人口流动更加困难。为了控制疫情,很多国家的很多公司都采取了居家办公的工作模式,召集很多人尤其是来自不同国家不同地区的人,在一个密闭空间开会,几乎不可能,而这个时候,各软件公司加快软件更新,降低了使用软件的门槛,任何一台手机或者电脑只要联网、有摄像头就能参加会议,很多软件可以免费使用,会议预约、会议控制都能很快掌握。我们经常使用的 App,比如 ZOOM、腾讯会议、微信(微信群聊多人语音/视频功能)等都能够做到这些,使远程会议、远程培训变成可能,解决了很多实际问题。原来必须通过出差和面对面交流才能解决的事情,现在通过在线会议也能解决了。有些专业的 App 解决了加密安全、录频技术,使在线视频会议的信息安全问题得到保障。

国际贸易传统的联系方式主要是电话、电传和国际件的快递寄送。笔者1997 年参加工作的时候,报价打印出来后,需要找一个能够发国际传真的传真机发出去,沟通基本上也是国际长途,一个办公室只有一个号码能够打国际长途,发国际传真。确认成交后只能将合同通过国际快递寄出去,发货后很多单据也只能通过快递寄送,确认单据之类很不方便,有时出现产品质量问题,只能让客户先拍照片,然后通过国际快递寄过来,来来回回非常不方便。

随着互联网的兴起、电子邮件的普及,沟通变得方便许多,沟通的成本大大降低。加上手机、数码相机、扫描设备的普及和推广,电子邮件、一些早期的聊天工具如 MSN、QQ、ICQ,后来的 skype、Facebook、LinkedIn、YouTube、LINE、INS、WhatsApp,当然也包括微信(WeChat)甚至支付宝,各种即时沟通软件,总能找到一款适合你和国外客户或者供应商进行交流的。沟通成本大大降低,沟通变得非常方便,文字、图片、视频都可以发送。

需要注意的是,无论是在线会议或者聊天工具,在提供方便的同时,也必须注意对一些重要文件、资料、信函进行书面确认。虽然有时各种即时聊天工具都能收发文件,重要的文件比如收付款的发票,笔者建议还是用电子邮件发甚至快递寄送原件,避免不必要的麻烦。一些重要会议结束后必须进行书面整理,形成会议记录,发给参加会议的各方确认,避免以后产生歧义、误解或者扯皮。有些即时聊天内容如果重要,建议截屏后存档备用。

正常情况下,沟通时必须注意,哪怕和国外客户或者供应商即时聊天很流畅,也要保留对方公司的名称、地址、联系电话、传真、电子邮件等信息,这是最基础的信息,也是最正式的联系方式,在紧急情况下或者发生纠纷的时候,也是和对方沟通的最稳妥渠道。